**Dois *Impeachments*,
Dois Roteiros**

Dois *Impeachments*, Dois Roteiros

OS CASOS COLLOR E DILMA

2020

Antonio Capuzzo Meireles Filho

DOIS *IMPEACHMENTS*, DOIS ROTEIROS
OS CASOS COLLOR E DILMA
© ALMEDINA, 2020

AUTOR: Antonio Capuzzo Meireles Filho
DIRETOR ALMEDINA BRASIL: Rodrigo Mentz
EDITORA JURÍDICA: Manuella Santos de Castro
EDITOR DE DESENVOLVIMENTO: Aurélio Cesar Nogueira
ASSISTENTES EDITORIAIS: Isabela Leite e Marília Bellio
DIAGRAMAÇÃO: Almedina
DESIGN DE CAPA: Roberta Bassanetto
ISBN: 9786556271156
Novembro. 2020

Dados Internacionais de Catalogação na Publicação (CIP)
(Câmara Brasileira do Livro, SP, Brasil)

Meireles Filho, Antonio Capuzzo
Dois impeachments, dois roteiros: os casos
Collor e Dilma / Antonio Capuzzo Meireles Filho.
São Paulo: Almedina, 2020.

Bibliografia.
ISBN 978-65-5627-115-6

1. Brasil. Supremo Tribunal Federal
2. Constituição – 1988 – Brasil 3. Impeachment – Brasil
4. Impeachment – Leis e legislação – Brasil
5. Mello, Fernando Collor de, 1949
6. Rousseff, Dilma, 1947 – I. Título.

20-44522   CDU-342.511.5 (81)

Índices para catálogo sistemático:

1. Brasil: Impeachment: Direito constitucional 342.511.5 (81)

Cibele Maria Dias – Bibliotecária – CRB-8/9427

Conselho Científico Instituto Brasileiro de Ensino, Desenvolvimento e Pesquisa – IDP
Presidente: Gilmar Ferreira Mendes
Secretário-Geral: Jairo Gilberto Schäfer; *Coordenador-Geral:* João Paulo Bachur;
Coordenador Executivo: Atalá Correia
Alberto Oehling de Los Reyes | Alexandre Zavaglia Pereira Coelho | Antônio Francisco de Sousa |
Arnoldo Wald | Sergio Antônio Ferreira Victor | Carlos Blanco de Morais | Everardo Maciel | Fabio
Lima Quintas | Felix Fischer | Fernando Rezende | Francisco Balaguer Callejón | Francisco Fernandez
Segado | Ingo Wolfgang Sarlet | Jorge Miranda | José Levi Mello do Amaral Júnior | José Roberto
Afonso | Elival da Silva Ramos | Katrin Möltgen | Lenio Luiz Streck | Ludger Schrapper | Maria Alícia
Lima Peralta | Michael Bertrams | Miguel Carbonell Sánchez | Paulo Gustavo Gonet Branco | Pier
Domenico Logoscino | Rainer Frey | Rodrigo de Bittencourt Mudrovitsch | Laura Schertel Mendes |
Rui Stoco | Ruy Rosado de Aguiar | Sergio Bermudes | Sérgio Prado | Walter Costa Porto

Este livro segue as regras do novo Acordo Ortográfico da Língua Portuguesa (1990).

Todos os direitos reservados. Nenhuma parte deste livro, protegido por copyright, pode ser reproduzida,
armazenada ou transmitida de alguma forma ou por algum meio, seja eletrônico ou mecânico, inclusive
fotocópia, gravação ou qualquer sistema de armazenagem de informações, sem a permissão expressa e
por escrito da editora.

EDITORA: Almedina Brasil
Rua José Maria Lisboa, 860, Conj. 131 e 132, Jardim Paulista | 01423-001 São Paulo | Brasil
editora@almedina.com.br
www.almedina.com.br

Para meus pais, Antonio e Noracy,
pelo rico exemplo de vida

Para Gê,
que sempre incentivou e acreditou

AGRADECIMENTOS

O livro que se segue é resultado da tese de mestrado que defendi perante a Escola de Direito do Instituto Brasileiro de Ensino, Desenvolvimento e Pesquisa – IDP, 2019. A narrativa do *impeachment* brasileiro me aguça e me incomoda desde o "movimento caras pintadas", que tomou as ruas do Brasil em 1992. Escrevi minhas primeiras linhas sobre o instituto na conclusão do curso de Direito, Pontifícia Universidade Católica de Goiás, 2010. Mais do que uma contribuição acadêmica, é parte do esforço pessoal em compreender o Brasil a partir do Brasil.

Ao meu orientador, Professor Rafael Silveira e Silva, agradeço profundamente pela confiança depositada e pela liberdade que me proporcionou para escrever as páginas que agora se convertem em livro.

Ao Professor João Paulo Bachur, pelas cuidadosas e preciosas observações, decisivas para que o trabalho pudesse ser concretizado, indicando ainda que fosse delimitado de maneira clara aquilo que se conclui no estudo.

À Professora Suely Mara Vaz Guimarães de Araújo, pela leitura crítica e exame profundo do texto. Apurou minha atenção para argumentos frágeis. Sugeriu inversões topográficas para tornar a leitura mais amigável. Indicou pontos que careciam de notas explicativas para aclarar certas premissas conceituais, tornando-as mais inteligíveis pelo leitor sem formação jurídica.

Sou grato a Luciano Machado Caldas pelas infindáveis reflexões e debates que aclararam e ajudaram a humanizar e pluralizar o meu pensamento político acerca de nosso país tão desigual e injusto. Sem essa

DOIS *IMPEACHMENTS*, DOIS ROTEIROS

colaboração eu teria ficado preso a questões dogmáticas e conceituais, desviando-me da tendência evolutiva dos fatos.

Ao Sérgio Abranches, pela graciosa busca e cessão do artigo, "A recuperação Democrática: dilemas políticos e institucionais" (1985), até então indisponível mesmo para ele. O artigo delineou a primeira parte do trabalho e, praticamente, foi a centelha do estudo.

À Escola de Direito do Instituto Brasileiro de Ensino, Desenvolvimento e Pesquisa – IDP, pelo espaço concedido ao meu trabalho. A cada estudante, cada funcionário e professor do IDP.

A todos, um simples, mas profundo, "obrigado".

PREFÁCIO

> *Numa análise técnica, digo que o instrumento para destituir os chefes do Poder Executivo é o chamado* impeachment, *derivado da prática do crime de responsabilidade. Mas sabemos, Srs. Constituintes, que o crime de responsabilidade, que o impedimento, no Brasil, é peça de museu, é peça de antiquário.*
>
> MICHEL TEMER,
> em manifestação registrada na Ata da 215ª sessão, de 3 de março de 1988, da Assembleia Nacional Constituinte

Nos últimos trinta anos, a América do Sul tem vivido grandes desafios democráticos, muitos dos quais movidos pela desigualdade econômica e pela tensão cada vez maior entre os cidadãos e o sistema político representativo, ainda longe de registrar adequadamente as necessidades da maior parte de suas populações. E tal cenário vem desafiando a própria arquitetura do sistema de governo, o presidencialismo, cujas estruturas frequentemente são abaladas quando as lideranças que ocupam o Poder Executivo não conseguem lidar de forma equilibrada com as demandas sociais e as exigências da famosa dinâmica dos freios e contrapesos.

A partir de meados dos anos 80, houve uma grande esperança trazida pela retomada gradual da participação social, da liberdade e da vida democrática, fortemente representada, no Brasil, pela elaboração de uma nova Constituição, a despeito do país atravessar uma terrível crise inflacionária, com parco crescimento econômico. No clima do momento, até mesmo juristas como o ex-Presidente Michel Temer, na época deputado constituinte, jamais considerariam que o instituto do *impeachment* seria tão recorrente, não apenas no Brasil, como no restante do cone sul. O próprio Temer assumiu a Presidência do Brasil em virtude de um *impeachment*, em 2016. Parece que certas peças de antiquário não se prestam apenas a revisitar o passado.

Ironias à parte, o instituto do *impeachment* continua bastante vivo, embora seja reconhecido como um fantasma para vários governantes. Além de Fernando Collor e Dilma Rousseff, que perderam seus cargos por conta desse processo, houve inúmeros pedidos que não conseguiram avançar nos demais mandatos. Fernando Henrique e Lula, por exemplo, colecionaram 64 pedidos de *impeachment*. Até mesmo o atual presidente, Jair Bolsonaro, já tem em sua conta mais de trintas pedidos aguardando deliberação na Câmara dos Deputados. Na América do Sul, países como Venezuela, Colômbia, Equador, Peru e Paraguai também tiveram suas experiências de *impeachment*, cada qual obedecendo sua institucionalidade.

A tradição presidencialista brasileira incorporou este instituto com uma natureza híbrida: político e jurídico. Exige uma base jurídica que, no caso brasileiro é a tipificação de uma ação presidencial como crime de responsabilidade, e o fator político, qual seja, o entendimento de que a conduta se qualifica como um atentado à Constituição. Não obstante, o juízo do processo é eminentemente político, totalmente vinculado à análise de oportunidade política e pela conveniência. Nesse caso, por exemplo, a efetiva ocorrência das infrações ou fortes indícios de crime de responsabilidade, por mais graves que sejam, podem ser desprezados pela Câmara dos Deputados, numa análise que possa levar ao entendimento de que o *impeachment* possa agravar a situação político-econômica do país ou se provocará ainda mais tensões entre os membros da sociedade civil. E, mesmo autorizado pela Câmara, existe ainda a possibilidade de o Senado Federal não sustentar tal pedido.

Não restam dúvidas de que o processo de *impeachment*, por opção do próprio constituinte de 1988, foi concebido para contrariar, quando necessário, o resultado do processo eleitoral. Trata-se de um mecanismo contramajoritário, justificado pela presença de uma infração político--administrativa, e que serve para afastar do poder um representante eleito majoritariamente, mediante julgamento de outros representantes igualmente eleitos. No entanto, atribuir funções acusatórias e julgadoras

PREFÁCIO

ao Congresso Nacional, em perfis que mimetizam um processo judicial penal hodierno, impõe desafios e complexidades do ponto do equilíbrio bicameral e do próprio equilíbrio entre poderes.

Quando mencionamos o *impeachment* como mecanismo contramajoritário, a onda contemporânea de proeminência política e, porque não dizer, de "fertilidade jurisprudencial" do Supremo Tribunal Federal (STF) não poderia deixar de fazer parte dessa complexa equação que envolve periodicamente os demais poderes da República. A centralidade atribuída pela Constituição de 1988 ao Supremo é apreciada diuturnamente na imprensa nacional, percorrendo assuntos que vão da política à "polícia", do meio ambiente à tributação, da ciência à religião. Num forte deslocamento em que questões relevantes da sociedade brasileira reclamam cada vez mais uma decisão do STF, com tema *impeachment*, sem dúvida, não seria diferente.

E é exatamente este o objeto de estudo do presente livro, na dimensão da participação do Supremo Tribunal Federal na aplicação do instituto e sobre as regras do processo, cujo título é uma interessante provocação acadêmica. Em "Dois *impeachments*, dois roteiros: os casos Collor e Dilma", Capuzzo traz um olhar atento não apenas sobre o movimento protagonista do STF, mas também das ausências, idiossincrasias e inconsistências que esse órgão, que sintetiza o Judiciário no sistema de freios e contrapesos, pode demonstrar. Não se trata necessariamente de falhas dessa Corte, mas de caminhos incompletos que transbordam ao longo da sequência de decisões e de manifestações de seus membros, e que refletem os limites de sua atuação.

Capuzzo procura investigar em detalhes como se manifestou e qual foi a postura do Supremo Tribunal Federal nos *impeachments* de 1992 e 2016, chamando a atenção para uma atuação discreta no *impeachment* de Fernando Collor, com ares de coordenação com o Legislativo, para uma atuação mais enfática, convertida em questionamentos contra os procedimentos do Legislativo adotados no processo realizado contra Dilma Rousseff. Longe de opinar entre o que deveria ser a melhor postura do Supremo, o autor mergulha nos processos e nos argumentos de duas diferentes Cortes, cada uma com formação amplamente diferente nos dois períodos tratados, mostrando também outra face do STF, essa inexorável, que é a função que o tempo e o contexto podem exercer sobre as suas decisões.

Dessa maneira, esta obra, que aparentemente elege o *impeachment* como objeto de estudo, traz uma importante reflexão sobre o papel institucional do Supremo Tribunal Federal, especialmente diante da retração do nosso sistema representativo e sobre a necessidade de uma consolidação jurisprudencial que esteja menos sujeita aos ventos das ocasiões.

Volto ao ponto de partida para finalizar este despretensioso prefácio. O *impeachment* continuará sendo realidade no cenário da nossa política. Até que seja efetivamente debatido de forma séria entre os nossos representantes, continuará sendo uma peça antiga, mas jamais alojada em um antiquário. Talvez caiba aos intérpretes não apenas o controle, mas servir de fator indutor de melhores decisões dos representantes.

Brasília, junho de 2020.

RAFAEL SILVEIRA E SILVA

Doutor e Mestre em Ciência Política pela Universidade de Brasília – UNB.
Bacharel em Ciências Econômicas pela Universidade de Brasília – UNB.
Especialista em Políticas e Gestão Governamental pela Escola Nacional de Administração Pública – ENAP.
Consultor Legislativo do Senado Federal, atualmente coordenando o Núcleo de Estudos e Pesquisas da Consultoria Legislativa do Senado.

LISTA DE ABREVIATURAS

ABI – Associação Brasileira de Imprensa
AC – Ação Cautelar
ADC – Ação Declaratória de Constitucionalidade
ADI – Ação Direta de Inconstitucionalidade
ADO – Ação Direta de Inconstitucionalidade por omissão
AIME – Ação de Impugnação de Mandato Eletivo
ADPF – Arguição de Descumprimento de Preceito Fundamental
Art.; arts. – Artigo; artigos
CD – Câmara dos Deputados
Cebrap – Centro Brasileiro de Análise e Planejamento
CF/88 – Constituição da República Federativa do Brasil de 05.10.1988
CPI – Comissão Parlamentar de Inquérito
CPMI – Comissão Parlamentar Mista de Inquérito
DF – Distrito Federal
EC – Emenda Constitucional ou Emenda à Constituição
FGV – Fundação Getúlio Vargas
FPE – Fundo de Participação dos Estados
HC – *Habeas Corpus*
IDP – Instituto Brasileiro de Ensino, Desenvolvimento e Pesquisa
MA – Maranhão
MC – Medida Cautelar
MI – Mandado de Injunção
MS – Mandado de Segurança
MP – Medida Provisória

OAB – Ordem dos Advogados do Brasil
PC do B – Partido Comunista do Brasil
PDT – Partido Democrático Trabalhista
PE – Pernambuco
PEC – Proposta de Emenda à Constituição
Petrobrás – Petróleo Brasileiro S.A.
PL – Partido Liberal
PMDB – Partido do Movimento Democrático Brasileiro
PP – Partido Progressista
PR – Partido da República
PRN – Partido da Reconstrução Nacional
PRONA – Partido da Reedificação da Ordem Nacional
PSB – Partido Socialista Brasileiro
PSD – Partido Social Democrático
PSDB – Partido da Social Democracia Brasileira
PSOL – Partido Socialismo e Liberdade
PT – Partido dos Trabalhadores
QO – Questão de Ordem
REDE – Rede Sustentabilidade
RG – Repercussão Geral
RD – Representação Direta
RI – Representação Interventiva
RICD – Regimento Interno da Câmara dos Deputados
RJ – Rio de Janeiro
RS – Rio Grande do Sul
SP – São Paulo
SV – Súmula Vinculante
STF – Supremo Tribunal Federal
SS – Suspensão da Segurança
TCU – Tribunal de Contas da União
TSE – Tribunal Superior Eleitoral
UFMG – Universidade Federal de Minas Gerais
UNB – Universidade de Brasília
USP – Universidade de São Paulo

SUMÁRIO

INTRODUÇÃO 17

1. CONSTITUCIONALISMO E O PROTAGONISMO
   DO JUDICIÁRIO A PARTIR DA CONSTITUIÇÃO DE 1988   27
   1.1. O caso brasileiro: características institucionais
        da Nova República   27
   1.2. A inflação constituinte e suas consequências   40
   1.3. Poder Judiciário e suas personalidades   50
        1.3.1. Primeiro estado de personalidade: o Supremo como
               tribunal constitucional   56
        1.3.2. Segundo estado de personalidade: o Supremo
               como foro especializado   61
        1.3.3. Terceiro estado de personalidade: o Supremo como
               órgão de cúpula do Poder Judiciário   69

2. O *IMPEACHMENT* DE FERNANDO COLLOR   79
   2.1. Trajetória do Supremo Tribunal Federal na transição
        brasileira à democracia   79
   2.2. Sociologia da crise: uma cronologia dos fatos   90
   2.3. O papel do Supremo Tribunal Federal no *impeachment*
        de Collor: o MS 21.564/DF   94

3. O *IMPEACHMENT* DE DILMA   107
   3.1. Sociologia da crise: uma cronologia dos fatos   107

DOIS *IMPEACHMENTS*, DOIS ROTEIROS

3.2. O papel do Supremo Tribunal Federal no *impeachment* de Dilma: a ADPF 378 — 119

CONCLUSÕES — 141

REFERÊNCIAS — 149
Textos normativos, anais e outras fontes — 159

Introdução

"A lista de presença registra na Casa o comparecimento de 265 senhoras deputadas e senhores deputados. Está aberta a sessão. Sob a proteção de Deus e em nome do povo brasileiro, iniciamos os nossos trabalhos"[1]. Com essas palavras, o então deputado, Eduardo Consentino da Cunha (PMDB/RJ), abriu a sessão do dia 17 de abril de 2016, que autorizou a instauração do processo de *impeachment* contra a presidente da República Federativa do Brasil, Dilma Vana Rousseff.

Foi o segundo *impeachment* brasileiro desde a democratização de 1985. Até o ano de 1992, a palavra *impeachment* era praticamente desconhecida do vocabulário nacional. Entretanto, após o processo que culminou com a condenação à inabilitação para o exercício de função pública, por oito anos, do ex-presidente Fernando Affonso Collor de Mello, esse vocábulo tornou-se popular entre os brasileiros.

---

[1] Arquivo sonoro da Câmara dos Deputados, Sessão Deliberativa Extraordinária em 17 de abril de 2016. Votação, em turno único, do Parecer da Comissão Especial destinada a dar parecer sobre a denúncia contra a senhora presidente da República por crime de responsabilidade, oferecida pelos senhores Hélio Pereira Bicudo, Miguel Reale Junior e Janaina Conceição Paschoal, pela admissibilidade jurídica e política da acusação e pela consequente autorização para a instauração, pelo Senado Federal, de processo por crime de responsabilidade. Ver: BRASIL. Câmara dos Deputados. *Sessão extraordinária deliberativa de 17 de abril de 2016*. Arquivo sonoro do plenário. Brasília: Câmara dos Deputados, 2016. Disponível em: http://imagem.camara.gov.br/internet/audio/Resultado.asp?txtCodigo=56015. Acesso em: 12 de maio 2020.

Apesar da grande atuação da imprensa no *impeachment* de Fernando Collor em 1992, o processo ainda se deu, socialmente, em meio à articulação da sociedade civil. Ao contrário, o de Dilma Rousseff processou-se no decorrer de 273 dias (nove meses), no bojo da sociedade da informação, hiperconectada e submetida a uma autocomunicação de massa.[2] Nada escapou ao processo como fenômeno de informação e formação de opinião pública do cidadão comum. Comparado ao processo de afastamento de Dilma Rousseff, o afastamento de Fernando Collor, que se desenrolou em 120 dias (quatro meses), foi consensual.[3]

O *impeachment* alcança uma dimensão jurídico-social importante diante do fato de que, entre os últimos cinco presidentes civis eleitos pelo voto direto nas últimas três décadas, Fernando Affonso Collor de Mello, Fernando Henrique Cardoso, Luiz Inácio Lula da Silva, Dilma Vana Rousseff e Jair Messias Bolsonaro, dois, ou quase metade deles, foram afastados por meio desse instrumento constitucional. Essa realidade é algo, no mínimo, impactante para um país que viveu sob o jugo de ditaduras em torno de um a cada três anos desde 1930. Somando-se o período da Era Vargas[4] com o período da ditadura militar instaurada após 1964[5], conclui-se que o período sem democracia no país chega a ultrapassar três décadas e meia.

Por isso, esse instrumento constitucional está longe de ser uma *peça de museu* ou de *antiquário*, como outrora previu o presidente Michel Miguel Elias Temer Lulia durante os trabalhos da Assembleia Constituinte de

---

[2] O autor que, de modo mais abrangente, trata dos movimentos sociais em uma sociedade conectada em rede, abordando suas características – tais como comunicação e conexão horizontais; ausência de lideranças – é Manuel Castells. Ver: CASTELLS, Manuel. *A sociedade em rede*. Tradução: Roneide Venâncio Majer. 4. ed. São Paulo: Paz e Terra, 1999. (A era da Informação: economia, sociedade e cultura; v. 1); e CASTELLS, Manuel. *Redes de indignação e esperança*: movimentos sociais na era da internet. Tradução: Carlos Alberto Medeiros. Rio de Janeiro: Zahar, 2013.

[3] FALCÃO, Joaquim; ARGUELHES, Diego Werneck; PEREIRA, Thomaz. Um ano de *impeachment*: mais perguntas que respostas. *In*: FALCÃO, J.; ARGUELHES, D. W.; PEREIRA, T. (Org.). Impeachment *de Dilma Rousseff*: entre o congresso e o supremo. Belo Horizonte: Letramento, 2017. p. 11-15, *passim*.

[4] Período compreendido entre 03 de novembro de 1930 a 29 de outubro de 1945.

[5] Período compreendido entre 31 de março de 1964 a 15 de março de 1985, data da posse de José Sarney na Presidência da República, pondo fim ao governo autocrático que se instaurou com a queda do presidente João Goulart.

INTRODUÇÃO

1987-1988[6] – ele próprio alçado à presidência do Brasil em virtude do *impeachment* de 2016. Desde 1990, quando o então presidente Fernando Collor assumiu a presidência, já foram apresentados 231 pedidos de *impeachment* perante a Câmara dos Deputados: 29 pedidos em face de Fernando Collor, 4 em face de Itamar Franco, 27 em face de Fernando Henrique Cardoso, 37 em face de Lula, 68 em face de Dilma Rousseff, 33 em face de Michel Temer e, até maio de 2020, 33 em face de Jair Bolsonaro[7], o que perfaz uma média de 1 pedido a cada 50 dias.[8] A pesquisa de jurisprudência com o vocábulo *"impeachment"*, no endereço eletrônico do Supremo Tribunal Federal (STF), reporta 100 acórdãos[9].

O tema foi, ainda, objeto da Súmula Vinculante 46[10], resultado da conversão da Súmula 722/STF, que declara que a definição das condutas

---

[6] Sustentação de Michel Temer, na condição de constituinte, em análise a Emenda aditiva 1.610 de autoria do constituinte Domingo Leonelli, que propunha a adoção do *recall* (voto destituinte) para os cargos sujeitos ao voto majoritário: "Numa análise técnica, digo que o instrumento para destituir os chefes do Poder Executivo é o chamado *impeachment*, derivado da prática do crime de responsabilidade. Mas sabemos, Srs. Constituintes, que o crime de responsabilidade, que o impedimento, no Brasil, é **peça de museu**, é **peça de antiquário**. Não é utilizado em qualquer esfera governamental, seja no Município, seja no Estado, seja na União." (grifo nosso). Ver: BRASIL. Assembleia Nacional Constituinte. *Ata da 215ª sessão, de 03 de março 1988.* Diário da Assembleia Nacional Constituinte, ano II, n. 194. p. 133. Disponível em: http://www.senado.leg.br/publicacoes/anais/constituinte/N014. pdf. Acesso em: 13 de maio 2020.

[7] Dados disponíveis em: SPECHOTO, Caio. Bolsonaro se aproxima do número de pedidos de impeachment de Collor. *Poder 360 Online*, 25 de abril de 2020, às 6h, atualizado em 25 de abril de 2020 às 11h07. Disponível em: https://www.poder360.com.br/congresso/bolsonaro-se-aproxima-do-numero-de-pedidos-de-impeachment-de-collor/. Acesso em: 13 de maio de 2020; AMADO, Guilherme. Bolsonaro ultrapassa Temer e Collor em pedidos de *impeachment*. *Época Online*, 6 de maio de 2020, às 18h. Disponível em: https://epoca.globo.com/guilherme-amado/bolsonaro-ultrapassa-temer-collor-em-pedidos-de-impeachment-24413338. Acesso em: 13 de maio de 2020.

[8] A média foi calculada considerando o período compreendido entre a data da posse de Fernando Collor, 15 de março 1990, e 31 de maio 2020, perfazendo o valor equivalente a 47,77 dias.

[9] Pesquisa de jurisprudência no portal do Supremo Tribunal Federal, disponível em: http://stf.jus.br/portal/jurisprudencia/listarJurisprudencia.asp?s1=%28IMPEACHMENT%29&base=baseAcordaos&url=http://tinyurl.com/y9yypaa3. Acesso em: 13 de maio de 2020.

[10] A Súmula Vinculante 46, resultado da conversão da Súmula 722/STF, diz: "A definição dos crimes de responsabilidade e o estabelecimento das respectivas normas de processo e julgamento são de competência legislativa privativa da União". Ver: BRASIL. Supremo

DOIS *IMPEACHMENTS*, DOIS ROTEIROS

típicas configuradoras do crime de responsabilidade e o estabelecimento de regras que disciplinem o processo e o julgamento dos agentes políticos, federais, estaduais ou municipais, são da competência legislativa privativa da União e devem ser tratados em lei nacional especial.

No plano internacional, a situação não é diferente. O *impeachment* de Fernando Collor, em 1992, revela-se como um ponto crítico na história da América Latina, inaugurando duas décadas e meia de instabilidade, considerando que pelo menos nove presidentes eleitos foram removidos do cargo nesse período. Dez presidentes enfrentaram processo de *impeachment*: Fernando Collor (Brasil, 1992), Carlos Andrés Perez (Venezuela, 1993), Ernesto Samper (Colômbia, 1996), Abdalá Bucaram (Equador,1997), Raúl Cubas Grau (Paraguai, 1999), Luiz González Macchi (Paraguai, 2002), Lucio Gutiérrez (Equador, 2005), Fernando Lugo (Paraguai, 2012), Dilma Rousseff (Brasil, 2016) e Pedro Pablo Kuczynski (Peru, 2017 e 2018). O número sobe para dezesseis caso incluamos os vice-presidentes ou sucessores que não terminaram o mandato, ou convocaram eleições antecipadas: Valentín Paniagua (Peru, 2010), Alberto Rodríguez Saá (Argentina, 2001), Eduardo Duhalde (Argentina, 2003), Carlos Mesa (Bolívia, 2005), Eduardo Rodríguez Veltzé (Bolívia, 2006) e Evo Morales (Bolívia, 2019).[11]

Para o presente livro, apresenta-se a seguinte pergunta de partida: qual foi a postura do Supremo Tribunal Federal nos *impeachments* de 1992 e 2016? Ora, o Supremo do *impeachment* de Fernando Collor era de atuação discreta, assim como o foi no episódio de quem deveria assumir como presidente do Brasil na redemocratização de 1985.[12] Por sua vez,

---

Tribunal Federal. *Súmula Vinculante 46*. A definição dos crimes de responsabilidade e o estabelecimento das respectivas normas de processo e julgamento são de competência legislativa privativa da União. Disponível em: http://www.stf.jus.br/portal/cms/verTexto. asp?servico=jurisprudenciaSumulaVinculante. Acesso em: 13 de maio 2020.

[11] PÉREZ-LIÑÁN, Aníbal. Instituciones, coaliciones callejeras e inestabilidad política: perspectivas teóricas sobre las crisis presidenciales. *América latina hoy: revista de ciências sociales*, Salamanca (Espanha), v. 49, p. 105-126, ago. 2008.

[12] Após a internação de Tancredo de Almeida Neves, recém-eleito presidente via eleição indireta, surgiu a dúvida se a posse deveria se dada ao vice-presidente eleito, José Sarney de Araújo Costa, ou ao presidente da Câmara dos Deputados, Ulysses Silveira Guimarães. Como relata o então ministro Sydney Sanches, o Supremo reuniu-se informalmente no apartamento do ministro José Carlos Moreira Alves e afiançou a posse de José Sarney, contra

INTRODUÇÃO

o Supremo de 2016 afastou liminarmente o presidente da Câmara dos Deputados[13], Eduardo Consentino da Cunha, e viu um de seus ministros afastar monocraticamente o presidente do Senado Federal[14], José Renan Vasconcelos Calheiros.

Com o objetivo de comparar o papel do Supremo Tribunal Federal no *impeachment* de 1992 com sua atuação no *impeachment* de 2016, este estudo põe-se a extrair as diferenças de postura no diálogo e na relação dinâmica do STF com os outros Poderes. Para tanto, rememora-se que a Constituição de 1988[15] optou por uma descrição estática da separação de Poderes, "independente e harmônicos" entre si,[16] em contraponto aos "freios e contrapesos" e a dinâmica de "poder freia poder", que exaram uma certa noção de movimento. No entanto, não obstante a Constituição de 1988 já ter alcançado sua plenitude balzaquiana, as relações institucionais brasileiras ainda se encontram no auge de sua pubescência.

Calcado no que foi exposto até aqui, é razoável partir da hipótese de que a postura institucional do Supremo Tribunal Federal foi drasticamente alterada entre 1992 e 2016, sem que a Constituição de 1988 tenha sofrido alterações substanciais no tocante ao desenho textual do sistema político. A confirmação de tal hipótese depende tanto do levantamento e da análise das decisões e manifestações do STF que impactaram, ou

os votos dos ministros Sydney Sanches e Luiz Octavio Pires A. Gallotti. (FONTAINHA, Fernando de Castro; MATTOS, Marco Aurélio Vannucchi Leme de; SATO, Leonardo Seiichi Sasada (Org.). *História oral do Supremo (1988-2013)*. Rio de Janeiro: FGV Direito Rio, 2015. (v. 5: Sydney Sanches), p. 112-117.).

[13] BRASIL. Supremo Tribunal Federal. *Ação Cautelar 4.070*. Réu: Eduardo Cosentino da Cunha. Relator: ministro Teori Zavascki. Brasília, 16 de dezembro de 2015. Disponível em: http://portal.stf.jus.br/processos/detalhe.asp?incidente=4907738 . Acesso em: 13 maio 2020.

[14] BRASIL. Supremo Tribunal Federal. *Arguição de Descumprimento de Preceito Fundamental 402*. Requerente: Rede Sustentabilidade. Relator: ministro Marco Aurélio. Brasília, 03 de maio de 2016. Disponível em: http://portal.stf.jus.br/processos/detalhe.asp?incidente=4975492. Acesso em: 13 maio 2020.

[15] BRASIL. [Constituição (1988)]. *Constituição da República Federativa do Brasil*. Brasília: Senado Federal, 1988. Disponível em: http://www4.planalto.gov.br/legislacao/. Acesso: 13 de maio 2020.

[16] O artigo 2º da Constituição de 1988 diz: "São Poderes da União, independentes e harmônicos entre si, o Legislativo, o Executivo e o Judiciário".

DOIS *IMPEACHMENTS*, DOIS ROTEIROS

delinearam, o processo de *impeachment* de 1992 e de 2016, quanto do estudo dos reflexos do ambiente histórico e socioeconômico, no momento da redemocratização brasileira, no texto da Constituição de 1988, em especial, no tocante ao desenho institucional e político.

Dada a quantidade de decisões proferidas pelo Supremo em um e outro episódio, adotamos o método de análise qualitativa. Na medida em que nem todas decisões tiveram repercussão significativa sobre o assunto, deu-se prioridade àquelas decisões que impactaram diretamente o objeto de estudo em questão.[17]

Assim, foi realizado um levantamento exploratório, tornando possível efetuar a interseção entre os respectivos conjuntos de decisões e identificar a similitude entre os questionamentos enfrentados no MS 21.564 e na ADPF 378; o que permite, satisfatoriamente, cotejar as mudanças ocorridas no comportamento do Supremo Tribunal Federal nas duas crises políticas[18] em análise, objetivo precípuo do trabalho.

Vejamos. O presidente Fernando Collor impetrou vários mandados de segurança (MS) ao Supremo Tribunal Federal, dentre os

---

[17] A propósito: "Estudos qualitativos podem não fornecer (geralmente) resultados sistemáticos generalizáveis, mas frequentemente problemas dentro do sistema legal, percepção de melhores práticas e o efeito de mudanças de políticas somente podem ser examinados usando métodos qualitativos em profundidade. Assim como o advogado aprende a entender a lei, concentrando-se em um número pequeno de casos importantes e relevantes, o pesquisador qualitativo delimita para compreender as experiências individuais de direito, significado jurídico e sistema de justiça e suas relações com ele." (WEBLEY, Lisa. Qualitative approaches to empirical legal research. *In*: CANE, Peter; KRITZER, Herbert M. (eds.). *Oxford handbook of empirical legal research*. New York: Oxford University, 2010, p. 950 – tradução nossa). O original em língua inglesa tem o seguinte teor: "Qualitative studies may not (usually) provide systematic generalizable findings, but often problems within the legal system, best practice insights and the effect of policy shifts can only be examined using in-depth, qualitative methods. Just as the common lawyer learns to understand the law by focusing on a small number of important and relevant precedent-bearing cases, so the qualitative researcher sets out to understand individuals' experiences of law, legal meaning, and the justice system and their relationship with it."

[18] Estamos nos referindo aqui à "crise política" aludida por Brasilio Sallum Jr., que significaria, portanto, "uma fase de grande turbulência ou, mesmo, de ruptura do andamento regular, esperado, da vida política". (SALLUM Jr., Brasilio. *O impeachment de Fernando Collor: sociologia de uma crise*. São Paulo: Editora 34, 2015, p. 15.)

INTRODUÇÃO

quais destacamos os seguintes: MS 21.564/DF[19], MS 21.623/DF[20] e MS 21.689/DF[21].

O MS 21.564 foi impetrado contra ato do presidente da Câmara dos Deputados, Ibsen Valls Pinheiro, que estabelecia regras para o procedimento do processo de *impeachment*, como a aplicabilidade da Lei 1.079/1950[22] em conjunto com regras regimentais e constitucionais, prazos de defesa e votação ostensiva nominal, criando um procedimento que ficou conhecido como "Lei Ibsen".[23]

Naquele momento, o MS 21.623 foi impetrado contra atos do ministro Sydney Sanches, presidente do Supremo Tribunal Federal e do processo de *impeachment*. Os atos indeferiram prova requerida e recusaram a arguição de impedimento e suspeição de senadores integrantes da Comissão Parlamentar Mista de Inquérito (CPMI) sobre o Esquema PC Farias que haviam antecipado voto pela imprensa ou que atuavam como suplentes de senadores nomeados ministros de Estado pelo vice-presidente Itamar Franco, então sucessor de Fernando Collor.

Já o MS 21.689 questionou a Resolução 101, de 1992, do Senado Federal, que aplicou a Fernando Collor a pena de inabilitação, por oito anos, para o exercício de função pública, mesmo após a sua renúncia.

---

[19] BRASIL. Supremo Tribunal Federal. *Mandado de Segurança 21.564*. Impetrante: Fernando Affonso Collor de Mello. Relator: ministro Octavio Gallotti. Brasília, 09 de setembro de 1992. Disponível em: http://redir.stf.jus.br/paginadorpub/paginador.jsp?docTP=AC&docID=85552. Acesso em: 13 maio 2020.

[20] BRASIL. Supremo Tribunal Federal. *Mandado de Segurança 21.623*. Impetrante: Fernando Affonso Collor de Mello. Relator: ministro Carlos Velloso. Brasília, 30 de novembro de 1992. Disponível em: http://redir.stf.jus.br/paginadorpub/paginador.jsp?docTP=AC&docID= 85565. Acesso em: 13 maio 2020.

[21] BRASIL. Supremo Tribunal Federal. *Mandado de Segurança 21.689*. Impetrante: Fernando Affonso Collor de Mello. Relator: ministro Carlos Velloso. Brasília, 29 de abril de 1993. Disponível em: http://www.stf.jus.br/portal/cms/verTexto.asp?servico=sobreStfConheca StfJulgamentoHistorico&pagina=ms21689. Acesso em: 13 maio 2020.

[22] A Lei 1.079/1950 define e regula o processo de *impeachment* e será objeto de estudo tanto no capítulo dois quanto no capítulo três. Ver: BRASIL. *Lei 1.079, de 10 de abril de 1950*. Define os crimes de responsabilidade e regula o respectivo processo de julgamento. Disponível em: http://www4.planalto.gov.br/legislacao/. Acesso: 13 de maio de 2020.

[23] VIEIRA, Oscar Vilhena. *A batalha dos poderes:* da transição democrática ao mal-estar constitucional. São Paulo: Companhia das Letras, 2015. *E-book*, p. 2755.

DOIS *IMPEACHMENTS*, DOIS ROTEIROS

Dentre os vários questionamentos judiciais que permearam o *impeachment* de Dilma Rousseff, destacamos os seguintes: MS 33.837/DF[24], MS 33.838/DF[25], ADPF 378[26] e MS 34.441/DF[27]. Os Mandados de Segurança, 33.837 e 33.838, foram ambos impetrados contra a Questão de Ordem 105/2015, decidida pelo presidente da Câmara dos Deputados, Eduardo Cunha, que intentava disciplinar o processo e julgamento de crimes de responsabilidade.

Também, a ADPF 378 definiu a legitimidade constitucional do rito previsto na Lei 1.079/1950, questionando o papel do Senado Federal no processo de *impeachment*, a formação de comissão especial a partir de candidaturas avulsas e o voto aberto na eleição da comissão especial. Ou seja, repisou em parte o que o Supremo já havia decidido 24 anos antes, ao apreciar o MS 21.564, impetrado por Fernando Collor.

Por fim, o Mandado de Segurança 34.441 foi impetrado contra a Resolução 35/2016, do Senado Federal, que impôs a Dilma Rousseff a perda do cargo de presidente da República, pleiteando a sua recondução ao cargo, a inexistência de justa causa para a condenação e o reconhecimento de desvio de poder no curso de processo de *impeachment*. Na prática, Dilma Rousseff contestou o mérito de sua condenação pelo Senado. Tema de grande importância e sensibilidade constitucional, teve sua liminar indeferida pelo ministro relator Teori Zavascki, morto em acidente aéreo em janeiro de 2017. Sucedido na relatoria pelo ministro Alexandre de Moraes, esse, em 10 de dezembro de 2018, denegou a

[24] BRASIL. Supremo Tribunal Federal. *Mandado de Segurança 33.837*. Impetrante: Wadih Nemer Damour Filho. Relator: ministro Teori Zavascki. Brasília, 10 de outubro de 2015. Disponível em: http://portal.stf.jus.br/processos/detalhe.asp?incidente=4865805. Acesso em: 13 maio 2020.

[25] BRASIL. Supremo Tribunal Federal. *Mandado de Segurança 33.838*. Impetrante: Rubens Pereira e Silva Junior. Relator: ministra Rosa Weber. Brasília, 10 de outubro de 2015. Disponível em: http://portal.stf.jus.br/processos/detalhe.asp?incidente=4865832. Acesso em: 13 maio 2020.

[26] BRASIL. Supremo Tribunal Federal. *Arguição de Descumprimento de Preceito Fundamental 378*. Requerente: Partido Comunista do Brasil. Relator: ministro Edson Fachin. Brasília, 03 de dezembro de 2015. Disponível em: http://portal.stf.jus.br/processos/detalhe. asp?incidente=4899156. Acesso em: 13 maio 2020.

[27] BRASIL. Supremo Tribunal Federal. *Mandado de Segurança 34.441*. Impetrante: Dilma Vana Rousseff. Relator: ministro Teori Zavascki. Brasília, 30 de setembro de 2016. Disponível em: http://portal.stf.jus.br/processos/detalhe.asp?incidente=5062276. Acesso em: 13 maio 2020.

INTRODUÇÃO

segurança monocraticamente sob o argumento da ausência de ilegalidade e da impossibilidade de o Supremo Tribunal Federal substituir o mérito de decisões políticas proferidas no curso de um *impeachment*.

Para a consecução do estudo, foi utilizada a pesquisa bibliográfica combinada com o recurso aos dados quantitativos produzidos pelos próprios autores aqui pesquisados e estudados. Ou seja, lançamos mão dos dados produzidos pelo Direito, pela Ciência Política e pela Ciência Social, além de dados disponíveis e processados em fontes abertas do Congresso Nacional, da Presidência da República e do Supremo Tribunal Federal. Uma preocupação adicional foi inserir notas referenciais as mais detalhadas possíveis. O intuito foi tanto permitir a compreensão mais apurada dos fatos quanto auxiliar a investigação e o estudo por parte de eventuais leitores ávidos por conteúdo bibliográfico.

A despeito das diversas possibilidades de se analisar alterações nos padrões decisórios do Supremo, relativamente comum em vários estudos, enxergamos o *impeachment* como um paradigma, por alcançar o maior grau de desarmonia entre os Poderes do Estado. É a forma de atuação constitucional mais drástica de um Poder sobre o outro, uma vez que envolve, no caso brasileiro, a denúncia do presidente da República perante a Câmara dos Deputados e seu julgamento pelo Senado Federal, presidido pelo presidente do Supremo Tribunal Federal. Além disso, a dinâmica do *impeachment* trespassa os processos ocorridos no interior do Estado e alcança a opinião pública. Envolvendo questões como corrupção, mobilização social, personalidade política, política econômica etc., esse instituto acaba por se converter em um material de estudo singular.

Se não autoexplicativo, o título designado para anunciar o fio condutor do livro é, no mínimo, sugestivo. A sua escolha tem como objetivo, além de relacionar a pergunta de partida à hipótese, exprimir ou, ao menos, sugerir a alteração de comportamento do Supremo Tribunal Federal no curso das últimas décadas.

Este livro está articulado em três pontos que dialogam entre si: (a) a dinâmica entre os três Poderes; (b) o *impeachment* de Fernando Collor; e (c) o *impeachment* de Dilma Rousseff. O primeiro capítulo permite uma compreensão da dinâmica entre o Poder Judiciário e os demais Poderes no Brasil, em especial o Legislativo. Nele, abordamos o cenário econômico, social e político que precedeu a Assembleia Constituinte e influenciou o texto da Constituição de 1988. Extraímos as características

DOIS *IMPEACHMENTS*, DOIS ROTEIROS

do Poder Judiciário a partir de sua dimensão normativa, permeando-as com exemplos de suas manifestações na dinâmica institucional do país. A partir de uma leitura própria, trabalhamos com pensadores e autores nacionais do Direito e da Ciência Política, remetendo-nos aos autores clássicos, quando necessário, a título de argumentação.

No segundo capítulo, "O *impeachment* de Fernando Collor", efetuamos o estudo de caso do MS 21.564, explorando a visão e o papel do Supremo Tribunal Federal na definição do rito processual do *impeachment* de 1992. O capítulo seguinte, "O *impeachment* de Dilma Rousseff", apresenta o estudo de caso da ADPF 378 que, 24 anos depois, delineou o rito do *impeachment* de 2016. Mediante essa análise, lançamos um olhar crítico sobre a atuação e o papel do Supremo Tribunal Federal no desenho ou na engenharia institucional do país.

Adiante, o último capítulo entrelaça todo o percurso deste presente livro sob a forma de conclusão. Portanto, no lugar de apenas sugerir soluções para uma nova agenda das relações institucionais do país, o leitor é conclamado a fixar um olhar aparentemente paradoxal no papel do Supremo nos dois episódios de *impeachment* no Brasil, uma vez que o próprio texto da Constituição de 1988 chancela a condição de protagonista institucional do Supremo Tribunal Federal.

1.
Constitucionalismo e o protagonismo do judiciário a partir da Constituição de 1988

> Ecoam nesta sala as reinvindicações das ruas. A Nação
> quer mudar, a Nação deve mudar, a Nação vai mudar.
>
> ULYSSES GUIMARÃES

1.1. O caso brasileiro: características institucionais da Nova República[28]

A análise do ambiente histórico e socioeconômico no momento da redemocratização brasileira, realizada por Sérgio Henrique Hudson de

---

[28] Para fins do presente trabalho, Nova República é o período da História do Brasil que se seguiu à redemocratização (1985) aos nossos dias de hoje. Diferentemente, Sérgio Abranches adota uma definição bastante restrita das fases republicanas brasileiras: a Primeira República, da Constituição de 1889 a 1930; a Segunda República, da Constituição de 1946 ao golpe de 1964; a Terceira República, a partir da promulgação da Constituição de 1988. Para o autor, Nova República é o regime de transição durante o qual tivemos a Constituinte 1987-1988. Ver a "nota 2" do prefácio da obra de sua autoria: "Presidencialismo de Coalizão: raízes e evolução do modelo político brasileiro". (ABRANCHES, Sérgio. *Presidencialismo de coalizão*: raízes e evolução do modelo político brasileiro. São Paulo: Companhia das Letras, 2018, p. 375.).

DOIS *IMPEACHMENTS*, DOIS ROTEIROS

Abranches[29], em seu artigo "A recuperação Democrática: dilemas políticos e institucionais" (1985), serviu como ponto de partida para o estudo que será desenvolvido adiante.

A Constituição brasileira de 1988 incluiu a separação dos Poderes dentro de seus conteúdos inalienáveis, previstos em suas cláusulas pétreas (art. 60, § 4º, III).[30] Apesar de sua estruturação clássica pelo sistema ternário – que estabelece no Artigo 2º: "São Poderes da União, independentes e harmônicos entre si, o Legislativo, o Executivo e o Judiciário"[31] – a Constituição optou por uma descrição aparentemente estática[32] da divisão e da relação entre esses Poderes.[33] Contudo, a teoria

---

[29] ABRANCHES, Sérgio Henrique Hudson de. A recuperação democrática: dilemas políticos e institucionais. *Revista Estudos Econômicos*, São Paulo, v. 15, n. 3, p. 443-462, 1985.

[30] "Art. 60. A Constituição poderá ser emendada mediante proposta: [...] § 4º Não será objeto de deliberação a proposta de emenda tendente a abolir: [...] III – a separação dos Poderes;".

[31] A propósito, o Artigo 2º foi enxertado no texto constitucional sem votação no plenário, conforme revelado em 2003 por Nelson Azevedo Jobim; na época, parlamentar constituinte. Durante os trabalhos da Assembleia Nacional Constituinte na Comissão de Redação, já após a votação em segundo turno do texto constitucional, identificou-se uma série de problemas. Dentre eles, a falta de um dispositivo sobre a independência e harmonia dos Poderes. A ausência foi atribuída ao fato de que o sistema de governo parlamentarista havia sido aprovado na Comissão de Sistematização.Com efeito, o texto final supunha um regime parlamentarista que, no entanto, foi rejeitado devido à aprovação da Emenda Lucena. A emenda reintroduziu, na parte relativa aos poderes do Executivo, o sistema presidencialista sem, contudo, rever o conjunto do texto constitucional. Na ocasião, a autoria da redação ficou a cargo de Michel Temer. (JOBIM, Nelson Azevedo. Artigos da Constituição de 1988 entraram em vigor sem votação. *O Globo*, Rio de Janeiro, 05 out. 2003. Disponível em: http://memoria. oglobo.globo.com/jornalismo/edicoes-especiais/sem-votaccedilatildeo-9938719. Acesso em: 14 maio 2020.; JOBIM, Nelson Azevedo. *Nelson Jobim: Constituição de 1988*. 2013. (04m11s). Disponível em: https://youtu.be/7E-n_ndVAc0. Acesso em: 14 maio 2020; FONTAINHA, Fernando de Castro; MATTOS, Marco Aurélio Vannucchi Leme de; SATO, Leonardo Seiichi Sasada (Org.). *História oral do Supremo (1988-2013)*. Rio de Janeiro: FGV Direito Rio, 2015. (v. 9: Nelson Jobim), p. 124.; CARDOSO, Fernando Henrique. A implantação do parlamentarismo. *Revista do Instituto de Estudos Brasileiros*, São Paulo, n. 32, p. 19-27, 1991).

[32] É parte da mecânica que se dedica a estudar os corpos que não se movem. É um caso de aceleração nula. Pelas Lei de Newton, uma situação de equilíbrio, cujo somatório de todas as forças deve ser nulo. Algo que, na teoria da separação de poderes, existe apenas a título de tipo ideal.

[33] FALCÃO, Joaquim; ARGUELHES, Diego Werneck; PEREIRA, Thomaz. Um ano de impeachment: mais perguntas que respostas. *In*: FALCÃO, J.; ARGUELHES, D. W.; PEREIRA,

de Montesquieu nos remete a uma dinâmica[34] entre os Poderes Legislativo e Executivo, consubstanciada nos "freios e contrapesos" (*check and balance*) e na aspiração de que o "poder freia poder" (*le pouvoir arrête le pouvoir*).

Além do caráter estático-descritivo, o arranjo institucional brasileiro de 1988 tomou caminho singular ao afastar-se do modelo montesquiano, sobretudo no plano macrossociológico e histórico, relativo à divisão e organização dos Poderes via *instituições, funções e pessoas*, assim como em relação à concentração de poder, preocupação central de Montesquieu.[35]

O arranjo institucional brasileiro surge em um contexto de crise de transição entre duas décadas de autoritarismo e recuperação democrática, caracterizando-se como um ambiente complexo de pluralidade de interesses, valores e fatores históricos. No *plano macrossociológico*, o período ficou caracterizado pelo paradoxo de décadas de desenvolvimento econômico no período autoritário, o que alçava o país ao princípio da maturidade industrial e profundo desequilíbrio na estrutura social, determinando a multiplicação de demandas e conflitos. O crescimento urbano havia se acelerado e foi acompanhado pela concentração de uma massa de subempregados nas cidades.[36]

No *plano distributivo*, o paradoxo era ainda maior. O país apresentava, em relação aos setores mais avançados da sociedade, índices de produção, renda e consumo próximos dos vigentes em países capitalistas industrializados. Por outro lado, uma parcela da polução encontrava-se em condição econômica próxima à de países em desenvolvimento e outra parte

---

T. (Org.). *Impeachment de Dilma Rousseff*: entre o congresso e o supremo. Belo Horizonte: Letramento, 2017. p. 11-15, p. 12.

[34] Na física, em uma explicação simplória, a dinâmica trata do movimento resultante da relação entre forças e momentos. Para a compreensão da física em seus diversos ramos, ver: UNIVERSIDADE DE SÃO PAULO. Ensino de física *on-line*. Disponível em: https://efisica.atp.usp.br/home/. Acesso em: 14 maio 2020.

[35] Montesquieu evoluiu seu pensamento a partir do pensamento de governo misto, de Aristóteles, no qual cada Poder representava uma classe social. Influenciado por John Locke, Montesquieu propôs uma divisão dos Poderes em três funções distintas: executiva, legislativa e judicial, sem, contudo, dispensar a realidade social inglesa, refletida nessa divisão, tendo como objetivo principal a constituição de um poder moderado que preservasse a liberdade das pessoas. Ver: MONTESQUIEU, Charles de Secondat, Baron de. *O espírito das leis*. Tradução: Cristina Murachco. São Paulo: Martins Fontes, 1993, p. 167-178.

[36] ABRANCHES, Sérgio Henrique Hudson de. A recuperação democrática: dilemas políticos e institucionais. *Revista Estudos Econômicos*, São Paulo, vol. 15, n. 3, 1985, p. 443 e 446.

significativa apresentava índice e condição similares aos de *países pobres*. Na verdade, tratava-se de um caso de elevada heterogeneidade econômica e social, refletindo nas disparidades técnicas e de produtividade dos ramos econômicos do país, nos níveis de renda entre regiões e grupos sociais e nos graus de integração e organização entre classes. O Estado havia se tornado uma arena fechada e burocrática. O desenvolvimento industrial, atrasado em relação à ordem global e associado a essa heterogeneidade, sancionava ou exacerbava essa discrepância distributiva.[37-38]

No *plano econômico*, a transição foi marcada por recessão e descontrole inflacionário. O modelo econômico do período autoritário havia se exaurido. O desenvolvimento industrial acelerado, por meio de rápidas e intensas transformações, havia provocado um choque de maturidade na economia do país com risco de uma estabilização crônica da heterogeneidade socioeconômica. O modo de organização e ação do Estado produzia uma distribuição discriminatória de recursos públicos e já se revelava inadequado, política e institucionalmente, para atender as demandas e os desafios de uma sociedade tão heterogênea.[39]

No *campo social*, o crescimento urbano havia se acelerado nas últimas quatro décadas. A população urbana saltou de 31%, em 1940, para aproximadamente 70%, em 1980, criando uma massa de subempregados e gerando uma pressão sobre a morfologia das cidades. A estrutura industrial passava a articular-se em torno da grande empresa, privada ou estatal, caracterizada pelo oligopólio de mercados mais modernos e preponderância dos setores de bens duráveis de consumo, insumos básicos e bens de capital. Ao mesmo tempo, demandava por uma classe

---

[37] ABRANCHES, Sérgio Henrique Hudson de. A recuperação democrática: dilemas políticos e institucionais. *Revista Estudos Econômicos*, São Paulo, vol. 15, n. 3, 1985, *passim*.

[38] Essa disparidade social foi denominada pelo economista Edmar Lisboa Bacha de "Belíndia": uma referência a pequena e próspera elite rica como a Bélgica juntamente com uma maioria pobre e miserável como a Índia. Ver: BACHA, Edmar Lisboa. O Economista e o Rei da Belíndia: uma fábula para tecnocratas. *Jornal Opinião*, São Paulo, 1974. Disponível em: https://www.google.com/url?sa=t&rct=j&q=&esrc=s&source=web&cd=5&cad=rja&uact=8&ved=2ahUKEwi9vqCs48fkAhVPIbkGHW2qCsgQFjAEegQIBxAC&url=https%3A%2F%2Fedisciplinas.usp.br%2Fpluginfile.php%2F3368144%2Fmod_folder%2Fcontent%2F0%2FO%2520Rei%2520da%2520Bel%25C3%25. Acesso em: 14 maio 2020.

[39] ABRANCHES, Sérgio Henrique Hudson de. A recuperação democrática: dilemas políticos e institucionais. *Revista Estudos Econômicos*, São Paulo, vol. 15, n. 3, 1985, p. 446-447.

operária mais qualificada e, logicamente, mais organizada e mobilizada. A necessidade técnica e política de maior intervenção do Estado na economia para reversão desse panorama, a concentração de capital e a politização dos mercados conferiram maior capacidade de defesa de seus interesses ao setor econômico, redefinindo, assim, a lógica do conflito industrial com o setor sindicalista. Finalmente, o país passava por uma ampliação do setor terciário – serviços e comércio de produtos – que alterava a hierarquia e o prestígio das tradicionais profissões liberais.[40]

Tais mudanças no perfil econômico-social do país imprimiam um novo ritmo à dinâmica de interesses na sociedade, proporcionando um novo padrão de aspirações, mobilizações, organização e pressão. O conflito de interesses assumiu novas formas com o aumento tanto da pauta de reivindicações quanto da resistência, demandando por um quadro institucional ágil que mediasse a solução dessas disputas.[41-42]

No *plano institucional*, o processo de ruptura, seja em relação a um modelo político anterior, como no caso da instalação da Nova República advinda da redemocratização do país em 1985, seja em relação ao impedimento do presidente (1992 e 2016), implica necessariamente descontinuidade e desajustes entre (a) as *forças de outrora*, (b) as *forças que promovem a mudança em si*, e (c) *aquelas que efetivamente conduzirão o advento da restruturação institucional*. Além disso:

[40] ABRANCHES, Sérgio Henrique Hudson de. A recuperação democrática: dilemas políticos e institucionais. *Revista Estudos Econômicos*, São Paulo, vol. 15, n. 3, 1985, 447.

[41] *Ibid.*, p. 448.

[42] Nossa heterogeneidade fica clarividente, tanto em relação aos conflitos de interesses dentro uma sociedade estratificada de forma desigual e injusta quanto em relação às forças divergentes, quando comparada ao momento histórico americano que antecedeu a promulgação da Constituição Americana em 1789, que põe fim à Revolução da América e, precisamente, começa a Revolução Francesa, descrito por Alexis de Tocqueville: "As treze colônias que simultaneamente, abandonaram o jugo da Inglaterra, no fim do século passado [Tocqueville publica o primeiro volume de "A democracia na América" em 1835], tinham, como já disse, a mesma religião, a mesma língua, os mesmos costumes, quase as mesmas leis, lutavam contra um inimigo comum e por isso deviam ter forte razões para unirem intimamente umas às outras e se absorver numa só e mesma nação." (TOCQUEVILLE, Alexis de. *A democracia na América*. Tradução: Neil Ribeiro da Silva. São Paulo: Folha de São Paulo, 2010, p. 104).

DOIS *IMPEACHMENTS*, DOIS ROTEIROS

a própria mudança excita as expectativas de todos que se sentiam lesados no período anterior, suscita a esperança de mudanças, sem a consciência clara de que a comunhão de princípios políticos não assegura, nem contém necessariamente, elementos de consenso sobre as políticas concretas e as soluções a serem implementadas pelo novo governo.[43]

Brasilio Sallum Jr. destaca que o legado autoritário se ajustou ao processo de democratização em curso, abrindo oportunidades para novos atores. Assim, houve um enfraquecimento do poder presidencial com consequente fortalecimento do Congresso Nacional e maior liberdade dos governadores de Estado. Dessa forma, já no início do governo de José Sarney de Araújo Costa, alterou-se um conjunto de leis que bloqueavam a participação popular e limitavam a organização política, a saber: (a) eleição em dois turnos para a Presidência da República; (b) eleições diretas nas capitais de Estados; (c) direito ao voto para os analfabetos; (d) liberdade de organização partidária; (e) readmissão dos líderes sindicais antes demitidos; (f) cancelamento da ingerência do Ministério do Trabalho sobre as eleições sindicais; e (g) eliminação da proibição de associações intersindicais, o que viabilizou as atividades das centrais sindicais. Com efeito, essas alterações permitiram que vários segmentos sociais, inclusive populares, pudessem lutar por seus interesses e ideias, pressionando a hierarquia anteriormente existente entre os Poderes do Estado e aqueles segmentos outrora subalternos na relação político-institucional. O resultado foi que, ao lado do aumento de relevância do Congresso, do Poder Judiciário, dos governadores dos Estado e dos partidos políticos, houve uma ampliação dos direitos de cidadania que o autor denomina de "dispersão de poder".[44]

Todo esse cenário macrossociológico, distributivo, econômico, social e institucional, marcado pelo novo arranjo das forças políticas e sociais, exteriorizou-se em um compromisso ambicioso, maximizador e hiperinclusivo que abarcou tanto as aspirações de uma sociedade heterogênea,

---

[43] ABRANCHES, Sérgio Henrique Hudson de. Presidencialismo de coalizão: o dilema institucional brasileiro. *Revista Ciências Sociais*, Rio de Janeiro, v. 31, n. 1, p. 5-34, 1988, p. 8.

[44] SALLUM Jr., Brasilio. *O impeachment de Fernando Collor*: sociologia de uma crise. São Paulo: Editora 34, 2015, p. 26-27.

profundamente desigual e desorganizada, quanto os interesses e aspirações institucionais democráticas da ordem política em transição.[45]

A necessidade de externar um compromisso constitucional resiliente a ataques institucionais e rupturas democráticas, assim como assegurador dos direitos e liberdades individuais, resultou em uma constituição robusta, extensa e garantista.

Com uma visão crítica a essa elasticidade, Giovanni Sartori pontua:

> a Constituição brasileira de 1988 possivelmente bate o recorde: é uma novela do tamanho de um catálogo telefônico, com 245 artigos, mais 200 disposições transitórias. É uma Constituição repleta não só de detalhes triviais como de dispositivos quase suicidas e promessas impossíveis de cumprir.[46]

De fato, razões de ordem política e histórica, após duas décadas e meia de governo autoritário, influenciaram a Assembleia Constituinte de 1987-1988, suscitando os ânimos para uma constituição detalhista e ampla.Havia a desconfiança nas relações políticas, resultado do fim da ditadura. O discurso do deputado Ulysses Guimarães na promulgação da Constituição, no dia 5 de outubro de 1988, resumiu o sentimento que imperou nos 20 meses de trabalho[47]: "Temos ódio à ditadura. Ódio e nojo." Assim discursou o deputado, sob aplausos prolongados.[48]

Em suma, (a) a transição de governo delicada, com o empossamento do vice-presidente José Sarney, após a repentina doença e morte do presidente eleito Tancredo Neves, (b) o fracasso do Plano Cruzado[49],

---

[45] VIEIRA, Oscar Vilhena. Supremocracia. *Revista Direito GV*, São Paulo, v.4, n.2, p. 441--464, jul.-dez. 2008, p. 446-447.

[46] SARTORI, Giovanni. *Engenharia constitucional:* como se mudam as Constituições. Tradução: Sérgio Bath. Brasília: UNB, 1996, p. 211.

[47] Período compreendido entre a instalação da Assembleia Nacional Constituinte, em 1º de fevereiro de 1987, e seu encerramento, com a promulgação da Constituição, em 5 de outubro de 1988.

[48] BRASIL. Assembleia Nacional Constituinte. *Ata da 341ª sessão, de 5 de outubro de 1988.* Diário da Assembleia Nacional Constituinte, ano II, n. 308. Disponível em: http://imagem. camara.gov.br/Imagem/d/pdf/308anc05out1988.pdf#page=. Acesso em: 14 maio 2020.

[49] Foi o primeiro grande pacote econômico brasileiro anunciado após o fim da ditadura militar. O Plano Cruzado foi lançado em 26 de fevereiro de 1986, "tendo Dílson Funaro no Ministério da Fazenda. A principal medida do pacote, o congelamento de preços por um ano, ganhou apoio total da população. Em rede nacional de rádio e televisão Sarney fez um

(c) além de uma sociedade com 30 milhões de analfabetos[50], algo em torno de 25% da população na época, sintetizam alguns dos elementos que forjaram a tendência maximizadora que permeou o texto constitucional. A lei ordinária estaria sujeita a pressões e não asseguraria "a perduração, no tempo, dos preceitos que consagra [...]. A qualquer aceno da liderança executiva [...] os seus cânones se modificam para pior no sentido do interesse geral".[51]

Ora, deixemos de lado o teorismo e aceitemos, como outros povos – e sempre sustentei isso, mesmo antes da ratificação da ideia pelas duas mais modernas cartas políticas do Ocidente – que o próprio é inserir no texto constitucional todas as regras sugeridas pela experiência do dia-a-dia da vida social e política, como capazes de proporcionar melhor vivência à comunidade nacional, e que, por ser assim, merecem a estabilidade que somente tal inserção proporciona.[52]

Para se ter uma ideia dessa minudência, a Constituição de 1988 foi promulgada com 245[53] artigos permanentes e 70 transitórios, abarcando

apelo para que os brasileiros fiscalizassem as metas e os preços dos produtos.". SARNEY, José. O plano cruzado. Disponível em: https://isespe.com/o-plano-cruzado/. Acesso em: 14 maio 2020.

[50] Ver discurso proferido na sessão de 5 de outubro de 1988, publicado no Diário da Assembleia Nacional Constituinte, p. 14380-14382. (BRASIL. Assembleia Nacional Constituinte. *Ata da 341ª sessão, de 5 de outubro de 1988*. Diário da Assembleia Nacional Constituinte, ano II, n. 308. Disponível em: http://imagem.camara.gov.br/Imagem/d/pdf/308anc05out1988.pdf#page=. Acesso em: 14 maio 2020).

[51] FAGUNDES, Miguel Seabra. O direito administrativo na futura constituição. *Revista de Direito Administrativo*, Rio de Janeiro, v. 168, p. 1-10, fev. 1987. Disponível em: http://bibliotecadigital.fgv.br/ojs/index.php/rda/article/view/45513/43917. Acesso em: 14 maio 2020, p. 10.

[52] *Ibid.*, p. 10.

[53] O primeiro projeto oferecido pelo relator da Assembleia Nacional Constituinte (ANC), deputado José Bernardo Cabral, continha 501 artigos, tendo sido denominado de "Projeto Frankenstein". Um segundo projeto foi apresentado com 496 artigos. Entre idas e vindas, que não cabem nos limites do presente trabalho, como a reforma do Regimento Interno da ANC, patrocinada pela reação interpartidária denominada de Centrão – incluía parlamentares do PFL, PL, PDC, PTB e conservadores do PMDB – o projeto final alcançou 315 artigos permanentes e 70 transitórios. Para driblar os críticos, Bernardo Cabral transformou dezenas de artigos em parágrafos, resultando nos 245 artigos em comento. Para o estudo em detalhes de todo esse processo de votação, ver: PILATTI, Adriano. *A Constituinte de*

CONSTITUCIONALISMO E O PROTAGONISMO DO JUDICIÁRIO...

desde um extenso rol de direitos e garantias fundamentais ao dever de o Estado fazer a chamada na sala de aula, de manter o Colégio Pedro II sob a órbita federal, além de determinar as diretrizes para o ensino da História do Brasil, a pensão vitalícia para seringueiros que contribuíram para o esforço de guerra e até a prioridade na aquisição de casa própria para pensionistas da Segunda Guerra Mundial.[54]

Os 245 artigos decompostos em parágrafos, incisos e alíneas desdobram-se em 1.627 dispositivos, dos quais 69,5% dizem respeito a normas de cunho materialmente constitucional (*polity*), como definições de Estado e Nação, direitos individuais fundamentais e regras do jogo entre os atores político-institucionais. O Título IV da Constituição de 1988, "Da Organização dos Poderes", é responsável por quase um terço do total desses dispositivos, seguido pelo Título III, "Da Organização do Estado", que estabelece a organização político-administrativa do país, e pelo Título II, "Dos Direitos e Garantias Fundamentais". Os demais 30,5% são relativos a políticas públicas idealizadas para um determinado fim (*policy*).[55]

1987-1988: conservadores, ordem econômica e regras do jogo. 2. ed. Rio de Janeiro: Lumen Juris, 2016; CARDOSO, Fernando Henrique. *A arte da polítia:* a história que vivi. Rio de Janeiro: Record, 2006.

[54] "Art. 208. O dever do Estado com a educação será efetivado mediante a garantia de: [...] § 3º Compete ao Poder Público recensear os educandos no ensino fundamental, fazer-lhes a chamada e zelar, junto aos pais ou responsáveis, pela frequência à escola."; "Art. 242. § 1º O ensino da História do Brasil levará em conta as contribuições das diferentes culturas e etnias para a formação do povo brasileiro. § 2º O Colégio Pedro II, localizado na cidade do Rio de Janeiro, será mantido na órbita federal."; "Art. 53, ADCT. Ao ex-combatente que tenha efetivamente participado de operações bélicas durante a Segunda Guerra Mundial, nos termos da Lei nº 5.315, de 12 de setembro de 1967, serão assegurados os seguintes direitos: [...] VI – prioridade na aquisição da casa própria, para os que não a possuam ou para suas viúvas ou companheiras."; "Art. 54, ADCT. Os seringueiros recrutados nos termos do Decreto-Lei nº 5.813, de 14 de setembro de 1943, e amparados pelo Decreto-Lei nº 9.882, de 16 de setembro de 1946, receberão, quando carentes, pensão mensal vitalícia no valor de dois salários mínimos. § 1º O benefício é estendido aos seringueiros que, atendendo a apelo do Governo brasileiro, contribuíram para o esforço de guerra, trabalhando na produção de borracha, na Região Amazônica, durante a Segunda Guerra Mundial.".

[55] COUTO, Cláudio Gonçalves; ARANTES, Rogério Bastos. Constituição, Governo e democracia no Brasil. *Revista Brasileira de Ciências Sociais*, São Paulo, v. 21, n. 61, p. 41-62, jun. 2006, p. 52.

DOIS *IMPEACHMENTS*, DOIS ROTEIROS

Dessa perspectiva, resta clara a influência de ordem histórica que teve a ruptura política com a ditadura (*plano institucional*), juntamente com a preocupação em torno da estabilidade e recuperação democrática do país, sobre o nível de detalhamento e extensão atingido pela Constituição na definição de procedimentos e regras de funcionamento institucional. Por sua vez, a constitucionalização de políticas públicas, que também contribuiu para a dimensão do texto, representou a tentativa de assegurar a recuperação social do país, depois de décadas de desigualdades herdadas do período autoritário.

Em um contexto histórico-legal, é insustentável resguardar o *modelo de trabalho adotado pela Assembleia Constituinte de 1987-1988* da responsabilidade pela extensão e amplitude do texto constitucional de 1988. Isso porque, conforme previa a Emenda Constitucional (EC) 26, de 27 de novembro de 1985,[56] "era mais fácil aprovar um texto na constituição de que aprovar um texto de lei. A lei dependia de votação na Câmara, no Senado, do veto da Presidência da República e da rejeição do veto. Para o texto constitucional, bastavam dois turnos por maioria absoluta".[57]

Cristovam Ricardo Cavalcanti Buarque, por ocasião dos 20 anos da Constituição de 1988, critica, ainda, o fato de que os constituintes eram também parlamentares e não exclusivamente eleitos para elaborarem o novo texto constitucional. Isso fez com que "o Congresso estivesse mais preocupado com a eleição seguinte do que com o século seguinte, já que muitos parlamentares seriam candidatos em seguida", chegando a dizer que Constituição de 1988 é cidadã, porém não patriótica.[58]

---

[56] A EC 26/1985 convocou Assembleia Constituinte e seu artigo 3º diz: "A Constituição será promulgada depois da aprovação de seu texto, em dois turnos de discussão e votação, pela maioria absoluta dos Membros da Assembléia Nacional Constituinte".

[57] Nelson Azevedo Jobim, em depoimento à Comissão Especial destinada a proferir parecer à Proposta de Emenda Constitucional 157-A, de 2003, que visava convocar Assembleia de Revisão Constitucional. (BRASIL. Câmara dos Deputados. *Ata da 82ª sessão ordinária, de 24 de maio de 2006*. Diário da Câmara dos Deputados, ano LXI, n. 90. p. 26.860. Disponível em: http://imagem.camara.gov.br/Imagem/d/pdf/DCD25MAI2006.pdf#page=269. Acesso em: 03 ago. 2020.).

[58] BUARQUE, Cristovam Ricardo C. *Comissão Afonso Arinos elaborou anteprojeto de constituição*. Agência Senado, Brasília, 1 out. 2008. Entrevista concedida à Agência Senado por ocasião dos 20 anos da Constituição de 1988. Disponível em: https://www12.senado.leg.br/noticias/materias/2008/10/01/comissao-afonso-arinos-elaborou-anteprojeto-de-constituicao. Acesso em: 14 maio 2020.

Cláudio Gonçalves Couto e Rogério Bastos Arantes apontam, também, a ausência de um projeto-base[59] que pudesse servir de fio condutor da Constituição a ser elaborada, bem como o processo descentralizado dos trabalhos da Assembleia Nacional Constituinte, com comissões e subcomissões, sob a égide de troca de favores (*logrolling*), como responsáveis pela grande quantidade de dispositivos mais adequados às políticas públicas do que a um texto constitucional.[60]

Apesar de toda participação popular, Carlos Ary Sundfeld tece ácidas críticas à Constituição de 1988, argumentando que esta foi salvaguarda dos interesses dos setores mais organizados da sociedade, especialmente aqueles vinculados ao corporativismo estatal:

> Minha tese é que a idealização em torno do caráter garantista da Constituição tem obscurecido o que é seu traço central: o haver instituído um constitucionalismo chapa branca, destinado a assegurar posições de poder a corporações e organismos estatais ou paraestatais. O conteúdo da Carta de

---

[59] A bem da verdade, havia um texto constitucional preliminar elaborado por uma comissão provisória denominada Comissão Provisória de Estudos Constitucionais, que tinha como presidente o ex-deputado federal e ex-senador Afonso Arinos de Melo Franco, tendo o grupo ficado conhecido como "Comissão Afonso Arinos". A comissão foi convocada pelo presidente José Sarney, por meio do Decreto 91.450/1985, e era composta por 50 integrantes, tais como: Antônio Ermírio de Moraes, Bolívar Lamounier, Gilberto Freyre, Jorge Amado, Miguel Reale, José Francisco da Silva, Sepúlveda Pertence (então procurador-geral da República) e Walter Barelli. Os trabalhos da comissão foram concluídos em 1986, alguns meses antes de a Assembleia Nacional Constituinte iniciar seus trabalhos em fevereiro de 1987. Porém, após pressão do Congresso Nacional, esse anteprojeto foi descartado pelo Presidente José Sarney. Os parlamentares, em especial Ulysses Guimarães, consideravam o texto uma intromissão do Poder Executivo nos trabalhos constituintes, bem como vinculado à ordem política que se desejava superar. Ver: BUARQUE, Cristovam Ricardo C. *Comissão Afonso Arinos elaborou anteprojeto de constituição*. Agência Senado, Brasília, 1 out. 2008. Entrevista concedida à Agência Senado por ocasião dos 20 anos da Constituição de 1988. Disponível em: https://www12.senado.leg.br/noticias/materias/2008/10/01/comissao-afonso-arinos-elaborou-anteprojeto-de-constituicao. Acesso em: 14 maio 2020.

[60] Ver: COUTO, Cláudio Gonçalves; ARANTES, Rogério Bastos. Constituição, Governo e democracia no Brasil. *Revista Brasileira de Ciências Sociais*, São Paulo, v. 21, n. 61, p. 41-62, jun. 2006, p. 44.; COUTO, Cláudio Gonçalves; ARANTES, Rogério Bastos. A Constituição sem fim. *In*: DINIZ, Simone; PRAÇA, Sérgio. (Org.). *Vinte anos da Constituição*. São Paulo: Paulus, 2008, p. 50-51.

DOIS *IMPEACHMENTS*, DOIS ROTEIROS

1988 é menos para proteger o cidadão frente ao Estado que para defender essas corporações e organismos contra as deliberações governamentais e legislativas. A Assembleia Constituinte desenvolveu-se sob um governo fraco, que encomendou um projeto de Constituição (feito por uma chamada "Comissão de Notáveis") e depois o ignorou. Abriu-se a porta para o lobby das organizações estatais ou paraestatais mais articuladas, que acorrem com suas reivindicações de poder. Por isso, a parte mais original da Constituição, que se derrama, é o resultado de um arranjo político que dividiu o poder e os recurso públicos entre organizações concretas, com interesses concretos: órgãos de ensino público básico, universidades públicas, órgãos e entes estatais da saúde, INSS, FUNAI, INCRA, Administração Fazendária, Banco Central, Forças Armadas, órgãos e entes ambientais, Ministérios e Secretarias da Cultura, dezenas de Tribunais, Procuradorias, Defensorias, empresas estatais da época, OAB, CBF, Sistema S, sindicatos etc. (...) Em suma, os cidadãos que tiveram a atenção primária da Constituição foram policiais, fiscais tributários, militares, juízes, membros do Ministério Público, advogados públicos, defensores, professores de universidades oficiais, profissionais de saúde pública, e assim por diante. (...) Nosso texto é em grande medida uma Carta de afirmação dos direitos desses organismos e corporações, com o efeito concreto de limitar as iniciativas governamentais e deliberações do legislativo. Algo distinto, portanto, de uma romântica Constituição-cidadã; é uma Constituição chapa-branca.[61]

No mesmo sentido pessimista de Sundfeld, Nelson Azevedo Jobim, em depoimento à Comissão Especial destinada a proferir parecer à Proposta de Emenda Constitucional 157-A, de 2003, sustentou que o texto da Constituição de 1988 foi um processo de transição fruto do esfacelamento do lasso regime militar, sem contudo representar um rompimento com a ordem política precedente:

todas as constituições brasileiras foram sempre processos de transição, ou seja, não tivemos rompimentos na história brasileira. Quando o regime anterior se esboroava, logo a seguir apresentava-se uma solução à situação. Portanto é difícil, na história política brasileira, utilizar-se de instrumento ou

---

[61] SUNDFELD, Carlos Ari. *Direito Administrativo para céticos*. São Paulo: Malheiros, 2012, p. 56-57.

de linguagem importada de outros países, como, por exemplo, os conceitos de constituinte originário e constituinte derivado.[62]

Dessa forma, engrandecimentos e críticas à parte, o (a) ambiente democrático, decorrente de uma participação popular[63] sem precedentes na história política e legislativa do Brasil, associado ao (b) corporativismo da política brasileira e ao (c) modelo de trabalho adotado pela Constituinte, direcionaram-nos a um texto que ultrapassou a órbita dos temas fundamentalmente constitucionais, fruto de um largo processo de barganha que culminou na constitucionalização dos interesses de cada setor da sociedade[64] e do Estado que detinham o poder naquele momento. Assim,

[62] BRASIL. Câmara dos Deputados. *Ata da 82ª sessão ordinária, de 24 de maio de 2006.* Diário da Câmara dos Deputados, ano LXI, n. 90. p. 26.860. Disponível em: http://imagem.camara. gov.br/Imagem/d/pdf/DCD25MAI2006.pdf#page=269. Acesso em: 03 ago. 2020.

[63] No tocante à participação popular, Leonardo Barbosa ressalta que a Constituinte de 1987-1988 contou com emendas populares patrocinadas pelas entidades associativas legalmente constituídas (no mínimo três), o que contribuiu não somente para uma interlocução entre a Constituinte com as demandas formuladas por todos setores da sociedade civil como, também, para o próprio fortalecimento em si da organização da sociedade civil. Além disso, a Constituinte beneficiou-se de uma ampla divulgação de seus trabalhos pela mídia, favorecendo a mobilização e a pressão popular sobre os parlamentares constituintes. (BARBOSA, Leonardo Augusto de Andrade. *Mudança constitucional, autoritarismo e democracia no Brasil pós-1964.* 2009. Tese (Doutorado) – Faculdade de Direito, Universidade de Brasília, Brasília, 2009, p. 202-203. Disponível em: http://repositorio.unb.br/handle/10482/4075. Acesso em: 14 maio 2020.).

[64] Apesar de todas as críticas acerca das contendas e dos acordos políticos, não dá para negar a intensa participação popular na Assembleia Nacional Constituinte de 1987-1988. Ainda segundo Leonardo Barbosa: "Os organizadores do relatório 'Cidadão Constituinte: a saga das emendas populares' consideraram a possibilidade de apresentação de emendas desse tipo como a 'primeira mudança do quadro político institucional brasileiro obtida pelo longo esforço que vinha sendo desenvolvido, desde o início de 1985, pelos plenários, comitês e movimentos pró-participação popular na Constituinte' (MICHILES, 1989, p. 54). A proposição de emendas consistia em mecanismo mais avançado que a participação em audiências ou oferecimento de sugestões e correspondia a um avanço qualitativo da Constituinte em termos de abertura à sociedade (1989, p. 55). Enquanto as sugestões encaminhadas às Comissões e Subcomissões temáticas constituíam apenas subsídios ao trabalho dos constituintes, as emendas que contassem com pelo menos trinta mil assinaturas de eleitores e apoio de, no mínimo, três entidades associativas legalmente constituídas integravam o processo de elaboração da nova Constituição, e só poderiam ser excluídas dele pela manifestação unânime da Comissão de Sistematização. (...) No total, foram apresentadas 122

DOIS *IMPEACHMENTS*, DOIS ROTEIROS

a Constituição de 1988 tornou-se um exemplo de constituição dirigista ou de caráter social, afastando-se da concepção das constituições liberais, que propunham limitar o Estado, traçar o desenho das instituições e conferir maior liberdade à sociedade.[65]

1.2. A inflação constituinte e suas consequências

Ao constitucionalizar matérias típicas de legislação ordinária, ao lado de um extenso rol de direitos e da distribuição de poderes, o constituinte de 1988 acabou por regulamentar obsessivamente as órbitas sociais, econômicas, tributárias, previdenciárias e públicas.[66] Soma-se a isso o fato de que "a opção constitucional foi, primordialmente, pela instituição de regras e, não, de princípios. Tanto que a Constituição Federal de 1988 é qualificada de 'analítica', justamente por ser detalhista e pormenorizada, característica estruturalmente vinculada à existência de regras, em vez de princípios".[67-68]

A escolha do constituinte por regras justifica-se: as regras são descritivas, estabelecendo obrigações, permissões e proibições mediante descrição da conduta, diminuindo a arbitrariedade e a incerteza e gerando

emendas populares, reunindo mais de doze milhões de assinaturas. Considerando as regras regimentais para a apresentação das emendas (que permitiam ao cidadão assinar no máximo três propostas), a lógica de coleta de assinaturas (que mesclava campanhas solicitando a assinatura em três propostas com outras que preferiam priorizar apenas um iniciativa) e o universo colégio eleitoral de 1987 (então com praticamente setenta milhões de eleitores), estima-se que entre dez e doze por cento dos cidadãos brasileiros participaram diretamente do processo constituinte (MICHELES, 1989, p. 104-105). Igualmente impressionante é o número de entidades envolvidas na coleta das assinaturas: quase trezentas entidades dos mais diferentes perfis foram mobilizadas. As entidades sindicais, profissionais, acadêmicas e técnico-científicas responderam por 42% desse total, com destaque também para as entidades civis (30%) e religiosas (9%)." *Ibid.*, p. 201-202.

[65] VIEIRA, Oscar Vilhena. A constituição como reserva de justiça. *Lua Nova*. São Paulo, n. 42, p.53-99, 1997, p. 59.

[66] VIEIRA, Oscar Vilhena. Supremocracia. *Revista Direito GV*, São Paulo, v.4, n.2, p. 441--464, jul.-dez. 2008, p. 446.

[67] ÁVILA, Humberto. Neoconstitucionalismo: entre a 'ciência do direito' e o 'direito da ciência'. *Revista Eletrônica de Direito do Estado*, Salvador, n. 17, jan.-fev.-mar. 2009. p. 4.

[68] Ideia amadurecida por debates e discussões, frutos das aulas ministradas pelo Prof. Dr. Sérgio Antônio Ferreira Victor na disciplina "Constituição, Poder e Diálogos Institucionais", que integra a grade curricular do Mestrado Acadêmico em Direito Constitucional do Instituto Brasileiro de Ensino, Desenvolvimento e Pesquisa – IDP.

ganhos de previsibilidade. A característica primária das regras é a previsão do comportamento, indicando *o que* deve ser feito e instituindo o dever de adotar o comportamento previamente descrito. Os princípios, por sua vez, possuem um caráter primariamente *prospectivo* (*future-regarding*), configurando-se como normas finalísticas e exigindo do aplicador a assunção de um comportamento necessário para sua realização ou preservação. Daí falar-se que, ao contrário, as regras assumem um caráter retrospectivo (*past-regarding*), na medida que o próprio legislador se encarregou de avaliar e ponderar as razões de sua formulação, ao invés de deixar a solução aberta para uma posterior ponderação do aplicador.[69-70]

Porém, ao lado dos ganhos de previsibilidade e diminuição da incerteza proporcionados pela minuciosidade do texto e primazia das regras, emergem quatro consequências patentes:

i) ao tratar descritivamente e detalhadamente de uma gama de assuntos, toda e qualquer alteração no contexto político, social e econômico do país que demande alteração do texto constitucional exige do Legislativo uma dificuldade quantitativa adicional: as emendas constitucionais requerem uma aprovação de 3/5 dos deputados e senadores. Já a legislação ordinária depende de uma maioria simples;

ii) o caráter retrospectivo das regras reduz a discricionariedade do Legislativo e do Executivo, impondo-lhes deveres de implementação da vontade do constituinte, ditando prioridades à agenda legislativa e diminuindo a amplitude de governabilidade do Executivo;

iii) a terceira consequência é uma derivação lógica da primeira. A política[71] ordinária brasileira é feita por meio de política

---

[69] ÁVILA, Humberto. *Teoria dos princípios:* da definição à aplicação dos princípios jurídicos. 4. ed. São Paulo: Malheiros, 2003, p. 63-67.

[70] Didática distinção entre regras e princípios está presente também em: GALVÃO, Jorge Octávio Lavocat. *O neoconstitucionalismo e o fim do estado de direito*. 2012. Tese (Doutorado em Direito do Estado) – Faculdade de Direito, Universidade de São Paulo, São Paulo, 2012, p. 106-108. Disponível em: http://www.teses.usp.br/teses/disponiveis/2/2134/tde-29082013-113523/pt-br.php. Acesso em: 18 maio 2020.

[71] Estamos nos referindo aqui à política aludida por Weber, que significaria, portanto, "a tentativa de participar no poder ou de influenciar a distribuição do poder" entre os grupos de pessoas que abrangem um determinado Estado, o que corresponde ao uso da palavra na

constitucional.[72] Tal fato é comprovado pelo número de emendas constitucionais. Em um prazo de 30 anos, estas já somam 107;

iv) a ampliação perene do texto constitucional requer, na mesma proporção, a expansão da atuação do Poder Judiciário – aqui, na figura do Supremo Tribunal Federal (STF), órgão máximo de proteção e interpretação da Constituição.

Após 30 anos, a Constituição já foi alvo de 3.498 propostas de emendas constitucionais, o que perfaz uma proposta a cada 3 dias. Há 2.210 propostas de emendas inativas e 1.189 em tramitação. Como ressaltado, apenas 107 propostas foram aprovadas. Desse total, 26 foram emanadas do Poder Executivo. As principais mudanças referem-se às políticas públicas, que alcançam 80,5% dos dispositivos alterados, conforme estudo de Cláudio Couto e Rogério Arantes.[73]

A manter-se o aumento atual na produção legislativa de emendas constitucionais, teremos aproximadamente 200 emendas em 2050. Em termos quantitativos, soa exagerado para um observador externo. Porém, a abrangência temática do texto constitucional, somada a um processo relativamente simplificado para a sua reforma, justifica essa mobilidade constitucional. Como dito anteriormente, fazemos política constitucional em substituição à política ordinária.

Com efeito, tudo isso fica evidente na irrelevância democrática do conteúdo das maiorias dessas emendas. A título de exemplo: (a) EC 23/1999, que cria o Ministério da Defesa; (b) EC 50/2006, que altera os

---

linguagem corrente – uma vez que para Weber, em uma decisão politicamente condicionada, os interesses de distribuição, manutenção e deslocamento de poder são decisivos para a solução da questão. (WEBER, Max. *Economia e sociedade*. Tradução: Regis Barbosa e Karen Elsabe Barbosa. São Paulo: UNB, Imprensa Oficial, 2004 (v. 2), p. 526.).

[72] BARROSO, Luís Roberto. *O constitucionalismo democrático no Brasil*: crônica de um sucesso imprevisto. Disponível em: http://www.luisrobertobarroso.com.br/wp-content/uploads/2017/09/constitucionalismo_democratico_brasil_cronica_um_sucesso_imprevisto. pdf. Acesso em: 1º jun. 2020.

[73] Estudo disponibilizado em texto jornalístico. Os dados foram atualizados até a Emenda Constitucional 107/2020. Ver: MONNERAT, Alessandra; SARTORI, Caio; MORAES, Igor. 'Alvo' de mais de mil PECs, Constituição já foi alterada 99 vezes. *Estadão*, São Paulo, 23 de setembro de 2018, às 5h00. Disponível em: https://politica.estadao.com.br/noticias/geral,alvo--de-mil-pecs-constituicao-ja-foi-alterada-99-vezes,70002514670. Acesso em: 18 maio 2020.

CONSTITUCIONALISMO E O PROTAGONISMO DO JUDICIÁRIO...

critérios das convocações extraordinárias; (c) EC 69/2012, que transfere da União para o Distrito Federal as atribuições de organizar e manter a Defensoria Pública do Distrito Federal; EC 73/2013, que cria mais quatro novos Tribunais Regionais Federais (objeto da Ação Direta de Inconstitucionalidade (ADI) 5017 MC/DF); (d) EC 95/2016, que implementa o teto para gastos públicos federais, por meio de um novo regime fiscal; e (e) EC 96/2017, que admite a vaquejada como "manifestação cultural".[74]

Apesar de todo o rol extensivo de emendas e aparente processo constituinte permanente, o cerne da Constituição de 1988 permanece o mesmo nestes 30 anos, não tendo sofrido modificações contundentes em seus pontos materialmente constitucionais.É a mais longeva constituição entre as últimas seis[75] constituições brasileiras promulgadas no último século. São 30 anos de democracia com eleições a cada dois anos. Suportou e tem suportado crises institucionais como: (a) o *impeachment* de dois presidentes, (b) a condenação de um ex-presidente da República por corrupção passiva em segundo grau de jurisdição, a condenação de um ex-presidente da Câmara dos Deputados pelos crimes de corrupção, lavagem de dinheiro e evasão de divisas, (c) a prisão preventiva de um ex-presidente da República e (d) dois juízos políticos de admissibilidade por dois terços da Câmara dos Deputados em face de acusação contra um mesmo presidente da República.[76]

Com tamanha resiliência institucional, a praxe do meio acadêmico brasileiro em comparar a Constituição de 1988 à Constituição dos Estados

---

[74] MUDROVITSCH, Rodrigo. *Desentrincheiramento da jurisdição constitucional*. São Paulo: Saraiva, 2014, p. 109-110.

[75] O número leva em consideração a Emenda Constitucional 1 de 1969 que, embora não seja considerada uma nova Constituição do Brasil, renovou a redação da Constituição de 1967 e foi promulgada em 17 de outubro de 1969, no governo do militar Artur da Costa e Silva (1899-1969).

[76] Nesse sentido, partilham de opiniões coincidentes Luís Roberto Barroso e Virgílio Afonso da Silva. A propósito, ver: BARROSO, Luís Roberto. *Um outro país:* transformações no direito, na ética e na agenda do Brasil. Belo Horizonte: Fórum, 2018; e SILVA, Virgílio Afonso da. Constituição: 50 anos, 150 emendas, e daí? *Valor econômico*. Rio de Janeiro, 18 ago. 2013. Disponível em: http://www.osconstitucionalistas.com.br/constituicao-50-anos-150--emendas-e-dai. Acesso em: 18 maio 2020.

Unidos da América (1787), que possui mais de 230[77] anos e apenas 27 emendas, não soa razoável. Pelo estudo até aqui desenvolvido, é crível perceber a importância do processo histórico na concepção de um texto constitucional. Além disso, a própria concepção do texto, amplo ou sucinto, juntamente com o processo legislativo constitucional são variáveis que direcionam a mobilidade constitucional e não podem ser ignoradas.

A Constituição americana, além de ser sintética, possui um processo de emendas muito mais complexo que o previsto na Constituição de 1988. Requer o voto de dois terços dos senadores e deputados (ou o requerimento de dois terços das Assembleias Legislativas) e a ratificação por três quartos dos Estados (artigo V[78]), consubstanciando, praticamente, uma imobilidade constitucional institucionalizada.[79]

---

[77] Tomando como marco a Convenção de Filadélfia de 1787.

[78] A redação do Artigo V da Constituição americana diz: "Sempre que dois terços dos membros de ambas as Câmaras julgarem necessário, o Congresso proporá emendas a esta Constituição, ou, se as legislaturas de dois terços dos Estados o pedirem, convocará uma convenção para propor emendas, que, em um e outro caso, serão válidas para todos os efeitos como parte desta Constituição, se forem ratificadas pelas legislaturas de três quartos dos Estados ou por convenções reunidas para este fim em três quartos deles, propondo o Congresso uma ou outra dessas maneiras de ratificação. Nenhuma emenda poderá, antes do ano de 1808, afetar de qualquer forma as cláusulas primeira e quarta da Seção 9, do Artigo I, e nenhum Estado poderá ser privado, sem seu consentimento, de sua igualdade de sufrágio no Senado." (tradução livre). O original em Inglês tem o seguinte teor: "The Congress, whenever two thirds of both Houses shall deem it necessary, shall propose Amendments to this Constitution, or, on the Application of the Legislatures of two thirds of the several States, shall call a Convention for proposing Amendments, which, in either Case, shall be valid to all Intents and Purposes, as Part of this Constitution, when ratified by the Legislatures of three fourths of the several States, or by Conventions in three fourths thereof, as the one or the other Mode of Ratification may be proposed by the Congress; Provided that *no Amendment which may be made prior to the Year One thousand eight hundred and eight shall in any Manner affect the first and fourth Clauses in the Ninth Section of the first Article*; and that no State, without its Consent, shall be deprived of its equal Suffrage in the Senate." (ESTADOS UNIDOS DA AMÉRICA. [Constitution (1787)]. *The Constitution of the United States*. Disponível em: https://www.senate.gov/civics/constitution_item/constitution. htm?utm_content=buffer05951#amendments. Acesso em: 18 de maio 2020.).

[79] A título de exemplo dessa imobilidade, a Emenda XXVII, que trata da limitação dos salários dos congressistas, preconizando que qualquer alteração remuneratória entra em vigor apenas na legislatura seguinte. A emenda foi originalmente proposta em 25 de setembro de 1789, tendo sido ratificada somente 203 anos depois, em 07 de maio de 1992. Na

Ao contrário, a Constituição de 1988, apesar de doutrinariamente ser considerada rígida, possui um processo de alteração bem menos complicado. A começar que o texto constitucional pode ser emendado mediante proposta: do presidente da República, de um terço dos membros da Câmara dos Deputados, ou do Senado Federal, ou de mais da metade das Assembleias Legislativas dos Estados brasileiros, que somam apenas 27 diante dos 50 Estados americanos. Por sua vez, a aprovação depende de três quintos (60%) dos votos dos deputados e senadores.

Conforme coloca Bruce Arnold Ackerman, até meados da década de 1990 era natural conferir uma posição privilegiada à longeva experiência americana no estudo comparado. Outros experimentos com constituições escritas e controles de constitucionalidade eram relativamente curtos, considerando o pós-guerra da Segunda Guerra Mundial. Hoje esse argumento temporal não faz mais sentido, pois países como Alemanha, França e Itália já ultrapassaram a marca de 60 anos em suas experiências para investigação comparativa. "Em primeiro lugar, precisamos aprender a pensar a experiência americana com o constitucionalismo de uma nova maneira"[80], como um caso especial e não como um caso paradigmático, ou seja, como uma fonte suplementar de discernimento.[81]

---

verdade, o texto da Emenda XXVII fazia parte de um conjunto de 12 emendas propostas ao Congresso por James Madison, para proteger a liberdade de expressão, de imprensa, de religião, proibir busca e apreensão sem motivo razoável, entre outros direitos básicos. Desse total de 12 emendas, apenas dez (emendas 3-12) foram ratificadas por três quartos das legislaturas estaduais em 15 de dezembro de 1791. As emendas ratificadas passaram a compor as dez primeiras emendas à Constituição Americana, tendo sido denominadas de Declaração Americana de Direitos (*Bill of Rights*). A primeira emenda nunca foi ratificada. Já a segunda emenda proposta em 1789 foi ratificada em 1992, como a Emenda XXVII. A Constituição Americana talvez não teria sido ratificada se os autores não tivessem prometido uma Declaração de Direitos. (ESTADOS UNIDOS DA AMÉRICA. [Constitution (1787)]. *Amendment XXVII*. Disponível em: https://www.archives.gov/founding-docs/amendments-11-27. Acesso em: 18 de maio 2020.).

[80] O original em língua inglesa tem o seguinte teor: "First and foremost, we must learn to think about the American experience with constitutionalism in a new way." (ACKERMAN, Bruce. The Rise of World Constitutionalism. *Virginia Law Review*, Charlottesville (EUA), v. 83, n. 4, p. 771-797, maio 1997, p. 774.).

[81] *Ibid.*, p. 774-775.

DOIS *IMPEACHMENTS*, DOIS ROTEIROS

Retornando ao ponto que motiva o livro como consequência direta dessa contínua alteração e expansão[82] do texto constitucional brasileiro, o que de fato importa do ponto de vista da separação de Poderes é que, a cada ampliação do escopo da Constituição de 1988, aumenta-se o campo de trabalho do Supremo Tribunal Federal. É, por assim dizer, que, paulatinamente, reforça-se a importância do Poder Judiciário, apontando para uma mudança no equilíbrio do sistema de separação de Poderes.

As palavras de Nelson Azevedo Jobim em depoimento à Comissão Especial destinada a proferir parecer à Proposta de Emenda Constitucional 157-A, de 2003, que visava convocar Assembleia de Revisão Constitucional, elucidam e sintetizam a situação:

> Todas as vezes em que V. Excias. constitucionalizam temas que são da competência, historicamente, de lei complementar ou lei ordinária; todas as vezes em que V. Excias. transformam essas pretensões em texto constitucional, outorgam poder à magistratura nacional. V. Excias. estão transferindo para a magistratura nacional o poder de fiscalizar os textos infraconstitucionais de V. Excias.[83]

Sua fala quase empírica encontra abrigo no preciso pensamento de Mauro Cappelletti, que não vê contraposição entre "interpretação" e "Criação do Direito". Para a autor, a expansão do direito legislativo acarreta a paralela expansão do direito judiciário, uma vez que se encontra implícito o reconhecimento de certo grau de criatividade congênita à interpretação. A melhor técnica legislativa, com a linguagem mais simples

---

[82] E, neste ponto, estamos falando apenas da expansão formal, via processo legislativo constitucional de emenda. Como bem pontua Carlos Blanco de Morais: "a constituição tem sido objeto de alterações informais do sentido das suas normas, por via de interpretação pretoriana do STF que, em alguns casos, gerou verdadeiras mutações constitucionais". (MORAIS, Carlos Blanco. O presidencialismo de coalizão visto de um olhar exterior. *In*: CONGRESSO INTERNACIONAL DE DIREITO CONSTITUCIONAL DO IDP: sistema de governo, governança e governabilidade, XX, Brasília, 2017, *Anais*. Brasília: IDP, 2018, p. 18-23. Disponível em: http://www.idp.edu.br/wp-content/uploads/2018/05/e-book_XX-Congresso-Internacional-de-Direito-Constitucional-do-IDP.pdf. Acesso em: 18 maio 2020).

[83] BRASIL. Câmara dos Deputados. *Ata da 82ª sessão ordinária, de 24 de maio de 2006*. Diário da Câmara dos Deputados, ano LXI, n. 90. p. 26.860-26.861. Disponível em: http://imagem. camara.gov.br/Imagem/d/pdf/DCD25MAI2006.pdf#page=269. Acesso em: 03 ago. 2020.

e exata, sempre permite ambiguidades e incertezas que em última análise são dissolvidas pela via judiciária.[84]

A situação é agravada pelo fato de que o Supremo pode apreciar a constitucionalidade de emendas constitucionais, tanto em seu aspecto formal quanto em seu aspecto material, no tocante à observância dos limites impostos pelas cláusulas pétreas do artigo 60, parágrafo 4º.[85] Tal competência, nas palavras de Oscar Vilhena Vieira, reduz "a possibilidade de que o Tribunal venha a ser circundado pelo Congresso Nacional, caso este discorde de um de seus julgados"[86], como por exemplo, no "caso da vaquejada". O Tribunal declarou que a prática da vaquejada era inconstitucional, por submeter os animais à crueldade.[87] Em reação, o Congresso aprovou a EC 96, de 06 de junho de 2017, admitindo a vaquejada como "manifestação cultural". Em 12 de setembro de 2017, a EC 96/2017 foi judicializada, via ADI 5772/DF[88], abrindo uma nova oportunidade para que o Supremo sobrepusesse sua posição.

---

[84] Para Mauro Cappelletti, o verdadeiro problema é o grau de criatividade e os limites da criação do direito pelos tribunais, haja vista que para o autor, do ponto de vista substancial, não há diferença entre a criação do direito pela via legislativa ou judiciária. CAPPELLETTI, Mauro. *Juízes legisladores?* Tradução: Carlos Alberto Alvaro de Oliveira. Porto Alegre: Sérgio Antonio Fabris Editor, 1999, p. 20-21 e 27.

[85] Em 1993, o presidente Itamar Franco enviou ao congresso projeto de emenda constitucional que criava um imposto provisório: o Imposto Provisório sobre Movimentação Financeira (IPMF). Convertido na Emenda Constitucional 3, de 17 de março de 1993, o parágrafo 2º do artigo 2º excetuava o novo tributo da aplicação do "princípio da anterioridade", previsto no artigo 150, inciso III, alínea "b" da Constituição de 1988. A Confederação Nacional dos Trabalhadores no Comércio ingressou com a ADI 939/DF, alegando vício de inconstitucionalidade por violação às cláusulas pétreas do artigo 60, § 4º. O STF entendeu que uma emenda constitucional oriunda do Poder Constituinte derivado pode ser declarada inconstitucional e julgou procedente o pedido, afastando a cobrança do IPMF. A reação do Executivo e Legislativo foi a aprovação da EC 12/1996, instituindo a Contribuição Provisória sobre Movimentação Financeira (CPMF). Ver: ADIs 939/DF; 2.356 MC/DF; 2.362 MC/DF.

[86] VIEIRA, Oscar Vilhena. *A batalha dos poderes:* da transição democrática ao mal-estar constitucional. São Paulo: Companhia das Letras, 2015. *E-book*, p. 2387.

[87] BRASIL. Supremo Tribunal Federal. *Ação Direta de Inconstitucionalidade 4.983.* Requerente: procurador-geral da República. Relator: ministro Marco Aurélio. Brasília, 18 de junho de 2013. Disponível em: http://portal.stf.jus.br/processos/detalhe.asp?incidente=4425243. Acesso em: 18 maio 2020.

[88] BRASIL. Supremo Tribunal Federal. *Ação Direta de Inconstitucionalidade 5.772.* Requerente: procurador-geral da República. Relator: ministro Roberto Barroso. Brasília, 12 de setembro

Um outro exemplo que reforça essa tese é a PEC 457/2005[89], cuja origem remonta à PEC 42/2003. O projeto deu origem à Emenda Constitucional 88/2005, que ampliou a idade de aposentadoria compulsória dos ministros do STF, dos demais Tribunais Superiores e do Tribunal de Contas da União, de 70 para 75 anos. A emenda ficou conhecida jocosamente como "PEC da Bengala". De forma capciosa, o projeto previu a necessidade de uma nova sabatina perante o Senado Federal quando os ministros completassem 70 anos de idade, caso desejassem permanecer no cargo. No dia 08 de maio de 2015, mesmo dia da publicação da EC 88/2005 no Diário Oficial União, três associações de magistrados[90] ingressaram com a ADI 5316/DF. Treze dias depois, em liminar concedida pelo Plenário, o STF suspendeu os efeitos da "parte inconivente" da emenda, até o julgamento final da ação. O Tribunal reforçou que o "controle de constitucionalidade das emendas deve ser reservado aos casos de inequívoca violação ao núcleo das cláusulas pétreas", sustentando que a exigência de uma segunda sabatina configuraria "intromissão indevida do Legislativo em tema sensível à independência do Judiciário".[91-92]

Em termos práticos, os conflitos revelam a disputa entre o Legislativo e o Supremo pelo controle de mudar a Constituição. Ao se incumbir do que é cláusula pétrea em instância final, o Supremo Tribunal Federal

---

de 2017. Disponível em: http://portal.stf.jus.br/processos/detalhe.asp?incidente=5259991. Acesso em: 18 maio 2020.

[89] BRASIL. Câmara dos Deputados. *Proposta de Emenda Constitucional 457, de 2005*. Trata da aposentadoria compulsória aos 75 (setenta e cinco) anos de ministros do Supremo Tribunal Federal, dos demais Tribunais Superiores e do Tribunal de Contas da União. Relator: Dep. Sergio Zveiter. *Diário da Câmara do Deputados*: 08 maio 2016, p. 03 col. 01. Disponível em:https://www.camara.leg.br/proposicoesWeb/fichadetramitacao?idProposicao=298878. Acesso em: 1º jun. 2020.

[90] Associação dos Magistrados Brasileiros (AMB); Associação Nacional dos Magistrados da Justiça do Trabalho (ANAMATRA) e Associação dos Juízes Federais do Brasil (AJUFE).

[91] BRASIL. Supremo Tribunal Federal. *Medida Cautelar na Ação Direta de Inconstitucionalidade 5.316*, p. 10 e 27. Requerente: Associação dos Magistrados Brasileiros – AMB e outros. Relator: ministro Luiz Fux. Brasília, 08 de maio de 2015. Disponível em: http://portal.stf. jus.br/processos/downloadPeca.asp?id=307367068&ext=.pdf. Acesso em: 03 ago. 2020.

[92] RAMALHO, Renan. PEC da Bengala exige de ministros do STF nova sabatina, interpreta Renan. *G1 Online*, 08 maio de 2015, às 11h01, atualizado às 16h10. Disponível em: http:// g1.globo.com/politica/noticia/2015/05/pec-da-bengala-exige-de-ministros-do-stf-nova- -sabatina-interpreta-renan.html. Acesso em: 03 ago. 2020.

CONSTITUCIONALISMO E O PROTAGONISMO DO JUDICIÁRIO...

toma para si o poder do que entra ou não no texto constitucional, uma função institucional não expressa literalmente na Constituição de 1988. O STF tornou-se o *gatekeeper* do texto constitucional ao controlar a porta de acesso à Constituição via intepretação das cláusulas pétreas, enquanto os demais Poderes se colocam como o "homem diante da lei", na notória passagem de "O Processo", de Franz Kafka – o que claramente se configura em uma vantagem institucional competitiva.[93]

As limitações do artigo 60, parágrafo 4º, amplificam-se quando interpretadas em conjunto com o artigo 5º, parágrafo 2º,[94] da Constituição, que prevê a extensão dos direitos e garantias fundamentais para além daqueles arrolados no próprio artigo 5º. Incluem-se direitos dispersos no texto constitucional e até mesmo estabelecidos em tratados internacionais. Importa dizer que essa particularidade aumenta a amplitude da função de guardião do Supremo e, sem dúvida, passa a lhe conferir um poder singular.[95]

Com efeito, ao todo são 72 Ações Diretas de Inconstitucionalidade propostas contra 21 emendas constitucionais. Em outras palavras, 20% das emendas constitucionais promulgadas pelo Congresso Nacional correm o risco de serem anuladas, no todo ou em parte, pelo STF. Apenas a EC 41/2003, que trata da reforma previdenciária do setor público, promulgada no primeiro governo do presidente Luiz Inácio Lula da Silva, é objeto de 15 ADIs. A EC 45/2004, que promoveu a reforma do Poder Judiciário, conta com 12 questionamentos sobre sua constitucionalidade. Sem falar na EC 103/2019, instituidora da "nova reforma da previdência", que em seis meses de sua promulgação já alcança 14 ADIs contra seu texto.[96]

---

[93] No tocante ao conflito entre os Poderes, ver: FALCÃO, Joaquim.; LENNERTZ, Marcelo Rangel. Separação de Poderes: Harmonia ou Competição? *Revista Jurídica Consulex*, Brasília, v.12, n. 281, p. 28-29, set. 2008.

[94] Art. 5º. [...] § 2º Os direitos e garantias expressos nesta Constituição não excluem outros decorrentes do regime e dos princípios por ela adotados, ou dos tratados internacionais em que a República Federativa do Brasil seja parte.

[95] VIEIRA, Oscar Vilhena. Império da corte ou império da lei. *Revista USP*, São Paulo, n. 21, p. 70-77, maio 1994.

[96] Dados levantados por meio da análise e filtragem da planilha "Lista de Processos do Controle Concentrado em Tramitação – ADI", editada pelo Supremo Tribunal Federal, e atualizada até o dia 18 de maio de 2020. (BRASIL. Supremo Tribunal Federal. *Estatísticas*

Temos aqui uma singularidade que merece destaque. Em suma, como a maioria das emendas são normas apenas formalmente constitucionais, o fato resulta na banalização da interferência da Suprema Corte brasileira na política ordinária do país, o que Rogério Arantes denomina de "deslocamento do centro gravitacional da democracia brasileira"[97]. Paralelamente, o entrincheiramento constitucional de políticas públicas obriga os sucessivos presidentes a modificarem a Constituição como forma de implementação de suas plataformas de governo. Por fim, requer a construção de amplas maiorias legislativas para viabilizar a agenda governamental.[98]

1.3. Poder Judiciário e suas personalidades

Na primeira parte deste capítulo (item 1.1), foi efetuada a análise do ambiente histórico e socioeconômico que circundou o momento constituinte do Brasil de 1987-1988, evidenciando o especial engajamento político, social e econômico entre atores distintos e o notável aquecimento democrático com mobilização popular, que, juntos, resultaram em um texto extenso e na constitucionalização de interesses de diferentes setores da sociedade.

Foi ressaltado que a amplitude do texto constitucional, permeado e caracterizado por regras, limita o exercício da governabilidade do Executivo e dita a agenda legislativa. Como consequência, a política ordinária brasileira passa a ser alcançada por meio da política constitucional, demandando assim uma alteração e ampliação perene do texto constitucional. Essa disfunção autoimune do texto constitucional resulta na expansão da atuação do Poder Judiciário, na figura do Supremo Tribunal Federal – que, inclusive, dada a competência para apreciar a

---

do STF: Decisões. Disponível em: http://portal.stf.jus.br/textos/verTexto.asp?servico=estatistica&pagina=decisoesinicio. Acesso em: 18 maio 2020).

[97] ARANTES, Rogério Bastos. Protagonismo da Justiça deslocou o centro gravitacional da democracia brasileira. Entrevista concedida a André de Oliveira. *El país*, São Paulo, 24 set. 2016, às 16h14. Disponível em: https://brasil.elpais.com/brasil/2016/09/16/politica/1474061979_483659.html. Acesso em: 18 maio 2020.

[98] COUTO, Cláudio Gonçalves; ARANTES, Rogério Bastos. Constituição, Governo e democracia no Brasil. *Revista Brasileira de Ciências Sociais*, São Paulo, v. 21, n. 61, p. 41-62, jun. 2006, p. 43-44.

constitucionalidade de emendas constitucionais, vê reduzida a possibilidade de ser cingido pelo Congresso Nacional, caso este discorde de suas decisões.[99]

No plano estático, a Constituição de 1988, seguindo o contraponto ao regime militar pós 1964, sem dúvida, marca uma tentativa de refundar institucionalmente o país com o fortalecimento do Judiciário e do Ministério Público. De um lado, tentou-se, ainda, solucionar o congestionamento de processos nas instâncias superiores. E assim foram criados cinco Tribunais Regionais Federais[100], como segunda instância da Justiça Federal, e o Superior Tribunal de Justiça[101], encarregado de competências anteriormente atribuídas ao STF.[102]

De outro lado, a Constituição de 1988 confirmou a coexistência de um controle de constitucionalidade difuso de origem norte-americana, pelo qual todo e qualquer juiz pode declarar a inconstitucionalidade de uma lei, com um controle de constitucionalidade concentrado de inspiração europeia, no qual a declaração de inconstitucionalidade é monopólio de um Tribunal Constitucional, geralmente provocado por uma ação direta de inconstitucionalidade.

Curiosamente, no Brasil, a partir da primeira Constituição Republicana que adotou o modelo difuso puro em 1891, várias mudanças inspiradas no sistema concentrado forem feitas pela Constituições posteriores, a ponto de transformar nosso sistema de controle constitucional num sistema híbrido, sem similar no mundo.[103]

---

[99] Tese defendida por Oscar Vilhena em: VIEIRA, Oscar Vilhena. *A batalha dos poderes: da transição democrática ao mal-estar constitucional*. São Paulo: Companhia das Letras, 2018. *E-book*.

[100] "Art. 27, ADCT. [...] § 6º Ficam **criados cinco Tribunais Regionais Federais**, a serem instalados no prazo de seis meses a contar da promulgação da Constituição, com a jurisdição e sede que lhes fixar o Tribunal Federal de Recursos, **tendo em conta o número de processos e sua localização geográfica**." (grifo nosso).

[101] "Art. 27, ADCT. O Superior Tribunal de Justiça será instalado sob a Presidência do Supremo Tribunal Federal. § 1º Até que se instale o Superior Tribunal de Justiça, o Supremo Tribunal Federal exercerá as atribuições e competências definidas na ordem constitucional precedente".

[102] ARANTES, Rogério Bastos. *Judiciário e política no Brasil*. São Paulo: Sumaré, 1997, p. 105.

[103] *Ibid.*, p. 203.

DOIS *IMPEACHMENTS*, DOIS ROTEIROS

Seguindo a lógica de dispersão de poder, ampliou consideravelmente a lista de legitimados a propor ação direta de inconstitucionalidade, antes limitada ao procurador-geral da República, demissível *ad nutum* pelo presidente.[104] A mudança é significativa, pois coloca o Supremo Tribunal Federal e o modo direto de controle constitucional ao alcance de *forças políticas representativas da sociedade civil*, como partidos políticos, confederações sindicais e entidades de classe.[105-106]

Diego Werneck Arguelhes sintetiza a alteração acentuando que:

> [...] temos um texto constitucional novo e ambicioso, que expande os poderes do STF e amplifica os efeitos e a acessibilidade de suas decisões, sobretudo por meio da transformação da limitada Representação de Inconstitucionalidade na expansiva Ação Direta de Inconstitucionalidade.[107]

Outros dispositivos indicam a intenção do texto constitucional de 1988 de conceder ao Judiciário uma posição relevante no arranjo institucional brasileiro:[108]

---

[104] EC 1/69. "Art. 119. Compete ao Supremo Tribunal Federal: I – processar e julgar originariamente; [..] l) a representação do Procurador-Geral da República, por inconstitucionalidade de lei ou ato normativo federal ou estadual;".

[105] "Art. 103. Podem propor a ação direta de inconstitucionalidade e a ação declaratória de constitucionalidade: I – o Presidente da República; II – a Mesa do Senado Federal; III – a Mesa da Câmara dos Deputados; IV – a Mesa de Assembleia Legislativa ou da Câmara Legislativa do Distrito Federal; V – o Governador de Estado ou do Distrito Federal; VI – o Procurador-Geral da República; VII – o Conselho Federal da Ordem dos Advogados do Brasil; VIII – partido político com representação no Congresso Nacional; IX – confederação sindical ou entidade de classe de âmbito nacional".

[106] ARANTES, Rogério Bastos. *Judiciário e política no Brasil*. São Paulo: Sumaré, 1997, p. 105-106.

[107] ARGUELHES, Diego Werneck. Poder não é querer: preferências restritivas e redesenho institucional no Supremo Tribunal Federal pós-democratização. *Universitas JUS*, Brasília, v. 25, n. 1, p. 25-45, 2014.

[108] Com posições convergentes a esse sentido, podemos citar: ARANTES, Rogério Bastos. *Judiciário e política no Brasil*. São Paulo: Sumaré, 1997; VIEIRA, Oscar Vilhena. Supremocracia. *Revista Direito GV*, São Paulo, v.4, n.2, p. 441-464, jul.-dez. 2008; VIEIRA, Oscar Vilhena. *A batalha dos poderes:* da transição democrática ao mal-estar constitucional. São Paulo: Companhia das Letras, 2018. *E-book*.

CONSTITUCIONALISMO E O PROTAGONISMO DO JUDICIÁRIO...

i) criação do mandado de injunção[109], por meio do qual o Supremo Tribunal Federal[110], na hipótese de um déficit democrático do Executivo ou do Legislativo, converte-se em verdadeiro legislador suplementar, antecipando-se a ambos e garantindo a implementação de direitos fundamentais;

ii) na mesma linha, porém ideado como um controle abstrato, previsão da ação direta de inconstitucionalidade por omissão[111] para dar efetividade às normas de eficácia limitada carentes de regulamentação, por meio de ciência ao Poder competente para a adoção das providências necessárias e, em se tratando de órgão administrativo, para fazê-lo em 30 dias;

iii) ampliação do mandado de segurança, que passou a admitir a sua versão coletiva[112], quando impetrado por partido político ou organizações da sociedade civil. Assim, o mandado de segurança pôde veicular interesses dessas coletividades, politizando o seu uso e o próprio Judiciário;

iv) introdução da *arguição pública*[113] no Senado Federal, como condição para a escolha de ministro do Supremo Tribunal Federal. Nas

[109] "Art. 5º. [...] LXXI – conceder-se-á mandado de injunção sempre que a falta de norma regulamentadora torne inviável o exercício dos direitos e liberdades constitucionais e das prerrogativas inerentes à nacionalidade, à soberania e à cidadania;".

[110] "Art. 102. Compete ao Supremo Tribunal Federal, precipuamente, a guarda da Constituição, cabendo-lhe: [..] q) o mandado de injunção, quando a elaboração da norma regulamentadora for atribuição do Presidente da República, do Congresso Nacional, da Câmara dos Deputados, do Senado Federal, das Mesas de uma dessas Casas Legislativas, do Tribunal de Contas da União, de um dos Tribunais Superiores, ou do próprio Supremo Tribunal Federal;".

[111] "Art. 103. [...] § 2º Declarada a inconstitucionalidade por omissão de medida para tornar efetiva norma constitucional, será dada ciência ao Poder competente para a adoção das providências necessárias e, em se tratando de órgão administrativo, para fazê-lo em trinta dias".

[112] "Art. 5º. [...] LXX – o mandado de segurança coletivo pode ser impetrado por: a) partido político com representação no Congresso Nacional; b) organização sindical, entidade de classe ou associação legalmente constituída e em funcionamento há pelo menos um ano, em defesa dos interesses de seus membros ou associados;"

[113] "Art. 52. Compete privativamente ao Senado Federal: [...] III – aprovar previamente, por voto secreto, após argüição pública, a escolha de: a) Magistrados, nos casos estabelecidos nesta Constituição;".

DOIS *IMPEACHMENTS*, DOIS ROTEIROS

Constituições anteriores, vigorava a escolha em sessão secreta.[114] O Tribunal ganhou visibilidade política, colocando em descompasso o título da obra clássica de Aliomar Baleeiro: "O Supremo Tribunal Federal, esse outro desconhecido"[115].

v) o Ministério Público[116] adquire autonomia funcional, administrativa e orçamentária, passando de órgão subordinado ao Executivo a defensor da sociedade contra ações e omissões do Estado. Como o Judiciário se manifesta quando provocado, o Ministério Público assumiu uma posição maiúscula de catalizador dentro desta disposição institucional.

Na ótica de Rogério Arantes, essas inovações representaram uma grande diferenciação na estrutura do Poder Judiciário, indicando tanto uma democratização do acesso à justiça quanto uma concentração da competência para o controle de constitucionalidade no Supremo Tribunal, a despeito da manutenção do controle difuso. Para o autor, o movimento diferenciação-concentração possui um duplo aspecto, ou seja, é simultaneamente interno e externo. No plano interno ao Poder Judiciário, explica parcialmente a opção pelo sistema híbrido de controle de constitucionalidade adotado pela Assembleia Constituinte. Isso porque, quanto mais se diferencia a estrutura do Judiciário no nível superior com a criação de tribunais que absorvem parcela do trabalho anteriormente de competência do Supremo – por exemplo, a criação do STJ –, mais seu

---

[114] Ver: OLIVEIRA, Maria Ângela Jardim de Santa Cruz. Sobre a recusa de nomeações para o Supremo Tribunal Federal pelo Senado. *Revista de Direito Público*, Brasília, v. 25, n. 25, p. 68-78, 2009.

[115] BALEEIRO, Aliomar. *O Supremo Tribunal Federal, esse outro desconhecido*. Rio de Janeiro: Forense, 1968.

[116] "Art. 127. O Ministério Público é instituição permanente, essencial à função jurisdicional do Estado, incumbindo-lhe a defesa da ordem jurídica, do regime democrático e dos interesses sociais e individuais indisponíveis. [..] § 2º Ao Ministério Público é assegurada autonomia funcional e administrativa, podendo, observado o disposto no art. 169, propor ao Poder Legislativo a criação e extinção de seus cargos e serviços auxiliares, provendo-os por concurso público de provas ou de provas e títulos, a política remuneratória e os planos de carreira; a lei disporá sobre sua organização e funcionamento. § 3º O Ministério Público elaborará sua proposta orçamentária dentro dos limites estabelecidos na lei de diretrizes orçamentárias".

CONSTITUCIONALISMO E O PROTAGONISMO DO JUDICIÁRIO...

órgão de cúpula se afasta do modelo difuso, que lhe deu origem, para assumir a condição de Corte Constitucional.[117]

A outra razão da opção pelo sistema híbrido é exterior ao Poder Judiciário, residindo no movimento centralização-concentração, a saber: a implantação da agenda governamental requer um mínimo de eficácia e estabilidade. A administração pública central não poderia correr o risco de que suas políticas fossem obstadas por demandas repetitivas, sob um rito moroso, na Justiça ordinária. Por isso, a necessidade de uma válvula de escape por meio de decisões rápidas e com efeito *erga omnes*, quando seus atos fossem confrontados com a Constituição.[118]

A Constituição de 1988 refletiu esses dois movimentos quando manteve inovações do regime anterior que favoreciam a concentração da competência de controle constitucional no STF mas, no mesmo ato, democratizou o acesso a essa Corte de forma sem paralelo nos textos constitucionais anteriores, além de manter o princípio difuso do controle constitucional para instâncias inferiores. Com efeito, se é no regime anterior que encontramos as bases do sistema híbrido de controle constitucional, é a partir da Constituição de 1988 que podemos encontrá-lo plenamente constituído.[119]

De fato, o modelo de controle de constitucionalidade difuso na sua versão pura vigeu desde o seu surgimento com a Constituição de 1891 até a edição da Emenda Constitucional 16, de 26 de novembro de 1965. Essa emenda acrescentou à Constituição de 1946 o dispositivo que marcaria, efetivamente, o fim da exclusividade do controle difuso-incidental, com a introdução da representação direta contra lei ou atos normativos, dando origem assim ao sistema híbrido[120] que perduraria até hoje. O precedente

---

[117] ARANTES, Rogério Bastos. *Judiciário e política no Brasil*. São Paulo: Sumaré, 1997, p. 108-109.

[118] ARANTES, Rogério Bastos. *Judiciário e política no Brasil*. São Paulo: Sumaré, 1997, p. 109.

[119] *Ibid.*, p. 109-110.

[120] José Levi Mello do Amaral Júnior entende que o modelo de controle de constitucionalidade brasileiro não é misto, e sim, difuso, uma vez que todos os juízes têm competência para decisão de inconstitucionalidade e alguns deles teriam essa mesma competência por meio de ações diretas, como o STF e os Tribunais Justiça. Ver: AMARAL JÚNIOR, José Levi Mello do. Controle de constitucionalidade: evolução brasileira determinada pela falta do *stare decisis*. *Revista dos Tribunais*, v. 920, p. 133-139, jun. 2012.

DOIS *IMPEACHMENTS*, DOIS ROTEIROS

fora a representação de inconstitucionalidade nos casos de intervenção federal, introduzida na Constituição de 1934, porém, somente a partir de 1965, a representação não seria restrita a apenas uma matéria, podendo ser aplicada contra qualquer lei ou ato normativo, federal ou estadual.[121]

Nesse sentido, o próprio texto da Constituição de 1988 reforçou o Poder Judiciário como arena de disputa entre sociedade/Estado e entre órgãos/ Poderes de Estado. O Supremo Tribunal Federal, seu órgão de cúpula, foi arremessado ao jogo político como instância superior de dissenso entre Legislativo e Executivo e entre esses Poderes e particulares lesados em seus direitos previstos no extenso texto constitucional. As decisões judiciais ganharam publicidade por impactar a vida social, afetando a experiência cotidiana dos indivíduos a ponto de se afirmar que a Constituição de 1988 tinha propiciado a "redescoberta do Judiciário brasileiro".[122]

Com a adoção dessa arquitetura institucional, a Assembleia Nacional Constituinte gestou um Supremo Tribunal Federal com perturbação de identidade dissociativa, caracterizada por três estados de personalidade: (a) o Supremo na função de tribunal constitucional; (b) o Supremo foro especializado e (c) o Supremo órgão de cúpula do Poder Judiciário, destinatário de recursos de última instância.[123]

1.3.1. Primeiro estado de personalidade: o Supremo como tribunal constitucional

No papel de tribunal Constitucional, a função do Supremo Tribunal Federal é efetuar o controle concentrado de constitucionalidade de leis e atos normativos, federais e estaduais, via Ação Direta de Inconstitucionalidade (ADI), Ação Declaratória de Constitucionalidade (ADC), Ação Direta de Inconstitucionalidade por Omissão (ADO) e Arguição de Descumprimento de Preceito Fundamental (ADPF).[124] Entre essas, as Ações Diretas de

---

[121] RAMOS, Elival da Silva. *Ativismo judicial:* parâmetros dogmáticos. 2. ed. São Paulo: Saraiva, 2015, p. 289-294; ARANTES, Rogério Bastos. *Judiciário e política no Brasil.* São Paulo: Sumaré, 1997, p. 95-96.

[122] ARANTES, Rogério Bastos. *Judiciário e política no Brasil.* São Paulo: Sumaré, 1997, p. 110-111.

[123] No tocante às três funções do STF: VIEIRA, Oscar Vilhena. Supremocracia. *Revista Direito GV,* São Paulo, v.4, n.2, p. 441-464, jul.-dez. 2008, p. 444-447.

[124] A análise leva em conta a classificação do STF, que considera como processos de controle concentrado apenas: ADI, ADC, ADO e ADPF. Em todo caso, devemos mencionar, ainda,

CONSTITUCIONALISMO E O PROTAGONISMO DO JUDICIÁRIO...

Inconstitucionalidade são preponderantes e correspondem a aproximadamente 90% dos processos ajuizados.[125]

Pesquisa empírica no campo do Direito Constitucional demonstra que os maiores demandantes no campo do controle concentrado de constitucionalidade via ADI são: entidades corporativas (29,34%), governadores de estado e Distrito Federal (24,05%), procurador-geral da República (20,20%) e partidos políticos (17,83%).[126-127]

As entidades corporativas que mais fizeram uso da ADI foram as empresariais, com uma atuação mais ativa que a dos trabalhadores, que obtiveram a procedência do pedido com base na aplicação de direitos fundamentais apenas em um caso e, mesmo assim, na defesa de benefícios fiscais e não dos interesses dos respectivos trabalhadores. Tiveram expressiva participação, também, as entidades ligadas aos interesses dos servidores públicos, especialmente aqueles ligados à justiça e à segurança pública.[128]

Os governadores, por sua vez, foram os grandes beneficiados das ADIs, obtendo o maior sucesso na anulação dos atos impugnados. Quase

no bojo do controle concentrado de constitucionalidade, a Representação Interventiva que, conforme já abordado, surgiu com a Constituição de 1934.

[125] Dado levantado pelo autor por meio da análise do relatório "Estatística de Ações do Controle Concentrado", editado pelo Supremo Tribunal Federal, levando em consideração as ADIs propostas até o ano de 2018. (BRASIL. Supremo Tribunal Federal. *Estatísticas do STF: Controle Concentrado*. Disponível em: http://www.stf.jus.br/arquivo/cms/publicacao-BOInternet/anexo/estatistica/ControleConcentradoGeral/CC_Geral.mhtml. Acesso em: 18 maio 2020.).

[126] A pesquisa, financiada pelo CNPq e coordenada pelos pesquisadores Alexandre Araújo Costa (IPol-UnB) e Juliano Zaiden Benvindo (FD-UnB), contou com a participação de mais 13 pesquisadores, que analisaram cerca de 4.900 Ações Diretas de Inconstitucionalidade (ADI) ajuizadas desde a promulgação da Constituição de 1988 até dezembro de 2012. O relatório está disponível em: https://papers.ssrn.com/sol3/papers.cfm?abstract_id=2509541. Acesso em: 19 maio 2020.

[127] O banco de dados e os gráficos da pesquisa, que instruíram a análise que se segue, estão disponíveis em: https://public.tableau.com/profile/alexandre5110#!/vizhome/ControledeConstitucionalidadeviaADIDivulgao/4_1RequerentesporanodisginguindoFE. Acesso em: 19 maio 2020.

[128] COSTA, Alexandre Araújo; BENVINDO, Juliano Zaiden. *A quem interessa o controle concentrado de constitucionalidade?* O descompasso entre teoria e prática na defesa dos direitos fundamentais. Publicado online em 15 out. 2014 (rev. 23 dez. 2014). Disponível em: https://papers.ssrn.com/sol3/papers.cfm?abstract_id=2509541. Acesso em: 19 maio 2020, p. 77.

57

metade das decisões exitosas tiveram como objeto a inciativa privativa do governador em relação a alguma matéria do Direito Administrativo. O resultado indica que o Supremo não se atém à materialidade dos atos normativos, mas que lida com "o controle da autonomia estadual, seja por meio da garantia contra invasões das competências da União, seja pela imposição do desenho institucional federal mediante o princípio da simetria".[129]

O Ministério Público, na figura do procurador-geral da República, apesar de uma atuação variada, teve uma grande concentração de decisões: quase 20% do total de decisões procedentes no período, sendo elas fundadas na invasão de competência legislativa da União por legislação estadual, o que revela o papel do Supremo Tribunal Federal em manter primazia do desenho institucional-federativo da Constituição de 1988. Em todo caso, destacou-se na defesa dos interesses individuais e coletivos como responsável por 29% dos questionamentos, à frente dos demais legitimados sem subordinação à pertinência temática, em especial, os partidos políticos e a Ordem dos Advogados do Brasil (OAB).[130]

Os partidos políticos caracterizaram-se por uma peculiaridade e um paradoxo. São o único grupo que questionou mais atos federais que estaduais. Entretanto, o índice de procedência das ADIs federais foi muito baixo e nunca ultrapassou 6%, residindo o maior êxito nas impugnações de atos estaduais. Assim, apesar da pluralidade de demandantes com números altos de litigância, a procedência dos pedidos foi baixa e concentrada em poucos partidos, principalmente no Partido dos Trabalhadores (PT) e no Partido Democrático Trabalhista (PDT), o que "sugere que a judicialização das questões é em muitos casos uma estratégia para conferir visibilidade a pretensões de partidos pequenos da oposição"[131]. Nesse aspecto, o perfil de litigância dos partidos acaba por se caracterizar pela diversidade e complexidade, com atuação preponderante em relação aos seus interesses institucionais e político-eleitorais.[132]

---

[129] *Ibid.*, p. 59 e 74.
[130] COSTA, Alexandre Araújo; BENVINDO, Juliano Zaiden. *A quem interessa o controle concentrado de constitucionalidade? O descompasso entre teoria e prática na defesa dos direitos fundamentais*. Publicado online em 15 out. 2014 (rev. 23 dez. 2014). Disponível em: https://papers.ssrn.com/sol3/papers.cfm?abstract_id=2509541. Acesso em: 19 maio 2020, p. 76.
[131] *Ibid.*, p. 31.
[132] *Ibid.*, p. 75-76.

No geral, apenas 7,58% das ADIs julgadas procedentes são relativas aos direitos e garantias fundamentais previstos na Constituição de 1988, um número bastante reduzido perante os demais temas que predominaram no período analisado. As decisões com fundamento na invasão de competências legislativas, seja federal ou municipal, representaram 19,58%. Por sua vez, os vícios do processo legislativo foram alvo de 33,79% das decisões analisadas. A inconstitucionalidade material relativa à organização do Estado – como a Separação de Poderes, o Sistema Tributário, a aplicação do princípio da simetria, as definições de competências dos órgãos e regras sobre concursos públicos – corresponderam a praticamente 39% (39,05%) de todas as decisões.

A primeira conclusão da pesquisa é que a dilatação do rol de legitimados para o controle concentrado de constitucionalidade não favoreceu a dispersão da defesa dos direitos e garantias fundamentais como originariamente se previa, permanecendo essa dependente da atuação do procurador-geral da República. A ampliação da lista dos legitimados a propor Ação Direta de Inconstitucionalidade introduziu atores que operaram, primordialmente, em defesa de seus direitos corporativistas.

Em segundo, o Supremo Tribunal Federal atua precipuamente no controle da estrutura do Estado, velando pelas competências legislativas da União e pelo desenho institucional traçado pela Constituição, tornando-se palco de disputa entre governadores de estado e Assembleias Legislativas estaduais, assim como arena estratégica para pretensões de partidos políticos.

A tendência de esvaziamento do controle difuso de constitucionalidade afasta ainda mais o Supremo Tribunal Federal da figura garantidora dos direitos fundamentais e dos interesses coletivos. Ao privilegiar o controle concentrado, a atuação do Tribunal deságua preferencialmente em um debate orgânico entre diferentes níveis de Poderes de Estado.

Ao longo dos últimos 25 anos, o papel do Supremo foi atomizado pela dilatação do controle concentrado, promovida pelas Emendas Constitucionais 3/1993 e 45/2004, bem como pelas Leis 9.868/1999 e 9.882/1999. Juntas, elas introduziram: a ADC; a modulação dos efeitos da decisão; a regulamentação da ADPF, permitindo o questionamento de normas pré-constitucionais; as súmulas vinculantes e, por fim, a repercussão geral, expandindo a eficácia das decisões do Tribunal que, de outro modo, teriam efeito *inter partes*.

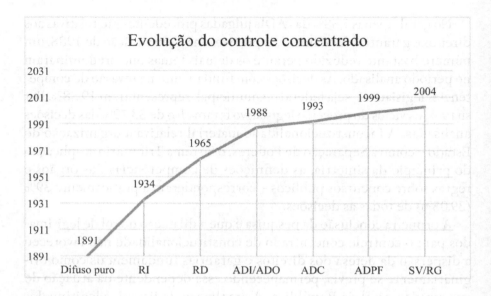

Fonte: elaboração própria

O instituto do *amicus curiae*, que em parte deveria corrigir os efeitos dessa concentração por meio da democratização do acesso à jurisdição constitucional, tornou-se, na prática, pouco efetivo. Como demonstrou Débora Costa Ferreira e Paulo Gustavo Gonet Branco[133], 94% dos relatórios e 70% dos votos em processos de controle concentrado no STF com participação dos *amici curiae* sequer consideram os argumentos por eles aventados. Serve mais como engajamento social ou ferramenta de constitucionalismo popular[134], colocando o Tribunal em um patamar de visibilidade, no centro de debates morais de grande repercussão social, expondo sua autoridade diretamente, como, por exemplo, nos julgamentos: união homoafetiva (ADI 4277); importação de pneus (ADPF 101),

---

[133] FERREIRA, Débora Costa; BRANCO, Paulo Gustavo Gonet. *Amicus Curiae* em números. Nem amigo da corte, nem amigo da parte? *Revista de Direito Brasileira*, São Paulo, v. 16, n. 7, p. 169-185, jan.-abr. 2017.

[134] TUSHNET, Mark. Audiências públicas no Supremo Tribunal Federal. In: MENDES, Gilmar Ferreira; MUDROVITSCH, Rodrigo de Bittencourt (org.). *Assembleia Nacional Constituinte de 1987-1988:* análise crítica. São Paulo: Saraiva, 2017. p. 203-209, p. 207.

lei de anistia (ADPF 153), cotas raciais (ADPF 186) e criminalização da homofobia (ADO 26).[135]

1.3.2. Segundo estado de personalidade: o Supremo como foro especializado

A Constituição de 1988 confirmou e ampliou as hipóteses de *foro especial por prerrogativa de função* ou *foro especializado*, previstas na Emenda Constitucional 1/1969[136], que já as havia ampliado aos parlamentares. O STF passou a ser o *locus* originário de altas autoridades no processamento e julgamento de infrações penais comum, como: o presidente da República, o vice-presidente da República, membros do Congresso Nacional, seus próprios ministros e o procurador-geral da República, além de ministros de Estado, comandantes das Forças Armadas, membros de Tribunais Superiores e Tribunal de Contas da União e chefes de missão diplomática permanente, totalizando algo em torno de 800 agentes políticos.[137]

É de se esperar que o órgão de cúpula do Judiciário brasileiro, quase uma corte constitucional,[138] não possua estruturas para realizar instruções criminais típicas de primeira instância. Tramitam, atualmente, perante o

---

[135] Para um estudo detalhado da figura do *amicus curiae*, ver: ALMEIDA, Eloisa Machado de. *Sociedade civil e democracia:* a participação da sociedade civil como *amicus curiae* no Supremo Tribunal Federal. 2006. Dissertação (Mestrado em Ciências Sociais) – Faculdade de Direito, Pontifícia Universidade Católica de São Paulo, São Paulo, 2006. Disponível em: https://tede2.pucsp.br/handle/handle/3742. Acesso em: 19 maio 2020; MEDINA, Damares. *Amigo da corte ou amigo da parte? Amicus curiae* no Supremo Tribunal Federal. 2008. Dissertação (Mestrado) – Escola de Direito de Brasília, Instituto Brasiliense de Direito, Brasília, 2008. Disponível em: http://dspace.idp.edu.br:8080/xmlui/handle/123456789/81?show=full. Acesso em: 19 maio 2020.

[136] BRASIL. [Constituição (1967)]. Emenda Constitucional 1, de 17 de outubro de 1969. Brasília: Senado Federal, 1967. Disponível em: https://www.planalto.gov.br/ccivil_03/constituicao/Emendas/Emc_anterior1988/emc01-69.htm. Acesso: 19 de maio 2020.

[137] "Art. 102. I – processar e julgar, originariamente: [...] b) nas infrações penais comuns, o Presidente da República, o Vice-Presidente, os membros do Congresso Nacional, seus próprios Ministros e o Procurador-Geral da República; c) nas infrações penais comuns e nos crimes de responsabilidade, os Ministros de Estado e os Comandantes da Marinha, do Exército e da Aeronáutica, ressalvado o disposto no art. 52, I, os membros dos Tribunais Superiores, os do Tribunal de Contas da União e os chefes de missão diplomática de caráter permanente;".

[138] ARANTES, Rogério Bastos. *Judiciário e política no Brasil*. São Paulo: Sumaré, 1997, p. 203.

DOIS *IMPEACHMENTS*, DOIS ROTEIROS

Supremo, algo em torno de 536 processos contra as mais diversas autoridades (435 inquéritos e 101 ações penais). O prazo médio para o Supremo receber uma denúncia contra esses agentes políticos é de 548 dias (um ano e meio), frente a algo em torno de uma semana em qualquer juízo de primeiro grau. Já o prazo médio do procedimento até o julgamento final é de 1.377 dias. A consequência é que desde a promulgação da Constituição em 1988 já somam 200 processos prescritos.[139]

O julgamento emblemático da Ação Penal 470, conhecida como Mensalão, por envolver um esquema de corrupção de compra de votos parlamentares, consumiu 69 sessões plenárias. Entre a autuação do Inquérito 2.245 e a inclusão em pauta de julgamento transcorreram-se sete anos.[140] Sucessora do Mensalão em magnitude, a Operação Lava Jato, conjunto de investigações instauradas a partir do pagamento de propina a agentes políticos em troca de indicações nas diretorias da Petrobrás, já alcança 71 inquéritos instaurados perante o Supremo, além de 45 denúncias, 126 denunciados e 183 acordos de colaboração premiada.[141]

Com números em patamares tão altos, fica nítida a disfuncionalidade do desenho constitucional; em parte, exasperada pelas alterações promovidas pela EC 35/2001, que inverteu o sistema de instauração de ação penal contra parlamentar, deixando de exigir prévia autorização das Casas Legislativas para permitir, eventualmente e posteriormente, a sustação do processo pelo voto secreto. Idealizada em um contexto de desconfiança e de ruptura com 21 anos de regime autoritário, a prévia licença para o processamento de parlamentares constituía-se em garantia

---

[139] Estudo da Assessoria de Gestão Estratégica do STF com dados totalizados até fevereiro de 2017. O estudo está divulgado no bojo do Acordão da Questão de Ordem na Ação Penal 937 – Rio de Janeiro. Ver: (BRASIL. Supremo Tribunal Federal. *Questão de Ordem na Ação Penal 937.* Réu: Marcos da Rocha Mendes. Relator: ministro Roberto Barroso. Pleno. Brasília, 03 de maio de 2018. Disponível em: https://portal.stf.jus.br/processos/detalhe. asp?incidente=4776682. Acesso em: 19 maio 2020.).

[140] Cronologia da tramitação da Ação Penal 470. Informações no endereço eletrônico do Supremo Tribunal Federal. Disponível em: http://www.stf.jus.br/portal/cms/verNoticia-Detalhe.asp?idConteudo=213803. Acesso em: 19 maio 2020.

[141] Informações disponíveis no endereço eletrônico do Ministério Público Federal: Caso Lava Jato, atualizadas até 06/05/2020. Disponível em: http://www.mpf.mp.br/grandes--casos/lava-jato. Acesso em: 19 maio 2020.

CONSTITUCIONALISMO E O PROTAGONISMO DO JUDICIÁRIO...

contra possíveis medidas intimidatórias.[142] Passados 13 anos, a garantia não serviu ao seu papel e havia ocasionado verdadeira impunidade.

A correção desse cenário pela EC 35/2001 ao lado de ganhos democráticos contra a impunidade, que permitiram a condenação de políticos de envergadura nacional, abriram as portas do Supremo para a sua competência originária em matéria penal. Porém, ao atuar como jurisdição penal de primeiro grau, o Tribunal afasta-se da sua esperada vocação como Guardião da Constituição.[143-144]

Como foro especializado, o Supremo Tribunal Federal incumbe-se, ainda, de apreciar originariamente atos de segunda ordem do presidente da República e das Mesas do Congresso Nacional.[145] Na prática, tal

[142] Ver Relatório Final da Subcomissão do Poder Legislativo no Anais da Assembleia Nacional Constituinte 1987-1988. (BRASIL. Assembleia Nacional Constituinte. Comissão da Organização dos Poderes e Sistema de Governo. Subcomissão do Poder Legislativo. *Anteprojeto*. Volume 109. Brasília: Centro Gráfico do Senado Federal, maio de 1987, p. 8. Disponível em: https://www.camara.leg.br/internet/constituicao20anos/DocumentosAvulsos/vol-109.pdf. Acesso em: 19 maio 2020.).

[143] Na tentativa de corrigir essa disfuncionalidade – desafogando o Tribunal do excesso de processos criminais, que não são sua especialidade, e evitando os malefícios decorrentes do "elevador processual", fruto do exercício descontínuo de diferentes mandatos eletivos, com declínio de competência e redistribuição de ações penais, que geram indignação social com a sensação de um sistema punitivo ineficiente – foi julgada a Questão de Ordem na Ação Penal 937 (AP 937-QO), em maio 2018. Nela, o Supremo decidiu que o foro por prerrogativa de função aplica-se apenas aos crimes cometidos (i) durante o exercício do cargo e (ii) em razão do cargo que o agente político ocupa.

[144] Aqui há um paradoxo. Isso porque, quanto mais o STF exerce sua função de foro especializado penal, o que pressupõe maior descrédito nas instituições políticas clássicas, mais ele se distancia de seu papel de guardião das promessas constitucionais. Ou seja, a despeito da fraqueza do sistema político representativo, o foro especializado penal dificulta a atuação do Tribunal como guardião da Constituição, impedindo o protagonismo inversamente proporcional da justiça vislumbrado por Antoine Garapon: "O sucesso da justiça é inversamente proporcional ao descrédito que afeta as instituições políticas clássicas, causado pela crise de desinteresse e pela perda do espírito público. A posição de um terceiro imparcial compensa o 'déficit democrático' de uma decisão política agora voltada para a gestão e fornece à sociedade a referência simbólica que a representação nacional lhe oferece cada vez menos". (GARAPON, Antoine. *O juiz e a democracia*: o guardião das promessas. Tradução: Maria Luiza de Carvalho. Rio de Janeiro: Revan, 1999, p. 48.).

[145] "Art. 102. I – processar e julgar, originariamente: [...] d) o habeas corpus, sendo paciente qualquer das pessoas referidas nas alíneas anteriores; o mandado de segurança e o habeas data contra atos do Presidente da República, das Mesas da Câmara dos Deputados e do

competência converteu-se na *apreciação emergencial* de atos internos do Congresso e do Executivo, alçando o Supremo ao centro do sistema político brasileiro, levando-o a atuar como um *tribunal de pequenas causas políticas* em tempo quase real.[146]

Há diversos exemplos na última década, como: a participação de deputados na sessão secreta do Senado por ocasião da cassação do mandato do senador Renan Calheiros;[147] o voto aberto na sessão do Senado Federal que resolveu sobre a prisão decretada ao senador Delcídio do Amaral;[148] a suspensão da nomeação do ex-presidente Lula como ministro de Dilma Rousseff[149] e a suspenção e o reinício da tramitação do projeto de lei de iniciativa popular de combate à corrupção.[150]

Mais recentemente, e talvez os exemplos mais contundentes que refletem essa faceta disfuncional do Supremo Tribunal Federal, temos os Mandados de Segurança envolvendo a 56ª Legislatura (2019-2023) do Congresso Nacional. Por liminar, o ministro Marco Aurélio determinou que a eleição para os cargos da *Mesa Diretora do Senado Federal* ocorresse por *voto aberto*.[151] Também por liminar, o ministro Dias Toffoli

---

Senado Federal, do Tribunal de Contas da União, do Procurador-Geral da República e do próprio Supremo Tribunal Federal;".

[146] VIEIRA, Oscar Vilhena. *A batalha dos poderes:* da transição democrática ao mal-estar constitucional. São Paulo: Companhia das Letras, 2018. *E-book*, p. 2367-2403.

[147] BRASIL. Supremo Tribunal Federal. *Mandado de Segurança 26.900.* Impetrante: Raul Belens Jungmann Pinto. Relator substituto: ministro Ricardo Lewandowski. Brasília, 11 de setembro de 2007. Disponível em: http://portal.stf.jus.br/processos/detalhe.asp?incidente=2556570. Acesso em: 19 maio 2020.

[148] BRASIL. Supremo Tribunal Federal. *Mandado de Segurança 33.908.* Impetrante: Randolph Frederich Rodrigues Alves. Relator substituto: ministro Edson Fachin. Brasília, 25 de novembro de 2015. Disponível em: http://portal.stf.jus.br/processos/detalhe. asp?incidente=4893438. Acesso em: 19 maio 2020.

[149] BRASIL. Supremo Tribunal Federal. *Mandado de Segurança coletivo 34.070.* Impetrante: Partido Popular Socialista. Relator: ministro Gilmar Mendes. Brasília, 17 de março de 2016. Disponível em: http://portal.stf.jus.br/processos/detalhe.asp?incidente=4948822. Acesso em: 19 maio 2020.

[150] BRASIL. Supremo Tribunal Federal. *Mandado de Segurança 34.530.* Impetrante: Eduardo Nates Bolsonaro. Relator: ministro Luiz Fux. Brasília, 2 de dezembro de 2016. Disponível em: http://portal.stf.jus.br/processos/detalhe.asp?incidente=5103492. Acesso em: 19 maio 2020.

[151] BRASIL. Supremo Tribunal Federal. *Mandado de Segurança 36.169.* Impetrante: Lasier Costa Martins. Relator: ministro Marco Aurélio. Brasília, 12 de dezembro de 2018. Disponível em: http://portal.stf.jus.br/processos/detalhe.asp?incidente=5607797. Acesso em: 19 maio 2020.

CONSTITUCIONALISMO E O PROTAGONISMO DO JUDICIÁRIO...

suspendeu a decisão, mantendo a *votação secreta*.[152] Durante o processo eleitoral da Mesa Diretora, por ocasião das reuniões preparatórias, foi apresentada questão de ordem submetida ao Plenário do Senado pelo então presidente em exercício, senador Davi Alcolumbre, que afastou o regimento interno do Senado para que a votação fosse ostensiva. Questionado novamente, o ministro Dias Toffoli monocraticamente declarou a nulidade da votação da questão de ordem e manteve o escrutínio secreto para a eleição da Mesa.[153] Isso sem falar na manutenção do voto secreto na eleição para a Mesa Diretora da Câmara do Deputados.[154]

Ao lado de ser alçado ao ringue como árbitro de contendas políticas pelo texto constitucional, o Supremo ainda o faz monocraticamente, o que acaba por revelar uma *disfuncionalidade* dentro da própria *disfuncionalidade*. Ou seja, "em vários momentos críticos, o poder judicial foi exercido individualmente por Ministros do STF, sem participação relevante do plenário da instituição ou até mesmo contra ele".[155]

Reflete-se aqui uma tendência que parece ter se consolidado ao longo das últimas três décadas, tanto em relação ao controle concentrado de constitucionalidade quanto em relação ao controle difuso. Segundo demostraram Ivar Alberto Martins Hartmann e Lívia Silva Ferreira, 93% das decisões tomadas pelo Supremo Tribunal Federal são monocráticas,

---

[152] BRASIL. Supremo Tribunal Federal. *Suspensão da Segurança 5.272*. Requerente: Mesa do Senado Federal. Relator atual: ministro presidente Dias Toffoli. Brasília, 9 de janeiro de 2019. Disponível em: http://portal.stf.jus.br/processos/detalhe.asp?incidente=5616956. Acesso em: 19 maio 2020.

[153] BRASIL. Supremo Tribunal Federal. *Petição incidental na Suspensão da Segurança 5.272*. Requerente: Partidos Solidariedade e Movimento Democrático Brasileiro. Relator atual: ministro presidente Dias Toffoli. Brasília, 2 de fevereiro de 2019. Disponível em: http://portal.stf.jus.br/processos/detalhe.asp?incidente=5616956. Acesso em: 19 maio 2020.

[154] BRASIL. Supremo Tribunal Federal. *Mandado de Segurança 36.228*. Impetrante: Kim Patroca Kataguiri. Relator atual: ministro Marco Aurélio. Brasília, 8 de janeiro de 2019. Disponível em: http://portal.stf.jus.br/processos/detalhe.asp?incidente=5616165. Acesso em: 19 maio 2020.

[155] ARGUELHES, Diego Werneck; RIBEIRO, Leandro Molhano. Ministrocracia: o Supremo Tribunal individual e o processo democrático brasileiro. *Novos estudos Cebrap*, v. 37, n. 1, p. 13-32, jan.-abr. 2018, p. 13.

DOIS *IMPEACHMENTS*, DOIS ROTEIROS

e o Plenário do Tribunal se manifestou em apenas 1% das decisões[156], número que se confirmava já em 2006, quando os casos julgados pelo Plenário corresponderam a 0,5% de todos os casos julgados naquele ano.[157] Essa prática tomou conta do controle concentrado. Como evidenciou Jeferson Mariano Silva, as decisões monocráticas, considerando apenas o controle concentrado, saltaram de 13% em 1988 para algo em torno de 62% em 2017.[158]

Dados disponibilizados pelo próprio Supremo Tribunal Federal informam que, entre 2010 e 2018, foram proferidas 24.140 decisões monocráticas, excluídas as do presidente do Tribunal, perfazendo uma média de 2.682 por ano, ou 244 por ministro/ano. No mesmo período, o Plenário e as duas Turmas do Tribunal proferiram 187 decisões liminares.[159]

Teoricamente, a atuação monocrática deveria ser confirmada pelo Plenário. Na prática, em casos sensíveis do ponto de vista político, as decisões sequer alcançam o Plenário do STF ou, quando alcançam, já alteraram o *status quo*. Diego Werneck Arguelhes e Leandro Molhano Ribeiro, ao analisarem o fenômeno, identificaram três poderes de atuação e influência individual dos ministros do STF: (a) a sinalização de preferências por meio de manifestações públicas e antecipação de posicionamentos, (b) a definição de agenda, representando um poder individual descentralizado entre os 11 ministros; concernente tanto ao poder de liberar o caso para julgamento quanto ao poder de veto após o voto do relator, por meio do pedido de vista, e (c) a tomada de decisões

---

[156] HARTMANN, Ivar Alberto Martins; FERREIRA, Lívia da Silva. Ao Relator, tudo: o impacto do aumento do poder do ministro relator no Supremo. *Revista Opinião Jurídica*, Fortaleza, v. 13, n. 17, p. 268-283, jan.-dez. 2015, p. 274.

[157] VERÍSSIMO, Marcos Paulo. A Constituição de 1988, vinte anos depois: Suprema Corte e ativismo judicial "à brasileira". *Revista direito GV*, São Paulo, v. 4, n. 2, p. 407-440, jul.-dez. 2008, p. 421.

[158] SILVA, Jeferson Mariano. Mapeando o Supremo: as posições dos ministros do STF na jurisdição constitucional (2012-2017). *Novos estudos Cebrap*, v. 37, n. 01, p. 35-54, jan.-abr. 2018, p. 43.

[159] Atualizamos os dados produzidos por Diego Werneck e Leandro Molhano até o ano de 2018, por meio dos relatórios disponíveis no endereço eletrônico do STF. (BRASIL. Supremo Tribunal Federal. *Estatísticas do STF: Decisões*. Disponível em: http://portal.stf.jus.br/textos/ verTexto.asp?servico=estatistica&pagina=decisoesinicio. Acesso em: 18 maio 2020.).

liminarmente e monocraticamente, neutralizando a posição do Plenário e criando um verdadeiro *judicial review* individual.[160]

A inserção do Supremo Tribunal Federal no jogo político é bem captada pelos autores ao analisarem a combinação desses poderes individuais. Em especial, tidos em conjunto, os dois últimos, *definição de agenda* e *tomada de decisões*, somados à *ausência de prazos vinculantes* no desenho institucional brasileiro, servem como eficientes ferramentas individuais para: (i) interferir no *status quo*; (ii) viabilizar o comportamento político e (iii) estreitar a distância entre as decisões liminares e de mérito.

De fato, perde relevância a distinção entre *decisões liminares* e *decisões de mérito* no estado das coisas quando o prazo médio de uma liminar é 13,5 anos, levando em conta apenas as liminares vigentes em Ações Diretas de Inconstitucionalidade ao final de 2013. Entre 2007 e 2016, foram necessários em média 3,5 anos para que uma liminar em decisão monocrática, em controle concentrado, alcançasse o Plenário.[161] Há ainda liminares – como as proferidas pelo ministro Luiz Fux – que estenderam, em 2004, o "auxílio-moradia" a toda magistratura brasileira e foram reconsideradas em 2018, após um reajuste salarial. Um impacto orçamentário de R$ 800 milhões por ano foi autorizado individualmente, contornando o Plenário do Tribunal e o próprio Poder Legislativo.[162]

Visto sob essa perspectiva individual e descentralizada, a atuação do Supremo Tribunal Federal no mundo fático pode alcançar um viés duplamente contramajoritário: (i) externo, contra a maioria legislativa; e (ii) interno, contra a maioria plenária. No contexto interno, os ministros da Suprema Corte brasileira detêm um poder de veto negativo, impedindo uma atuação contramajoritária do Plenário – no caso, um "falso negativo".

---

[160] ARGUELHES, Diego Werneck; RIBEIRO, Leandro Molhano. Ministrocracia: o Supremo Tribunal individual e o processo democrático brasileiro. *Novos estudos Cebrap*, v. 37, n. 1, p. 13-32, jan.-abr. 2018, *passim*.

[161] *Ibid.*, p. 23-24.

[162] Ver: BRASIL. Supremo Tribunal Federal. *Ação Originária 1.773*. Autor: Dimis da Costa Braga e outros. Relator: ministro Luiz Fux. Brasília, 19 de abril de 2013. Disponível em: http://portal.stf.jus.br/processos/detalhe.asp?incidente=4395214 . Acesso em: 19 maio 2020.; FONSECA, Bruno; FERRARI, Caroline. Auxílio-moradia de juízes pode custar quase R$ 900 mi este ano. *EXAME*, São Paulo, 14 de março de 2018, às 17h24. Disponível em: https://exame.abril.com.br/brasil/auxilio-moradia-de-juizes-pode-custar-quase-r-900--mi-este-ano/. Acesso em: 19 maio 2020.

DOIS *IMPEACHMENTS*, DOIS ROTEIROS

Já no contexto externo, detêm um poder de veto positivo, sem, contudo, disporem da maioria de votos do Tribunal – nessa hipótese, um "falso positivo", um verdadeiro *judicial review* individual. Em ambos, porém, a política constitucional será realizada à preferência individual de um ministro.[163]

Fica claro, portanto, que o desenho institucional assumiu uma feição altamente incomum, não somente porque inseriu no jogo político o Supremo Tribunal Federal como ator coletivo, mas porque introduziu cada um de seus ministros nesse âmbito, monocraticamente. Tal característica, como bem captaram Diego Werneck e Leandro Molhano, gera complicações para análises empíricas que tomam como referência as decisões colegiadas dos Tribunais, tais como as inspiradas na análise pioneira de Robert A. Dahl[164], que buscam responder à pergunta se tribunais constitucionais são realmente contramajoritários.

Há mais de 60 anos, Robert A. Dahl concluiu empiricamente que raríssimas vezes a Suprema Corte americana foi contrária à "maioria dos legisladores", o que denotou um posicionamento mormente político da Corte muito próximo das demais forças políticas do país. Para além de um posicionamento precipuamente contramajoritário no curso de 167 anos, a Suprema Corte americana demonstrou pouca efetividade na formulação de políticas públicas contrárias à "maioria legislativa". Longe disso, agiu como um *player* da liderança política nacional. E nos poucos casos nos quais atuou para atingir o curso da política nacional – *Dread*

---

[163] ARGUELHES, Diego Werneck; RIBEIRO, Leandro Molhano. Ministrocracia: o Supremo Tribunal individual e o processo democrático brasileiro. *Novos estudos Cebrap*, v. 37, n. 1, p. 13-32, jan.-abr. 2018, p. 28-29.

[164] Robert A. Dahl, talvez por ser um teórico político com um olhar não estritamente focado no plano legal e jurídico, em 1957, produziu um texto com forte base empírica, que indicou a trilha para o estudo e a compreensão das cortes constitucionais sob o viés político. Há 60 anos ele reconheceu a importância da Suprema Corte dos Estados Unidos como *player* político. Em uma visão clássica, teoricamente, as cortes constitucionais teriam uma posição independente e neutra. Ao contrário, Dahl anteviu a impossibilidade de subestimar a importância política das cortes constitucionais, concluindo que estas integram a liderança política de uma sociedade, mesmo quando não alcançam a tão criticada e por vezes enaltecida posição antimajoritária. Ver: DAHL, Robert A. *Decision-making in a democracy: the Supreme Court as a national policy maker*. Journal of Public Law, nº 6, p. 279-295, 1957.

Scott e *New Deal* – o fez de forma desastrada e pautada por um período de baixa rotatividade em sua composição.[165]

No plano nacional, trabalhos como o de Thamy Progrebinschi, focados no padrão decisório do Plenário, revelam, portanto, uma compreensão parcial do STF. A autora argumenta, perante amplo levantamento empírico, que o STF não sofre de "dificuldade contramajoritária", indicando, inclusive, que a inexpressiva quantidade de decisões declaratórias de inconstitucionalidade – 0,98% das normas promulgadas entre 1988-2009 – seria, na realidade, um catalisador da agenda do Congresso Nacional.[166]

A despeito desse aspecto catalisador do Legislativo, no caso do desenho institucional brasileiro, fortemente suscetível a atuações monocráticas, estudos e conclusões focados apenas nas *decisões colegiadas* do Supremo Tribunal Federal não são suficientes para exprimir plenamente a atuação política e, por vezes, contramajoritária da Corte.

1.3.3. Terceiro estado de personalidade: o Supremo como órgão de cúpula do Poder Judiciário
Como órgão de cúpula do Poder Judiciário, o Supremo Tribunal Federal é destinatário de recursos de última instância, atuando como órgão revisor de questões constitucionais de casos apreciados pelas instâncias inferiores, que se explica pelo sistema híbrido de controle de constitucionalidade; no caso, em seu aspecto difuso.

É esta a função responsável pela maioria absoluta dos processos recebidos pelo Supremo Tribunal Federal. Desde a Constituição de 1988, o STF recebeu mais de 1 milhão de agravos de instrumentos e recursos extraordinários, representando algo em torno de 90% dos processos que alcançam o Tribunal.[167-168]

---

[165] DAHL, Robert A. *Decision-making in a democracy: the Supreme Court as a national policy maker.* Journal of Public Law, nº 6, p. 279-295, 1957, *passim.*

[166] POGREBINSCHI, Thamy. *Judicialização ou representação.* Política, direito e democracia no Brasil. Rio de Janeiro: Campus, 2012, p. 110-111.

[167] Dados do I Relatório Supremo em números: o múltiplo Supremo. (FALCÃO, Joaquim; CERDEIRA, Plabo de Camargo; ARGUELHES, Diego Werneck. *I Relatório Supremo em números:* o múltiplo Supremo. Rio de Janeiro: FGV Direito Rio, 2012, p. 21. Disponível em: https://bibliotecadigital.fgv.br/dspace/handle/10438/10312. Acesso em: 19 maio 2020.).

[168] Conforme dados produzidos por Marcos Paulo Veríssimo, nos sete primeiros anos da década de 2000, os agravos de instrumento e recurso extraordinário representaram 95,10%

DOIS *IMPEACHMENTS*, DOIS ROTEIROS

É esta também a função que o próprio Supremo Tribunal Federal relutou em perder. Em 1986, instado pelo Professor Afonso Arinos de Melo Franco, então presidente da Comissão Provisória de Estudos Constitucionais, mais conhecida como Comissão Afonso Arinos, o Tribunal deliberou acerca do tratamento constitucional do Poder Judiciário pela Assembleia Nacional Constituinte. Entre as diversas sugestões e inovações, tomando-se em consideração manifestações de todos os Tribunais do País, o Tribunal rejeitou "sua transformação em Corte Constitucional, de competência limitada, estritamente, a temas dessa ordem, sem o tratamento das relevantes questões de direito federal" e se colocou contra a ideia de criar um

> [...] Tribunal Superior de Justiça (abaixo do Supremo Tribunal Federal), com competência para julgar recursos extraordinários oriundos de todos os Tribunais Estaduais do País. Isso afetaria, sobremaneira, a autonomia das Justiças Estaduais, que ficariam sob a jurisdição de um Tribunal Federal, que não seria um Tribunal de toda a Federação como a Corte Suprema. E também essa Corte Judiciária haveria de alcançar proporções gigantescas para dar conta de suas tarefas, com os graves inconvenientes já realçados.[169]

Daí a denominação impressionista "Supremocracia" cunhada por Oscar Vilhena Vieira com um duplo sentido. Em primeiro lugar, refere-se à autoridade do Supremo de governar o Poder Judiciário no Brasil. Em segundo sentido, refere-se à própria expansão da autoridade do Tribunal por meio das três funções jurisdicionais adquiridas, assim como a criação de canais de acesso direto à Corte.[170]

---

de todos os casos distribuídos ao STF e 94,13% de todos os casos julgados. (VERÍSSIMO, Marcos Paulo. A Constituição de 1988, vinte anos depois: Suprema Corte e ativismo judicial "à brasileira". *Revista Direito GV*, São Paulo, v. 4, n. 2, p. 407-440, jul.-dez. 2008, p. 420.).

[169] O Supremo Tribunal Federal manifestou-se ainda contrário à ampliação dos legitimados a propor Ação Direta de Inconstitucionalidade, entendendo que esta deveria permanecer exclusivamente a cargo do procurador-geral da República. Ver: SUGESTÕES do Supremo Tribunal Federal à Comissão Provisória de Estudos Constitucionais. *O Estado de São Paulo*, 3 ago. 1986. Disponível em: https://www2.senado.leg.br/bdsf/bitstream/handle/id/115152/1986_JUL%20a%20AGO_079.pdf?sequence=1. Acesso em: 19 maio 2020.

[170] VIEIRA, Oscar Vilhena. Supremocracia. *Revista Direito GV*, São Paulo, v.4, n.2, p. 441-464, jul.-dez. 2008, p. 444-445.

Essa parece ser a posição da doutrina constitucional brasileira. De modo semelhante, Ernani Carvalho compreende que o fortalecimento do Poder Judiciário brasileiro foi gradual e estrategicamente autorizado pelo Poder Executivo ao longo das constituições republicanas brasileiras. Essa tendência cristalizou-se em 1988, resultando em um Judiciário autônomo com capacidade de interferir em decisões de relevo no cenário nacional.[171]

Marcos Paulo Veríssimo segue a mesma linha e pontua que o papel e as características institucionais do Supremo Tribunal Federal foram radicalmente reformados em 1988 com a ampliação do rol de legitimados ao controle de constitucionalidade concentrado e a ausência de barreiras de acesso ao controle difuso. Porém, o autor identificou um traço paradoxal nesse desenho institucional: se, por um lado, a Constituição de 1988 é responsável pela face *protagonista* do STF, colocando-o em posição de destaque na política nacional, por outro, soterrou a Corte "debaixo de uma avalanche de processos, obrigando-a a conciliar esse seu papel político, de instância de revisão e segundo turno da política representativa, com um papel bem mais rotineiro de prestador de serviços forenses, de 'terceira instância'".[172]

Luís Roberto Barroso, sem descartar os avanços da justiça constitucional ao redor do mundo após a Segunda Guerra Mundial, sistematiza a expansão e o fortalecimento do Poder Judiciário brasileiro em três causas: (a) a redemocratização do País, conjuntamente com a Constituição de 1988, que permitiu a recuperação das garantias da magistratura e transformou o Poder Judiciário em verdadeiro ator político; (b) a constitucionalização abrangente e (c) a abrangência do sistema brasileiro de controle de constitucionalidade.[173]

Na relação com os demais Poderes, podemos trazer alguns exemplos para ilustrar o status do Supremo Tribunal Federal como cúpula do Poder Judiciário. Não obstante nosso sistema institucional tender ao

---

[171] CARVALHO, Ernani. Trajetória da revisão judicial no desenho constitucional brasileiro: tutela, autonomia e judicialização. *Sociologias,* Porto Alegre, ano 12, n. 23, p. 176-207, jan.-abr. 2010.

[172] VERÍSSIMO, Marcos Paulo. A Constituição de 1988, vinte anos depois: Suprema Corte e ativismo judicial "à brasileira". *Revista direito GV,* São Paulo, v. 4, n. 2, p. 407-440, jul.-dez. 2008, p. 410.

[173] BARROSO, Luís Roberto. Judicialização, ativismo judicial e legitimidade democrática. *[Syn]Thesis,* Rio de Janeiro, v. 5, n. 1, p. 23-32, 2012, p. 24-25.

desequilíbrio estrutural em favor do Poder Executivo, com taxas de dominância[174] e sucesso[175] legislativos em patamares elevados, percebe--se certo fenecimento do Legislativo em relação à sua razão de ser. O principal instrumento que consubstancia tal situação são as medidas provisórias.

Isso porque, ao editar medidas provisórias, o presidente da República altera a ordem jurídica segundo sua discrição, amoldando-a aos seus objetivos e políticas. Somente depois de a MP produzir efeitos que o Legislativo a apreciará. Ou seja, é uma apreciação reativa. Como pontua Manoel Gonçalves Ferreira Filho, é um controle *a posteriori* que se depara com fatos consumados que acabam por pesar em favor de sua aprovação. Ocorre uma verdadeira inversão do modelo de processo legislativo desenhado por Montesquieu. O Legislativo, ao invés de definir o conteúdo normativo por meio de sua nata faculdade de estatuir (*faculté de statuer*), passa, diante de uma lei *facta*, a exercer uma espécie de faculdade de impedir (*faculté d'empêcher*), porém, menos eficaz, uma vez que a *posteriori*.[176]

Na mesma direção é o entendimento de Timothy J. Power. O autor acredita que as medidas provisórias alteram o exercício do poder político no Brasil de três formas. Primeiro, porque o instituto é atrativo tanto para presidentes fortes, quanto fracos. Um presidente forte, eleito pelo voto popular, pode implementar programas inteiros via medidas provisórias. Ao passo que um presidente fraco, com baixo apoio legislativo, pode legislar mesmo assim, valendo-se do instituto. Segundo, porque mantém uma tradição institucional brasileira com um Poder Executivo ativo e um Poder Legislativo reativo. Por fim, porque altera o *momentum* natural da discussão das políticas públicas, ou seja, os aspectos positivos e negativos da política a ser implantada são averiguados durante a

---

[174] A taxa de dominância mensura a participação de cada Poder na produção das leis. Efetivamente, na presente análise, cabe responder à pergunta: do total de projetos de lei aprovados, quantos foram provenientes do Poder Executivo?

[175] A taxa de sucesso é o percentual obtido dividindo-se o número de projetos aprovados pelo número de projetos propostos.

[176] FERREIRA FILHO, Manoel Gonçalves. A separação de poderes: a doutrina e sua concretização constitucional. *Cadernos Jurídicos*, São Paulo, ano 16, n. 40, p. 67-81, abr.- jun. 2015. Disponível em: http://www.epm.tjsp.jus.br/Publicacoes/CadernoJuridico/29093?pagina=1. Acesso em: 19 maio 2020.

implantação desta, e não em momento anterior. A decisão legislativa, ainda, passa a ser influenciada pelos custos pragmáticos de revogação de uma política já em vigor, o que deixa a opinião legislativa parcialmente limitada.[177]

Além disso, outro efeito pernicioso do controle da agenda legislativa pelo Executivo é a dependência dos trabalhos do Poder Legislativo em relação ao rito das medidas provisórias e seus prazos obrigatórios, com sobrestamento das demais deliberações legislativas e consequente trancamento de pauta.[178]

Em 2009, tamanha interferência levou o então presidente da Câmara do Deputados, Michel Temer, a formular perante o plenário o entendimento no sentido de que o trancamento da pauta por medida provisória somente se aplicaria aos projetos de lei ordinária, não impedindo a apreciação de emendas à Constituição, leis complementares, decretos legislativos, resoluções e leis ordinárias que versassem sobre temas não sujeitos a medida provisória.

O tema foi objeto do MS 27.931/DF[179], de relatoria do ministro Celso de Melo. Na oportunidade, o relator registrou que "a competência extra-ordinária de editar medidas provisórias não pode legitimar práticas de cesarismo governamental nem inibir o exercício, pelo congresso nacional, de sua função primária de legislar".[180]

Em 29 de julho de 2017, o Tribunal Pleno do Supremo Tribunal Federal indeferiu o mandado de segurança e fixou entendimento que manteve a interpretação anteriormente emanada pelo presidente da Câmara, nos termos do voto do relator. O argumento central do julgamento foi o fato de que o diálogo institucional entre o Poder Executivo e o Poder Legislativo haveria de ser desenvolvido com os marcos regulatórios da

---

[177] POWER, Timothy J. The pen is mightier than the congress: presidential decree power in Brazil. *In*: CAREY, John M.; SHUGART, Mathew S. (ed). *Executive decree authority*. New York (EUA): Cambridge University, 1998, p. 222-224.

[178] *Ibid.*, p. 76.

[179] BRASIL. Supremo Tribunal Federal. *Mandado de Segurança 27.931*. Impetrante: Carlos Fernando Coruja Agustini; Ronaldo Ramos Caiado; José Anibal Peres Pontes. Relator: ministro Celso de Mello, 18 de março de 2009. Disponível em: http://portal.stf.jus.br/processos/detalhe.asp?incidente=2667594. Acesso em: 19 maio 2020.

[180] P. 24 do voto do ministro Celso de Mello no MS 27.931.

DOIS *IMPEACHMENTS*, DOIS ROTEIROS

própria Constituição, devendo esta ser interpretada no sentido de evitar preponderância de um dos Poderes do Estado sobre os demais.[181]

Esse fato evidencia uma tentativa do Congresso em definir os limites razoáveis de sua autonomia institucional frente a tomada de sua agenda pelo presidente da República, situação que soa, no mínimo, paradoxal. Isso porque a Assembleia Constituinte Nacional de 1987-1988 cuidou de aprovar uma série de medidas para fortalecer o Poder Legislativo e recuperar seus poderes, subtraídos ao longo do período militar.

Outro episódio interessante ocorreu em 2012, oportunidade em que foram retomadas as deliberações sobre os vetos presidenciais pelo Congresso Nacional. Como é de conhecimento público, o Projeto de Lei 2.565/2011, convertido na Lei 12.734/2012, modificou a distribuição dos royalties devidos em função de exploração de petróleo, alterando a Lei 9.478/1997 e distribuindo 20% do valor para estados e municípios não produtores, obedecendo, respectivamente, as regras do Fundo de Participação dos Estados (FPE) e Fundo de Participação dos Municípios (FPM). Em 30 de novembro de 2012, as alterações foram objeto de veto parcial (veto 38/2012) pela então presidente da República, Dilma Rousseff. Por sua vez, em 12 de dezembro de 2012, o Congresso aprovou o requerimento de urgência para apreciação do veto.

Porém, as alterações não interessavam aos estados produtores, dentre eles, especialmente, o estado do Rio de Janeiro. Assim, alegando ofensa ao artigo 66, parágrafos 4º e 6º, da CF/88,[182] o deputado federal pelo estado

---

[181] MS 27.931/DF, relator ministro Celso de Melo, Pleno, DJE 168, 31 jul. 2017. A decisão conferiu ao parágrafo 6º do artigo 62, da Constituição de 1988, interpretação conforme a Constituição, sem redução de texto, restringindo-lhe "a exegese, em ordem a que, afastada qualquer outra possibilidade interpretativa, seja fixado entendimento de que o regime de urgência previsto em tal dispositivo constitucional – que impõe o sobrestamento das deliberações legislativas das Casas do Congresso Nacional – refere-se, tão somente, àquelas matérias que se mostram passíveis de regramento por medida provisória, excluídos, em consequência, do bloqueio imposto pelo mencionado § 6º do art. 62 da Lei Fundamental, as propostas de emenda à Constituição e os projetos de lei complementar, de decreto legislativo, de resolução e, até mesmo, tratando-se de projetos de lei ordinária, aqueles que veiculem temas pré-excluídos do âmbito de incidência das medidas provisórias (CF, art. 62, § 1º, I, II e IV)".

[182] A redação original da Constituição de 1988 estabelecia: "Art. 66. A Casa na qual tenha sido concluída a votação enviará o projeto de lei ao Presidente da República, que, aquiescendo, o sancionará. [...] § 4º O veto será apreciado em sessão conjunta, dentro de trinta dias

do Rio de Janeiro, Alessandro Lucciola Molon, impetrou o MS 31.816/DF[183], requerendo a impossibilidade de que Veto 38/2012 fosse apreciado antes dos demais vetos já apresentados e com prazo de análise já expirado.

Em 17 de dezembro de 2012, o pedido foi deferido liminarmente pelo ministro Luiz Fux, que impôs a impossibilidade de apreciação do Veto 38/2012 antes que o Poder Legislativo deliberasse, em ordem cronológica de comunicação, acerca dos 3.060 vetos até então pendentes de apreciação ao longo de quase duas décadas.

Em 27 de fevereiro de 2013, o plenário do Supremo Tribunal Federal, diante das consequências de um possível reconhecimento, com eficácia *ex tunc*, do vício de inconstitucionalidade do descumprimento do procedimento para apreciação dos vetos até aquela data, revogou a liminar sem adentrar ao mérito, com fundamento de que a natureza antecipatória dessa medida determina que seu comando tenha como parâmetro balizador o conteúdo provável da sentença definitiva; que, inevitavelmente, o Tribunal atribuiria eficácia *ex nunc*.[184-185]

---

a contar de seu recebimento, só podendo ser rejeitado pelo voto da maioria absoluta dos Deputados e Senadores, em escrutínio secreto. [...] § 6º Esgotado sem deliberação o prazo estabelecido no § 4º, o veto será colocado na ordem do dia da sessão imediata, sobrestadas as demais proposições, até sua votação final, ressalvadas as matérias de que trata o art. 62, parágrafo único".

[183] BRASIL. Supremo Tribunal Federal. *Medida Cautelar em Mandado de Segurança 31.816*. Impetrante: Alessandro Lucciola Molon. Relator: ministro Luiz Fux. Brasília, 17 de dezembro de 2012. Disponível em: http://portal.stf.jus.br/processos/detalhe.asp?incidente=4345967. Acesso em: 19 maio 2020.

[184] Especificamente em relação ao caso, o MS 31.816/DF perdeu o objeto. Isso porque, em 06 de março de 2013, o Congresso Nacional rejeitou o veto aposto pela presidente da República e, em 14 de março de 2013, houve a promulgação das partes originalmente vetadas, com a consequente publicação no Diário Oficial da União em 15 de março de 2013. No mesmo dia, por sua vez, as alterações foram questionadas por meio da ADI 4917-DF. Em 18 de março de 2013, a ministra Cármen Lúcia deferiu medida cautelar, *ad referendum* do Plenário do Supremo Tribunal Federal, que não ocorreu até os dias atuais, suspendo os efeitos das alterações objeto de toda a controvérsia. Em 29 de abril de 2020, a ADI 4917-DF foi excluída do calendário de julgamento do STF. Isso porque o ministro Dias Toffoli, na condição de Presidente do STF, sugeriu aos governadores dos Estados que considerassem a possibilidade de resolver o conflito por meio da autocomposição.

[185] Nas palavras do ministro Gilmar Mendes, proferidas no bojo das discussões em plenário, a controvérsia expôs "um dado grave da *realpolitik* –, quer dizer, falar de três mil vetos e que faz treze anos que o Congresso não delibera é um dado que indica alguma doença, alguma

DOIS *IMPEACHMENTS*, DOIS ROTEIROS

O ministro Joaquim Barbosa, então presidente do STF, assim se posicionou em seu voto:

> O que há aqui neste caso – e isso já foi dito por diversos Colegas – é que estamos diante de um exemplo muito claro de como se dá a hipertrofia do Poder Executivo no nosso sistema de governo. E, neste caso, ficou muito claro que essa hipertrofia se dá por meio da abdicação, pelo Congresso Nacional, das suas prerrogativas, das suas atribuições constitucionais.[186]

Como último exemplo ilustrativo do papel de mediação e liderança do Supremo como cúpula do Poder Judiciário temos a questão do Fundo de Participação dos Estados (FPE). Em 24 de fevereiro de 2010, ao julgar as ADIs 875/DF, 1.987/DF, 2.227/DF e 3.243/MT,[187] o Supremo Tribunal Federal declarou a inconstitucionalidade, sem a pronúncia de nulidade, do artigo 2º, incisos I e II, parágrafos 1º, 2º e 3º, e do Anexo Único, da Lei Complementar 62/1989, que estabelece normas sobre o Fundo de Participação dos Estados, assegurando a aplicação desses dispositivos até 31 de dezembro de 2012.

A questão central no julgamento era que a Lei 62/1989 não satisfazia integralmente a exigência contida no artigo 161, inciso II, da Constituição, que requer que lei complementar estabeleça critérios de rateio do fundo, objetivando promover o equilíbrio socioeconômico entre os estados. Os percentuais de distribuição então vigentes estavam em descompasso com a realidade econômica brasileira, uma vez que se mantinham fixos há

---

patologia, alguma distorção". (BRASIL. Supremo Tribunal Federal. *Agravo Regimental na Medida Cautelar em Mandado de Segurança 31.816.* Impetrante: Alessandro Lucciola Molon. Relator: ministro Luiz Fux. Brasília, 27 de fevereiro de 2012. p. 81. Disponível em: http://portal.stf.jus.br/processos/detalhe.asp?incidente=4345967. Acesso em: 19 maio 2020.).

[186] BRASIL. Supremo Tribunal Federal. *Agravo Regimental na Medida Cautelar em Mandado de Segurança 31.816.* Impetrante: Alessandro Lucciola Molon. Relator: ministro Luiz Fux. Brasília, 27 de fevereiro de 2012. p. 97. Disponível em: http://portal.stf.jus.br/processos/detalhe.asp?incidente=4345967. Acesso em: 19 maio 2020.

[187] As quatro ações diretas de inconstitucionalidade foram julgadas em conjunto, por terem como objeto artigos da LC 62/1989. Ver: BRASIL. Supremo Tribunal Federal. *Ação Direta de Inconstitucionalidade 875.* Requerente: governador do Estado do Rio Grande do Sul e outros. Relator: ministro Gilmar Mendes. Brasília, 18 de maio de 1993. Disponível em: http://portal.stf.jus.br/processos/detalhe.asp?incidente=1564296. Acesso em: 19 maio 2020.

mais de 20 anos. Por outro lado, a suspensão da aplicação da lei acabaria por agravar a situação de inconstitucionalidade, pois não haveria lei aplicável ao caso.

Nesse sentido, o Supremo Tribunal Federal estabeleceu um prazo razoável para que a norma inconstitucional vigorasse até que o Congresso Nacional deliberasse sobre uma nova forma de rateio do fundo. Encerrado o prazo, em dezembro de 2012, o Congresso não havia definido os novos critérios para repartição do FPE. Ante o vácuo legislativo, em 23 de janeiro de 2013, no bojo da ADO 23[188], o ministro Ricardo Lewandowski garantiu, monocraticamente, a continuidade dos repasses por mais 150 dias. Os novos percentuais de distribuição do FPE vieram a ser conhecidos somente em 18 de julho de 2013, com a publicação da Lei Complementar 143/2013. Quatro meses depois, a LC 143/2013 tornou-se objeto da ADI 5.069.[189-190]

---

[188] O ministro Ricardo Lewandowski deferiu a liminar na condição de presidente do STF em exercício. Ver: BRASIL. Supremo Tribunal Federal. *Ação Direta de Inconstitucionalidade por Omissão 23*. Requerente: governador do estado da Bahia. Relator: ministro Dias Toffoli. Brasília, 21 de janeiro de 2013. Disponível em: http://portal.stf.jus.br/processos/detalhe. asp?incidente=4355253. Acesso em: 19 maio 2020.

[189] A ADI 5.069 aguarda o término do julgamento. Após os votos dos ministros Cármen Lúcia (relatora) e Edson Fachin, que julgaram parcialmente prejudicada a ação direta e, na parte remanescente, consideraram procedente o pedido para reconhecer a inconstitucionalidade dos incisos II e III e do § 2º do art. 2º da Lei Complementar 62/1989, alterados pela Lei Complementar 143/2013, sem pronúncia de nulidade, mantendo-se a aplicação desses dispositivos até 31.12.2022 ou até a superveniência de nova legislação sobre a matéria, assim como do voto do ministro Marco Aurélio, que divergiu parcialmente da relatora, o ministro Gilmar Mendes pediu vista dos autos. O julgamento parcial se deu no Plenário, em Sessão Virtual, entre os dias 5.6.2020 a 15.6.2020. Ver: BRASIL. Supremo Tribunal Federal. *Ação Direta de Inconstitucionalidade 5.069*. Requerente: Governador do estado de Alagoas. Relator: ministra Cármen Lúcia. Brasília, 25 de novembro de 2013. Disponível em: http://portal.stf. jus.br/processos/detalhe.asp?incidente=4501372. Acesso em: 2 ago. 2020.

[190] Esse mesmo papel de mediação e liderança do Supremo pode ser observado em relação a ADO 25, de relatoria do ministro Gilmar Mendes. A LC 87/1996, conhecida como Lei Kandir, isentou do pagamento de ICMS as exportações de produtos e serviços como forma de desonerar as transações que envolvessem venda para o exterior, prevendo, no entanto, compensação financeira pelas perdas de arrecadação dos Estados por parte da União. O tema acabou sendo constitucionalizado por meio da EC 42/2003, que previu no art. 91 do ADCT a edição de uma lei complementar para regular essa compensação. A lei nunca foi editada. A ADO 25 foi ajuizada pelo Estado do Pará em 2013. Em novembro de 2016, o

DOIS *IMPEACHMENTS*, DOIS ROTEIROS

Como visto, o desenho constitucional aprovado em 1988 permite o protagonismo tanto quantitativo quanto qualitativo do Poder Judiciário na figura de seu órgão de cúpula, protagonismo esse que pode ser exercido por meio do julgamento aos milhares de agravos e recursos extraordinários; da absorção de conflitos entre os demais Poderes; de uma atuação monocrática que sugere interferência na pauta do Congresso Nacional e da perene possibilidade de evitar ser circundado pelos demais Poderes, via controle de constitucionalidade material das emendas constitucionais.

Por certo, o caminho a esse protagonismo não foi linear. Como veremos no capítulo subsequente, o Supremo Tribunal Federal pós-redemocratização não absorveu de imediato a ambição do texto constitucional de 1988, gerando uma jurisprudência que a princípio redimensionou para menos os poderes de que o Tribunal dispunha.

STF, por unanimidade, julgou procedente a ação e declarou a mora do Congresso Nacional, fixando um prazo de 12 meses para que a omissão legislativa fosse sanada. O prazo chegou ser prorrogado por duas vezes. Após audiência de conciliação, formação de Comissão Especial instalada no STF, o impasse foi solucionado em maio de 2020, com União e Estados entrando em acordo a respeito dos termos de compensação. O acordo foi homologado no Plenário do STF no dia 20 de maio de 2020. Ver: BRASIL. Supremo Tribunal Federal. *Notícias do STF: Plenário homologa acordo entre União e estados sobre compensações da Lei Kandir.* Disponível: http://stf.jus.br/portal/cms/verNoticiaDetalhe.asp?idConteudo=443779&cai xaBusca=N. Acesso em: 21 maio 2020.

2.
O *Impeachment* de Fernando Collor

> todo o Brasil [...] que saiam no próximo domingo de
> casa com alguma peça de roupa com uma das cores de
> nossa bandeira. [...] Estaremos mostrando onde está a
> verdadeira maioria, na minha gente, no meu povo, nos
> pés descalços, nos descamisados [...]
>
> FERNANDO AFFONSO COLLOR DE MELO

2.1. Trajetória do Supremo Tribunal Federal na transição brasileira à democracia

A Assembleia Nacional Constituinte de 1987-1988 previu a continuidade do mandato de José Sarney até 15 de março de 1990. Dessa forma, a primeira eleição para presidente da República após a promulgação da Constituição de 1988 foi realizada em 15 de novembro de 1989, praticamente 30 anos depois que o eleitorado brasileiro havia elegido diretamente o seu presidente pela última vez: Jânio Quadros, em 1960.[191]

---

[191] "Art. 4º, ADCT. O mandato do atual Presidente da República terminará em 15 de março de 1990. § 1º A primeira eleição para Presidente da República após a promulgação da Constituição será realizada no dia 15 de novembro de 1989, não se lhe aplicando o disposto no art. 16 da Constituição".

DOIS *IMPEACHMENTS*, DOIS ROTEIROS

O primeiro presidente eleito pelo voto direto conforme a Constituição de 1988, 15º presidente eleito da história republicana do Brasil,[192] Fernando Affonso Collor de Mello, recebeu cerca de 35 milhões de votos, em eleição que reatualizou a noção de herói salvador na política brasileira.[193] Um ano antes era um político quase desconhecido da maioria dos brasileiros, ex-prefeito de Maceió e ex-governador do acanhado Estado de Alagoas. A eleição de Collor efetivou a demanda central das "Diretas Já"[194], mobilização democrática pela aprovação da PEC 05/1983, apresentada pelo então deputado federal Dante de Oliveira (PMDB-MT), que restabeleceria as eleições diretas para presidente da República no país, mas que fora rejeitada pela Câmara em abril de 1984.[195]

Empossado na quinta-feira, 15 de março de 1990, Fernando Collor iniciou, no dia seguinte, seu ambicioso plano econômico: o Plano Collor I, oficialmente, Plano Brasil Novo. Assinou 17 medidas provisórias, que, entre outras providências, confiscou 80% dos ativos financeiros e da moeda em circulação no país. Para implementar seu plano econômico, Collor abusou de seu poder de agenda via medidas provisórias, boa parte delas reeditadas várias vezes.[196]

É nesse contexto que o observador deve compreender a atuação do Supremo Tribunal Federal no período Collor, harmonizando-a com o

[192] Os presidentes eleitos por voto direto foram: Prudente de Moraes (1894-1898), Campos Sales (1898-1902), Rodrigues Alves (1902-1906), Afonso Pena (1906-1909), Marechal Hermes da Fonseca (1910-1914), Venceslau Brás (1914-1918), Epitácio Pessoa (1919-1922), Arthur Bernardes (1922-1926), Washington Luís (1926-1930), Júlio Prestes (eleito, mas não empossado, em razão da Revolução de 1930), Eurico Gaspar Dutra (1946-1951), Getúlio Vargas (1951-1954), Juscelino Kubitschek (1956-1961), Jânio Quadros (1961), Fernando Collor de Mello (1990-1992), Fernando Henrique Cardoso (1995-2003), Luís Inácio Lula da Silva (2003-2011), Dilma Vana Rousseff (2011-2016) e Jair Messias Bolsonaro (2019-...).
[193] MENDONÇA, Kátia. *A salvação pelo espetáculo: mito do herói e política no Brasil.* Rio de Janeiro: Topbooks, 2002, p. 68-85.
[194] Ver: BRASIL. Diretas Já – 30 anos do movimento. Brasília: Câmara dos Deputados. Disponível em: https://www2.camara.leg.br/atividade-legislativa/plenario/discursos/escrevendohistoria/destaque-de-materias/diretas-ja. Acesso em: 31 maio 2020.
[195] SALLUM Jr., Brasilio. *O impeachment de Fernando Collor:* sociologia de uma crise. São Paulo: Editora 34, 2015, p. 7 e 87.
[196] Ver: ABRANCHES, Sérgio. *Presidencialismo de coalizão:* raízes e evolução do modelo político brasileiro. São Paulo: Companhia das Letras, 2018, p. 95-97.; SALLUM Jr., Brasilio. *O impeachment de Fernando Collor:* sociologia de uma crise. São Paulo: Editora 34, 2015, p. 7-8 e 90.

O *IMPEACHMENT DE FERNANDO COLLOR*

perfil do Tribunal no período da transição para a democracia. Por exemplo, no episódio de quem deveria assumir como presidente do Brasil na redemocratização de 1985 após a morte de Tancredo Neves, o Supremo reuniu-se informalmente no apartamento do ministro José Carlos Moreira Alves, uma incontestável liderança intelectual dentro do Tribunal, para afiançar a posse de José Sarney (ver nota referencial 12).

De mais a mais, era uma Corte que se colocava contrária à dispersão de poderes e até à democratização do acesso à justiça, uma contradição ao *Zeitgeist* da época na qual vigorava o contraponto ao regime militar pós 1964. Em mensagem à Comissão Afonso Arinos, o Supremo Tribunal Federal, enquanto instituição, além de posicionar-se contrário à criação do Superior Tribunal de Justiça (item 1.3.3), manifestou-se, também, desfavorável à ampliação dos legitimados a propor Ação Direta de Inconstitucionalidade, entendendo que essa deveria permanecer exclusivamente a cargo do procurador-geral da República.

> Quanto à pretendida outorga de legitimidade para representação por inconstitucionalidade de lei ou ato normativo federal ou estadual a certos órgãos do Poder Público (Executivo, Legislativo e Judiciário) ou, mesmo, a entidades de direito público ou privado, entendeu a Corte que ela deve continuar a cargo, exclusivamente, da Procuradoria Geral da República. Se se entende que seu titular fica excessivamente vinculado ao Poder Executivo, diante da demissibilidade "ad nutum", então será caso de pô-la em discussão, com eventual outorga de garantias maiores para o exercício do cargo.[197]

Individualmente, Moreira Alves manifestava-se contrário à ampliação dos legitimados para iniciar o controle abstrato por via direta. Em 1987, durante os trabalhos da Assembleia Nacional Constituinte, em palestra proferida no 8º Congresso Brasileiro de Direito Constitucional, o ministro defendeu a estrutura já existente do STF, afirmando que o projeto da Constituição abria "demais o acesso sobre quem pode representar a inconstitucionalidade de uma lei, prevê que onze órgãos políticos, incluindo

---

[197] SUGESTÕES do Supremo Tribunal Federal à Comissão Provisória de Estudos Constitucionais. *O Estado de São Paulo*, 3 ago. 1986. Disponível em: https://www2.senado. leg.br/bdsf/bitstream/handle/id/115152/1986_JUL%20a%20AGO_079.pdf?sequence=1. Acesso em: 19 maio 2020.

DOIS *IMPEACHMENTS*, DOIS ROTEIROS

todos os governadores de Estado, podem provocar inconstitucionalidade". Contra o alargamento da legitimidade aos representantes da sociedade civil, como de resto ficou assentado no artigo 103 da Constituição de 1988, estava até mesmo o ministro José Néri da Silveira, vice-presidente do Tribunal na época[198], também presente no mesmo evento – e que, apesar de defender uma posição intermediária, considerava que a legitimidade "poderia ser ampliada estendendo-se do procurador-geral da República [...] aos chefes dos poderes Executivo, Legislativo e mesas dos partidos".[199]

Como foi visto no item 1.3, apesar dessa postura restritiva e contrária à ampliação do acesso ao STF, a Assembleia Nacional Constituinte gestou um Tribunal robusto, absolutamente oposto ao almejado pelos ministros no período da transição democrática. Todavia, o início da década de 1990 revelaria "Ministros do Supremo firmando interpretações constitucionais que reconfiguravam *para menos* poderes de que dispunham segundo o texto da Constituição de 1988" (destaque no original). Em outras palavras, o STF promoveu um verdadeiro redesenho institucional pela via jurisprudencial, aproximando-se de suas preferências preteridas pela Constituinte.[200]

Diego Werneck observa que, logo após a promulgação da Constituição, o Supremo limitou a ampliação do rol de legitimados para propor ações diretas de inconstitucionalidade. Por meio de uma leitura restritiva do artigo 103, alcançada por intermédio de uma interpretação pouco deferente ao texto constitucional, o Tribunal distinguiu os legitimados em: "universais", que podem propor ação direta de inconstitucionalidade acerca de qualquer tema; e "especiais", que podem questionar apenas temas

---

[198] O ministro José Neri da Silveira foi vice-presidente do Supremo Tribunal Federal, no período de 10 de março de 1987 a 13 de março de 1989. Para mais detalhes acerca de sua biografia e atuação no STF, ver: (BRASIL. Supremo Tribunal Federal. *Presidentes*. Disponível em:http://www.stf.jus.br/portal/ministro/presidente.asp?periodo=stf&id=17. Acesso em: 31 maio 2020.).

[199] PARA ministro do STF, mecanismos de controle devem sofrer mudanças. *Folha de São Paulo*, São Paulo, 10 de julho de 1987, Primeiro Caderno, Política, p. A-7. Disponível em: https://acervo.folha.com.br/leitor.do?numero=9924&anchor=4876984&origem=busca& pd=a56def17e71160ef4f023b63ac73cf0e. Acesso em: 31 maio 2020.

[200] ARGUELHES, Diego Werneck. Poder não é querer: preferências restritivas e redesenho institucional no Supremo Tribunal Federal pós-democratização. *Universitas JUS*, Brasília, v. 25, n. 1, p. 25-45, 2014, p. 29.

O IMPEACHMENT DE FERNANDO COLLOR

que guardem *pertinência temática* com sua finalidade institucional. Além disso, criou uma série de requisitos para que as "entidades de classe de âmbito nacional" pudessem exercer sua legitimidade para propor ADI.[201]

O autor destaca, ainda, como exemplo dessa redefinição do desenho institucional por meio da jurisprudência, a ADI 02[202]. A ação questionava a constitucionalidade de uma lei anterior à Constituição, um tema de grande importância para a época, já que, naquele período, a maioria das leis haviam sido promulgadas durante o regime militar. Apesar dos votos contrários de três ministros – Sepúlveda Pertence, Marco Aurélio e Néri da Silveira – a maioria acompanhou o ministro relator Paulo Brossard e optou por restringir o escopo de ação do STF, recusando a ação direta de inconstitucionalidade como meio para julgar a compatibilidade de leis pré-constitucionais com a nova Constituição de 1988, a despeito da ausência de outro instrumento pela via direta, uma vez que a ADPF, até então, não havia sido regulamentada.[203]

No mesmo sentido, Oscar Vilhena Vieira é da opinião que o Supremo Tribunal Federal do período Collor adotou, incialmente, uma posição omissa e reservada ante o potencial transformador do texto constitucional de 1988, citando como exemplo o Mandado de Injunção (MI) 107[204], relatado pelo ministro Moreira Alves, em 1989. O mandado de injunção[205]

---

[201] A título de exemplo, ver: BRASIL. Supremo Tribunal Federal. *Medida Cautelar em Ação Direta de Inconstitucionalidade 138-8.* Requerente: Associação dos Magistrados Brasileiros – AMB. Relator: ministro Sydney Sanches. Brasília, 14 de fevereiro de 1990. Disponível em: http://redir.stf.jus.br/paginadorpub/paginador.jsp?docTP=AC&docID=346200. Acesso em: 31 maio 2020.

[202] BRASIL. Supremo Tribunal Federal. *Ação Direta de Inconstitucionalidade 2.* Requerente: Federação Nacional dos Estabelecimentos de Ensino – FENEN. Relator: ministro Paulo Brossard. Brasília, 12 de outubro de 1988. Disponível em: http://portal.stf.jus.br/processos/detalhe.asp?incidente=1480183. Acesso em: 31 maio 2020.

[203] ARGUELHES, Diego Werneck. Poder não é querer: preferências restritivas e redesenho institucional no Supremo Tribunal Federal pós-democratização. *Universitas JUS*, Brasília, v. 25, n. 1, p. 25-45, 2014, p. 30-33.

[204] BRASIL. Supremo Tribunal Federal. *Mandado de Injunção 107.* Impetrante: José Emídio Ferreira Lima. Relator: ministro Moreira Alves. Brasília, 21 de abril de 1989. Disponível em: http://portal.stf.jus.br/processos/detalhe.asp?incidente=1487634. Acesso em: 31 maio 2020.

[205] "Art. 5º. [...] LXXI – conceder-se-á mandado de injunção sempre que a falta de norma regulamentadora torne inviável o exercício dos direitos e liberdades constitucionais e das prerrogativas inerentes à nacionalidade, à soberania e à cidadania;".

foi um instrumento criado pela Constituição de 1988 para dar eficácia aos direitos e garantias individuais, mesmo diante da falta de suas respectivas normas regulamentadoras. Contudo, a Corte proferiu um entendimento que tirou a razão de ser da ação, prevalecendo a interpretação de que a função do mandado de injunção seria apenas informar ao Legislativo a sua inércia na edição da lei específica.[206-207]

Na visão de Luís Roberto Barroso, esse comportamento jurisprudencial do STF no limiar da Constituição de 1988, de forma a limitar os consideráveis poderes que lhe foram atribuídos, é uma patologia crônica da hermenêutica constitucional brasileira, "que é a interpretação retrospectiva, pela qual se procura interpretar o texto novo de maneira a que ele não inove nada, mas, ao revés, fique tão parecido quanto possível com o antigo". Em parte, efeito da conjugação de uma Corte oriunda do período militar com uma Constituição democrática e ousada:

> O constituinte de 1988 tomou, sem maior debate político, a decisão grave de manter como integrantes do STF todos os Ministros que haviam sido investidos no Tribunal pelos governos anteriores. Vale dizer: sem embargo da inegável virtude pessoal e intelectual de muitos dos juízes que lá tinham assento, a corte constitucional brasileira, encarregada de interpretar a nova Carta, era composta de juristas cuja nomeação era lançada a crédito do regime militar. Sem dever o seu título de investidura à nova ordem, e sem compromisso político com a transformação institucional que se

---

[206] VIEIRA, Oscar Vilhena. *A batalha dos poderes*: da transição democrática ao mal-estar constitucional. São Paulo: Companhia das Letras, 2018. *E-book*, p. 2690.

[207] Essa postura omissa não foi seguida por diversos tribunais inferiores, recebendo fortes críticas da doutrina. Em meados dos anos 2000, o STF modificou significativamente seu entendimento, fixando que, na ausência da lei regulamentadora, o Judiciário está apto a estabelecer os parâmetros para efetivar exercício do direito, como ocorreu no caso do direito de greve dos servidores públicos. Ver: BARROSO, Luís Roberto. Mandado de injunção – Perfil doutrinário e evolução jurisprudencial. *Revista de Direito Administrativo*, Rio de Janeiro, v. 191, p. 1-13, jan. 1993. Disponível em: http://bibliotecadigital.fgv.br/ojs/index.php/rda/article/view/45637. Acesso em: 31 maio 2020; BRASIL. Supremo Tribunal Federal. *Mandado de Injunção 670*. Impetrante: Sindicato dos Servidores Policiais Civis do Estado do Espírito Santo – SINDPOL. Relator: ministro Maurício Corrêa. Brasília, 17 de maio de 2002. Disponível em: http://portal.stf.jus.br/processos/detalhe.asp?incidente=2018921. Acesso em: 31 maio 2020.

O IMPEACHMENT DE FERNANDO COLLOR

operara no País, a Corte reeditou burocraticamente parte da jurisprudência anterior, bem como alimentou inequívoca má-vontade para com algumas inovações.[208]

Ainda na série de decisões omissas, Richard Downes e Keith S. Rosenn chamam a atenção para o fato de que o congelamento dos depósitos bancários, efetuado pelo drástico Plano Collor I, jamais foi declarado inconstitucional pelo Supremo Tribunal Federal.[209] A Medida Provisória 168, de 15 de março de 1990, posteriormente convertida na Lei 8.024, de 12 de abril de 1990, era o núcleo do Plano Monetário do governo de Fernando Collor; que, entre outras coisas, confiscou os ativos financeiros e a moeda em circulação no país que excediam a 50 mil cruzados novos, depositando-os no Banco Central, sob a promessa de devolução depois de 18 meses, com correção monetária e juros de 6% ao ano, em 12 parcelas mensais.[210] O Partido Socialista Brasileiro (PSB) questionou a constitucionalidade da medida junto ao Supremo, resultando na ADI 534. O Tribunal decidiu pela não concessão da liminar, sob os votos contrários dos ministros Celso de Mello (Relator), Paulo Brossard e José Néri da Silveira, para os quais o Plano Collor afrontava os princípios inscritos na Constituição, em especial o direito à propriedade. Os demais ministros[211] adotaram uma postura reticente, alegando que a liberação imediata dos valores bloqueados poderia resultar em dano irreparável à economia pública, com o retorno do ritmo inflacionário. Em seguida, os autos foram enviados para a manifestação da Procuradoria-Geral da República e retornaram ao STF três dias antes do pagamento da última parcela de

---

[208] BARROSO, Luís Roberto. Dez anos da Constituição de 1988. *Revista de Direito Administrativo*, Rio de Janeiro, v. 214, p. 1-25, out. 1998. Disponível em: http://bibliotecadigital.fgv.br/ojs/index.php/rda/article/view/47263. Acesso em: 31 maio 2020.

[209] DOWNES, Richard; ROSENN, Keith S. A queda de Collor: uma perspectiva comparada. *In*: ROSENN, Keith S.; DOWNES, Richard (Org.). *Corrupção e reforma política no Brasil*: o impacto do impeachment de Collor. Tradução: Roberto Grey. Rio de Janeiro: FGV, 2000. p. 195-218, p. 198.

[210] SALLUM Jr., Brasilio. *O impeachment de Fernando Collor*: sociologia de uma crise. São Paulo: Editora 34, 2015, p. 89-90.

[211] Ministros que votaram contra a concessão da liminar: Ilmar Galvão, Marco Aurélio Mello, Carlos Velloso, Sepúlveda Pertence, Célio Borja, Octavio Gallotti, Moreira Alves e Sydney Sanches.

restituição devida. Com a devolução integral dos valores confiscados, a ação foi declarada prejudicada, sem ter sido julgada no mérito.[212]

Em certa medida, o primeiro passo para a alteração de postura do STF foi a ADI 223-6. De fato, Fernando Collor fez uso excessivo de medidas provisórias para implementar sua arrojada agenda econômica. Além disso, o confisco dos depósitos bancários promoveu um verdadeiro caos econômico e jurídico na época, suscitando ações judiciais por todo o país. Em reação, o governo editou a Medida Provisória 173, de 18 de março de 1990, proibindo a concessão de medidas liminares e cautelares em ações contrárias ao Plano Collor. Como consequência, o PDT ajuizou a ADI 223-6, cuja relatoria ficou a cargo do ministro Paulo Brossard, que advertiu o Tribunal da violação do direito de acesso à justiça: "aceitar como constitucional a proibição de liminar em mandado de segurança ou medida cautelar para defesa de direito individual constitucionalmente assegurado, importa em tratear a cláusula final do inciso XXXV[213] do artigo 5º, da Constituição"[214], no que foi acompanhado pelo ministro Celso de Mello.[215]

No entanto, mais uma vez, examinando apenas a medida liminar requerida pelo PDT, o STF foi cauteloso em relação às eventuais consequências econômicas de sua decisão e proferiu, a partir do voto do ministro Sepúlveda Pertence, um entendimento reconhecendo a validade em tese da MP 173. Porém, guardando consonância com o sistema híbrido de controle de constitucionalidade adotado pela Constituição de 1988 (item 1.3), permitiu que todo e qualquer juiz em cada caso concreto analisasse a constitucionalidade da medida provisória. Dessa forma, a Corte foi deferente à política econômica do presidente e, ao mesmo

---

[212] BRASIL. Supremo Tribunal Federal. *Medida Cautelar em Ação Direta de Inconstitucionalidade 534*. Requerente: Partido Socialista Brasileiro. Relator: ministro Celso de Mello. Brasília, 27 de junho de 1991. Disponível em: http://portal.stf.jus.br/processos/detalhe. asp?incidente=1521582. Acesso em: 31 maio 2020.

[213] Princípio da inafastabilidade da jurisdição. "Art. 5º. [...] XXXV – a lei não excluirá da apreciação do Poder Judiciário lesão ou ameaça a direito;".

[214] P. 23 do voto do ministro Paulo Brossard na ADI 223-6.

[215] BRASIL. Supremo Tribunal Federal. *Ação Direta de Inconstitucionalidade 223-6*. Requerente: Partido Democrático Trabalhista. Relator: ministro Paulo Brossard. Brasília, 28 de março de 1990. p. 85. Disponível em: http://portal.stf.jus.br/processos/detalhe.asp?incidente=1496619. Acesso em: 31 maio 2020.

O *IMPEACHMENT DE FERNANDO COLLOR*

tempo, no campo difuso do controle constitucional, manteve em aberto a possibilidade da concessão de liminares contra o plano econômico, o que não deixou de representar um certo avanço contra o arbítrio do governo.

O julgamento chama a atenção, ainda, por revelar uma certa fricção entre o Poder Judiciário e Poder Executivo na época. O então presidente do STF, ministro Néri da Silveira, antes de pronunciar seu voto, viu-se obrigado a refutar rumores de que os ministros da Corte haviam sido previamente consultados acerca das medidas provisórias que compunham o Plano Collor, a maioria submetida à apreciação do Supremo, e assim declarou:

> O Presidente e os Ministros do Supremo Tribunal Federal não foram consultados sobre a validade ou conveniência ou qualquer aspecto de qualquer medida provisória. Não é o Supremo Tribunal Federal órgão de consulta; os seus Ministros não respondem a consultas, somente se manifestam sobre a validade de leis ou atos do Governo, no momento em que hajam de proferir, com absoluta independência, como é de nosso sistema constitucional, os seus votos. Isso é da tradição do Poder Judiciário e, em especial, deste venerando Tribunal já centenário.[216]

O passo final rumo ao Supremo Tribunal Federal de hoje foi a ADI 293-7[217]. Em 04 de maio de 1990, o governo editou a Medida Provisória 185, que possibilitava ao presidente do Tribunal Superior do Trabalho suspender as decisões dos Tribunais Regionais do Trabalho proferidas em dissídios coletivos de natureza econômica ou jurídica. Porém, o Congresso rejeitou a MP 185/90. No dia seguinte, 31 de maio de 1990, Fernando Collor editou a Medida Provisória 190, que, a despeito de um texto mais sucinto, regulamentou o mesmo tema. Segundo Rogério Arantes, a MP 190, ao "reeditar" uma medida provisória expressamente

---

[216] BRASIL. Supremo Tribunal Federal. *Ação Direta de Inconstitucionalidade 223-6*. Requerente: Partido Democrático Trabalhista. Relator: ministro Paulo Brossard. Brasília, 28 de março de 1990. p. 85. Disponível em: http://portal.stf.jus.br/processos/detalhe.asp?incidente=1496619. Acesso em: 31 maio 2020.

[217] BRASIL. Supremo Tribunal Federal. *Ação Direta de Inconstitucionalidade 293-7*. Requerente: procurador-geral da República. Relator: ministro Celso de Mello. Brasília, 1 de junho de 1990. Disponível em: http://portal.stf.jus.br/processos/detalhe.asp?incidente=1500588. Acesso em: 31 maio 2020.

DOIS *IMPEACHMENTS*, DOIS ROTEIROS

rejeitada pelo Congresso, ficou conhecida como uma versão *maquiada* da MP 185. A manobra do governo repercutiu negativamente na comunidade política e jurídica. E, no dia seguinte à edição da MP 190, pela primeira vez após a Constituição de 1988, o procurador-geral da República questionou a constitucionalidade de um ato do presidente, dando origem à ADI 293-7.[218]

Designado como relator, o ministro Celso de Mello, em um voto histórico, deixou clara a sua posição pessoal: "não me preocupa a relação dilemática por alguns, que chega até mesmo a proclamar, pelo alegado receio de destruição da ordem econômico-social, a virtual possibilidade de desrespeito ao ordenamento constitucional como condição de êxito do Plano Econômico"[219]. Por sua vez, o ministro Paulo Brossard vociferou:

> [...] as medidas governamentais interferem, obviamente, na vida das pessoas e estas querem vindicar na Justiça o que entendem ser os seus direitos. No entanto, à Justiça foi vedado, por ato exclusivo de um dos Poderes, dar seguimento normal às ações que venham a ser ajuizadas [...] não falta quem diga que o plano irá águas abaixo se o Judiciário exercer suas normais atribuições. Dessa forma, e por 30 meses, o Poder Judiciário ficaria sem poder custodiar direitos fundamentais. Esse raciocínio, que de forma mais ou menos velada, mais ou menos ostensiva, tem sido difundido, importa, em verdade, e de fato, em suspender a Constituição.[220]

Na análise de Rogério Arantes, a boa vontade do Tribunal havia chegado ao fim. Apesar de a decisão não vedar a reedição de medidas provisórias que tivessem perdido a validade, o STF por unanimidade concedeu o *pedido de liminar* e suspendeu a eficácia da MP 190, impedindo, no entanto, a reedição de medidas provisórias expressamente rejeitadas pelo Congresso.[221]

---

[218] De acordo com Rogério Arantes, também ingressaram com ADI contra a MP 190: o Conselho Federal da OAB, o PSDB, PDT e PCDB. (ARANTES, Rogério Bastos. *Judiciário e política no Brasil*. São Paulo: Sumaré, 1997, p. 185.).

[219] P. 35 do voto do ministro Celso de Mello na ADI 293-7.

[220] P. 1 e 2 do voto do ministro Paulo Brossard na ADI 293-7.

[221] ARANTES, Rogério Bastos. *Judiciário e política no Brasil*. São Paulo: Sumaré, 1997, p. 191-197.

O IMPEACHMENT DE FERNANDO COLLOR

Durante todo esse período, o STF ainda não havia sucumbido às sessões televisionadas, exprimindo um certo resquício do final da década de 1960, em harmonia com o título da obra de Aliomar Baleeiro: "O Supremo Tribunal Federal, esse outro desconhecido"[222]. Joaquim Falcão e Fabiana Luci de Oliveira relatam que um movimento endógeno contrário a essa discrição surgiu no início da década de 1980, quando o então ministro Francisco Manoel Xavier de Albuquerque, durante a sua passagem pela Presidência do Tribunal, convocou uma reunião com proprietários de jornais e jornalistas da época, com o propósito de encurtar a distância entre o Poder Judiciário e a opinião pública. Além disso, era um Supremo cujas decisões provisórias ou liminares eram proferidas em sua maioria pelo Plenário ou pelas Turmas.[223]

Uma década depois, o *impeachment* de Fernando Collor foi decisivo para aproximar o Supremo Tribunal Federal do cotidiano da população. A sessão de julgamento do MS 21.564, que questionava o rito do *impeachment*, foi a primeira, na história do Tribunal, a ser transmitida ao vivo pela TV. O ministro Sydney Sanches, então presidente da Corte, a fim de desestimular a multidão que pretendia aglomerar-se na Praça dos Três Poderes, evitando assim uma eventual invasão do Plenário, ou algum incidente que colocasse em risco os próprios manifestantes, autorizou a transmissão da sessão em sua totalidade. Sem dúvida uma inovação, pois não havia a TV Justiça, que veio a ser implantada apenas em agosto de 2002, durante a presidência do ministro Marco Aurélio Mello.[224-225]

---

[222] BALEEIRO, Aliomar. *O Supremo Tribunal Federal, esse outro desconhecido*. Rio de Janeiro: Forense, 1968.

[223] FALCÃO, Joaquim; OLIVEIRA, Fabiana Luci de. O STF e a agenda pública nacional: de outro desconhecido a supremo protagonista? *Lua Nova*, São Paulo, n. 88, p. 429-469, 2013, p. 430 e p. 438.

[224] FONTAINHA, Fernando de Castro; MATTOS, Marco Aurélio Vannucchi Leme de; SATO, Leonardo Seiichi Sasada (Org.). *História oral do Supremo (1988-2013)*. Rio de Janeiro: FGV Direito Rio, 2015. (v. 5: Sydney Sanches), p. 133-136.

[225] A criação da TV Justiça se deu por meio da Lei 10.461, de 17 de maio de 2002. Ver: BRASIL. *Lei 10.461, de 17 de maio de 2002*. Acrescenta alínea ao inciso I do art. 23 da Lei 8.977, de 6 de janeiro de 1995, que dispõe sobre o Serviço de TV a Cabo, para incluir canal reservado ao Supremo Tribunal Federal. Disponível em: http://www.planalto.gov.br/ccivil_03/leis/2002/L10461.htm. Acesso em: 31 maio 2020.

DOIS *IMPEACHMENTS*, DOIS ROTEIROS

2.2. Sociologia da crise: uma cronologia dos fatos

Fernando Collor chegou à Presidência isolado, com seu inexpressivo Partido da Reconstrução Nacional (PRN). Eleito por uma aliança de centro-direita, sua vitória não foi assimilada por seus adversários. Sua eleição se deu no momento em que as estruturas do período pós--autoritário entravam em declínio, em uma conjuntura de desequilíbrio político e econômico. Assim, Collor fez campanha anticorrupção e contra a elite política da época, absorvendo tanto as demandas da classe média por modernização econômica quanto as esperanças, nas suas palavras, "[d]aqueles que querem justiça social no país para poder viver condignamente".[226]

De acordo com Sérgio Abranches, politicamente, Fernando Collor não tinha uma sustentação orgânica no Congresso. Seu sucesso legislativo inicial deveu-se "mais pela conjuntura hiperinflacionária, pela inquietude e incerteza que dominavam a sociedade, e pela expectativa com o poder reformista"[227] do que pelo uso abusivo das medidas provisórias e suas sucessivas reedições em si, o que, para o autor, é um indicativo de que, no presidencialismo de coalizão brasileiro, o *apoio popular* eventualmente pode suprir a ausência de uma coalizão partidária majoritária em um primeiro momento.[228]

Todavia, há de se acrescentar a esse raciocínio, ainda, o fato de que o apoio parlamentar inicial de Collor foi favorecido por uma peculiaridade que não se pode esquecer: eleições não coincidentes para Executivo e Legislativo. Collor fora eleito em 1989 e tomou posse em março de 1990 diante de um Parlamento em fim de mandato, uma vez que os congressistas iriam se submeter às eleições apenas em outubro. Dessa forma, o Governo encontrou uma oposição de pouca intensidade, enfraquecida, o que facilitou a realização de suas pretensões.[229]

---

[226] ABRANCHES, Sérgio. *Presidencialismo de coalizão*: raízes e evolução do modelo político brasileiro. São Paulo: Companhia das Letras, 2018, p. 93 e 96.

[227] *Ibid.*, p. 97-98.

[228] Em sua passagem pela Presidência da República, Fernando Collor decretou 89 medidas provisórias, das quais 70 foram reeditadas. Ver: *Ibid.*, p. 99.

[229] SALLUM Jr., Brasilio. *O impeachment de Fernando Collor*: sociologia de uma crise. São Paulo: Editora 34, 2015, p. 395.

O *IMPEACHMENT DE FERNANDO COLLOR*

No entanto, apesar dessa conjuntura favorável que corroborou para a implantação do mais radical plano de estabilização econômica experimentado no país, Collor não logrou êxito contra a inflação, principal inimigo da época. O desconforto econômico acarretou a perda de sua popularidade. Ato contínuo, com a rejeição das ruas, perdeu a base de sua precária coalizão parlamentar. A série de denúncias de corrupção, inclusive advindas de seu próprio irmão, Pedro Collor de Mello, minou por definitivo seu apoio social e político. Para Richard Downes e Keith S. Rosenn, Collor foi "capaz de acreditar que poderia simultaneamente denunciar a corrupção, praticá-la em larga escala e, depois, de ser flagrado, esperar que a população brasileira se levantasse em sua defesa".[230-231]

Em 1º de junho de 1992, foi instalada uma Comissão Parlamentar Mista de Inquérito[232] para apurar as denúncias de Pedro Collor contra Paulo César Farias, ex-tesoureiro da campanha presidencial de Fernando Collor. A CPMI, no entanto, acabou por revelar, entre outros fatos institucionalmente promíscuos, indícios de que Collor teria transferido seus recursos financeiros para evitar o confisco determinado pelo Plano Econômico. No dia 24 de agosto, foi efetuada a leitura do relatório final da CPMI, pelo senador Amir Lando. A leitura durou cerca de 6 horas e foi transmitida, quase na íntegra, pela TV Globo. No dia 26 de agosto, o relatório foi aprovado por 16 votos contra 5.[233]

---

[230] DOWNES, Richard; ROSENN, Keith S. A queda de Collor: uma perspectiva comparada. *In*: ROSENN, Keith S.; DOWNES, Richard (Org.). *Corrupção e reforma política no Brasil*: o impacto do impeachment de Collor. Tradução: Roberto Grey. Rio de Janeiro: FGV, 2000. p. 195-218, p. 200.

[231] Para Thomas Skidmore, Fernando Collor possuía uma personalidade política esquizofrênica: em parte herdeiro do antiquado coronelismo nordestino, acostumado a mandar e avesso a concessões; por outro lado, dinâmico e jovem, representante de um Brasil moderno. Ver: SKIDMORE, Thomas. A queda de Collor: uma perspectiva histórica. In: ROSENN, Keith S.; DOWNES, Richard (Org.). *Corrupção e reforma política no Brasil: o impacto do impeachment de Collor*. Tradução: Roberto Grey. Rio de Janeiro: FGV, 2000, p. 26, 35-36.

[232] Para estudo da CPMI, com detalhes acerca de todas as etapas da tramitação: BRASIL. Senado Federal. Requerimento (CN) 52, 1992. Requer a criação de CPMI – Esquema PC Farias. Brasília: Senado Federal, 1992. Disponível em: https://www25.senado.leg.br/web/atividade/materias/-/materia/33818. Acesso em: 31 maio 2020.

[233] SALLUM Jr., Brasilio. *O impeachment de Fernando Collor*: sociologia de uma crise. São Paulo: Editora 34, 2015, p. 314-315.

DOIS *IMPEACHMENTS*, DOIS ROTEIROS

Não obstante o cenário negativo, as esperanças de Fernando Collor e seus advogados ancoravam-se na benevolência do Supremo Tribunal Federal, uma vez que uma tentativa de impedir seu antecessor havia sido rejeitada pelo Tribunal dois anos e meio antes, precisamente em 9 de fevereiro de 1990. Na ocasião, o STF, ao apreciar o MS 20.941 envolvendo pedido de *impeachment* do presidente José Sarney, consignou o entendimento de que a Lei 1.079, de 10 de abril de 1950, que define os crimes de responsabilidade e o procedimento do *impeachment*, não houvera sido recepcionada pela Constituição de 1988. Essa decisão permaneceu inédita, sem publicação oficial, até os advogados de Collor tentarem se valer do argumento, com o intuito de que prevalecesse o voto secreto previsto no Regimento Interno da Câmara.[234]

Porém, em 27 de agosto, um dia após aprovação do relatório da CPMI, o Supremo Tribunal Federal, em votação unânime, designou o ministro Sepúlveda Pertence para redigir um novo acordão, em substituição ao anterior, que fora redigido pelo ex-ministro Aldir Passarinho, que não consignara a recepção da Lei 1.079. A nova redação esclareceu que a Lei 1.079/50, na parte relativa ao procedimento do *impeachment*, foi recepcionada pela Constituição de 1988 e, ainda, resguardou ao STF o exame da legalidade formal do procedimento, vencendo o limite do controle judicial no processo de *impeachment*, e rejeitando o argumento de que o processo era exclusivamente político.

Essa súbita alteração de entendimento foi justificada pelo então presidente do Tribunal, Sydney Sanches, que relatou que o acordão já havia sido redigido pelo relator original, ministro Aldir Passarinho, que, no entanto, não o publicou porque não dispunha da transcrição de todos os votos. Com sua aposentadoria e a transcrição dos votos de todos os demais ministros, o STF, por unanimidade, reescreveu e publicou um novo acordão – talvez o principal movimento para a narrativa e o desfecho do *impeachment* de Collor, sinalizando uma mudança considerável de

---

[234] BRASIL. Supremo Tribunal Federal. *Mandado de Segurança 20.941*. Impetrante: José Ignácio Ferreira e outros. Relator: ministro Aldir Passarinho. Brasília, 12 de abril de 1989. Disponível em: http://portal.stf.jus.br/processos/detalhe.asp?incidente=1487388. Acesso em: 31 maio 2020.

O *IMPEACHMENT DE FERNANDO COLLOR*

posição no Supremo Tribunal Federal. O caminho do *impeachment* estava pavimentado.[235-236]

Cinco dias depois de o STF validar a Lei 1.079/50, no dia 1º de setembro, o presidente da Ordem dos Advogados do Brasil (OAB) – Marcelo Lavenère Machado – e o presidente da Associação Brasileira de Imprensa (ABI) – Barbosa Lima Sobrinho – entregam o pedido formal de *impeachment* ao presidente da Câmara, deputado Ibsen Pinheiro (PMDB/RS). O pedido havia sido preparado, ainda em agosto, por um grupo advogados, entre eles: Raymundo Faoro; Clóvis Ramalhete; Márcio Thomas Bastos (que viria a ser ministro da justiça no governo Lula); Miguel Reale Júnior (que viria ser autor do *impeachment* de Dilma); Evandro Lins e Silva; José Carlos Dias; José Eduardo Farias; Dalmo Dallari; Eduardo Seabra Fagundes; Sergio Bermudes e Antonio Carlos de Almeida Castro.[237]

Uma semana depois, no dia 08 de setembro, Ibsen Pinheiro notificou o presidente Fernando Collor sobre a denúncia oferecida contra ele por prática de crimes de responsabilidade, definindo, também, o rito processual a ser adotado pela Câmara dos Deputados para a concessão ou não de

---

[235] Para um estudo detalhado dessa intrigante passagem da história político-jurídica do Supremo Tribunal Federal, ver: ABRANCHES, Sérgio. *Presidencialismo de coalizão:* raízes e evolução do modelo político brasileiro. São Paulo: Companhia das Letras, 2018, p. 124-125; DOWNES, Richard; ROSENN, Keith S. A queda de Collor: uma perspectiva comparada. *In*: ROSENN, Keith S.; DOWNES, Richard (Org.). *Corrupção e reforma política no Brasil:* o impacto do impeachment de Collor. Tradução: Roberto Grey. Rio de Janeiro: FGV, 2000. p. 195-218, p. 198-199; SALLUM Jr., Brasilio. *O impeachment de Fernando Collor:* sociologia de uma crise. São Paulo: Editora 34, 2015, p. 328-329; BROSSARD, Paulo. *O impeachment:* aspectos da responsabilidade política do Presidente da República. 2. ed., ampl. e rev. São Paulo: Saraiva, 1992, p. 9, item 8e; SOUZA, Josias de; SOUZA, Gutemberg de; DANTAS. Edna. Ibsen quer adotar voto aberto na Câmara. *Folha de São Paulo*, São Paulo, 29 de ago. de 1992, Primeiro Caderno, Brasil, p. 1-8. Disponível em: https://acervo.folha.com.br/leitor. do?numero=11800&anchor=4791121&origem=busca&pd=f98431bd15600d463784fb1f b90a04bb. Acesso em: 31 maio 2020.

[236] Em seu voto no MS 21.564, p.19, item 14, o ministro Paulo Brossard mencionou que o ministro Aldir Passarinho havia enviado uma carta ao então presidente do STF, ministro Sydney Sanches, explicitando que a *revogação* da Lei 1.079/50 não correspondia ao seu pensamento, como uma forma de pacificar o quiproquó.

[237] Para Brasilio Sallum Jr., a adesão da classe média profissional ao *impeachment* de Fernando Collor representou não só a continuidade do engajamento iniciado com a democratização como, também, uma reiteração e requalificação do movimento pela democratização do país. (SALLUM Jr., Brasilio. Ob. Cit., p. 340-341).

DOIS *IMPEACHMENTS*, DOIS ROTEIROS

licença para seu julgamento pelo Senado. Como era de se esperar, dada a mudança de posição do STF, as definições procedimentais se apoiaram na Constituição, na Lei 1.079/50 e no Regimento Interno da Câmara, seguindo um "rito sumário": (i) Collor teria até às 19 horas do dia 15 de setembro, o equivalente a cinco sessões da Câmara, para apresentar sua defesa à Comissão Especial; (ii) após a aprovação do Parecer pela Comissão, no prazo de sete sessões, a matéria iria ao exame do Plenário; (iii) os votos seriam nominais e abertos.[238]

Inconformado, Collor vociferou, alegando que se tratava de um "golpe" que feria a democracia e que não estaria "garantido o direito de defesa, princípio elementar em uma sociedade civilizada"[239]. O primeiro grande embate entre Legislativo e Executivo na Nova República acabaria mediado pelo Judiciário. A defesa de Collor impetrou o MS 21.564, contestando o rito sumário de votação, o exíguo prazo de defesa e o voto nominal e aberto.

2.3. O papel do Supremo Tribunal Federal no *impeachment* de Collor: o MS 21.564/DF

No dia 10 de setembro, com o MS 21.564 sob a relatoria do ministro Octavio Gallotti, o Plenário do Supremo Tribunal Federal concedeu medida cautelar ao presidente Fernando Collor: determinou que o prazo para defesa fosse de dez sessões e não de cinco sessões, como inicialmente a Câmara havia previsto, o que adiava o prazo final para a apresentação da defesa do dia 15 para o dia 22 de setembro. De certa forma, a decisão atendia às duas partes: a oposição comemorou a manutenção do procedimento em relação às demais decisões estipuladas pelo presidente da Câmara, e os governistas mantiveram a esperança com o aumento do prazo de defesa.

Porém, no dia 14 de setembro, o presidente do Supremo Tribunal Federal, ministro Sydney Sanches, confirmando os sinais de mudança de

---

[238] IBSEN dá prazo para Collor se defender. *Folha de São Paulo*, São Paulo, 9 de setembro de 1992, Primeiro Caderno, Brasil, p. 1-6. Disponível em: https://acervo.folha.com.br/leitor. do?numero=11811&anchor=4762418&origem=busca&pd=d694a39a7201ccc7c3fba037b bcfac6f. Acesso em: 9 jul. 2020.

[239] DIMENSTEIN, Gilberto; MARQUES, Marcia. Ibsen tenta dar um 'golpe', diz Collor. *Folha de São Paulo*, São Paulo, 9 de setembro de 1992, Primeiro Caderno, Brasil, p. 1-7. Disponível em: https://acervo.folha.com.br/leitor.do?numero=11811&anchor=4762418&origem=bus ca&pd=d694a39a7201ccc7c3fba037bbcfac6f. Acesso em: 31 maio 2020.

O *IMPEACHMENT DE FERNANDO COLLOR*

visão da Corte, marcou o julgamento do mérito do MS 21.564 para o dia 23 de setembro, um dia após o prazo final para apresentação da defesa de Collor. Na prática, o poder de agenda do presidente do STF permitiu que o cronograma definido por Ibsen Pinheiro prevalecesse até o exaurimento do prazo de defesa do presidente, restando para o julgamento do mérito tão somente definir o caráter secreto ou não do voto.

Brasílio Sallum Jr. observa que a impressa da época noticiou indícios de um "acordo de cavalheiros" entre o presidente do STF, Sydney Sanches, o procurador-geral da República, Aristides Junqueira, e o presidente da Câmara, Ibsen Pinheiro. A intenção era uma tramitação rápida do mandado de segurança, bem como manutenção do rito sumário, desobrigando a Comissão Especial da Câmara de ouvir testemunhas e realizar diligências, sob o risco de frustrar o plano da oposição de realizar a votação no Plenário da Câmara antes das eleições municipais previstas para o dia 3 de outubro – nas quais vários deputados seriam candidatos – como forma de ampliar o custo político de apoio ao presidente.[240]

Assim, no dia 23 de setembro, o Plenário do Supremo Tribunal Federal decidiu o mérito do MS 21.564, sem a participação dos ministros Marco Aurélio Mello e José Francisco Rezek, pois ambos afirmaram suspeição.[241] O primeiro por ser primo de Fernando Collor; o segundo, nomeado pelo ex-presidente João Figueiredo em 1983, deixou a Corte para ocupar o Ministério das Relações Exteriores (ou Itamaraty) do governo Collor, após ter atuado como presidente do Tribunal Superior Eleitoral (TSE) na eleição de 1989. Posteriormente, em maio 1992, retornou ao Supremo para ocupar a vaga de Célio Borja, que se tornara ministro da justiça.[242]

---

[240] SALLUM Jr., Brasilio. *O impeachment de Fernando Collor*: sociologia de uma crise. São Paulo: Editora 34, 2015, p. 349-354.

[241] Votaram os ministros: Octavio Gallotti (Relator); Ilmar Galvão; Carlos Velloso; Celso de Mello; Sepúlveda Pertence; Paulo Brossard; Néri da Silveira; Moreira Alves; Sydney Sanches (presidente).

[242] No auge das denúncias de corrupção, Fernando Collor dissolveu seu ministério mantendo apenas três ministros (afora os militares): Marcílio Marques Moreira (Economia), Adib Jatene (Saúde) e José Goldemberg (Educação), que foram chamados de "ministros intocáveis". Em busca de governabilidade, Collor deu início ao que se pode chamar de "parte II" de seu governo. E assim formou um ministério com a participação do PFL, PDS, PL, PTB, PRN e de grandes nomes, tais como: Célio Borja, que se aposentou do STF para assumir o Ministério da Justiça, Celso Lafer, que assumiu o Itamaraty no lugar de Francisco

DOIS *IMPEACHMENTS*, DOIS ROTEIROS

A defesa valia-se do déficit legislativo, uma vez que a Constituição de 1988 previa, literalmente, lei especial a regular as regras do processo e julgamento do *impeachment*, que, todavia, não havia sido votada.[243] Isso obrigou, como já observado em parágrafos anteriores, ao presidente da Câmara adotar um rito com fulcro na obsoleta Lei 1.079/50 e no Regimento Interno da Casa, que, também, não estava consoante a nova Constituição. Tudo isso abriu um flanco para os advogados de defesa atacarem o procedimento, via mandado de segurança, exigindo (i) a sustação do procedimento do *impeachment*; (ii) ou, em menor amplitude, o aumento do prazo de defesa – que já havia sido concedido liminarmente – com a possibilidade de diligências e sindicâncias prévias à autorização, conforme artigo 217 do Regimento Interno da Câmara; e (iii) votação secreta.

A discussão travada no Supremo pelos noves ministros presentes à sessão foi relativamente homogênea em relação aos argumentos. Dentre os nove votos, apenas o ministro Paulo Brossard consignou uma posição dissonante, que, como veremos, paradoxalmente, não resultou tão desarmônica assim. Monografista no assunto desde 1965[244], Paulo

Rezek, Jorge Bornhausen (Governo), Sérgio Rouanet (Cultura) e Eliezer Batista (Secretaria de Assuntos Estratégicos), que juntamente com Marcílio Marques Moreira e Adib Jatene formaram o que a impressa da época denominou de "Ministério dos Notáveis". Nesse rearranjo Rezek voltou ao Supremo Tribunal Federal do qual abrira mão dois anos antes. A nova composição dos ministérios, com nomes de renome, inclusive no meio acadêmico, de certa forma permitiu que Collor mantivesse o mínimo de estabilidade em sua agenda em meio às denúncias e às expectativas da abertura do processo de *impeachment*, a ponto de comandar a Conferência das Nações Unidas sobre o Meio Ambiente e o Desenvolvimento, também conhecida como Eco-92, em meio às turbulências políticas. Ver: CÉLIO Borja cuidará da ordem jurídica. *O Globo,* Rio de Janeiro, 1º de abril de 1992, Primeiro Caderno, O país, p. 8. Disponível em: https://acervo.oglobo.globo.com/consulta-ao-acervo/?navegacaoPorD ata=199019920401. Acesso em: 31 maio 2020.; NOVA equipe é bem diferente da que subiu a rampa em 1990. *O Globo,* Rio de Janeiro, 10 de abril de 1992, Primeiro Caderno, O país, p. 4. Disponível em: https://acervo.oglobo.globo.com/consulta-ao-acervo/?navegacaoPor Data=199019920410. Acesso em: 31 maio 2020.; PRESIDENTE, indica Rezek para cargo vitalício no Supremo. *O Globo,* Rio de Janeiro, 16 de abril de 1992, Primeiro Caderno, O país, p. 5. Disponível em: https://acervo.oglobo.globo.com/consulta-ao-acervo/?navegaca oPorData=199019920416. Acesso em: 31 maio 2020.

[243] O mesmo problema viria a aparecer na judicialização do processo de *impeachment* da presidente Dilma Rousseff.

[244] BROSSARD, Paulo. *O impeachment:* aspectos da responsabilidade política do Presidente da República. 2. ed., ampl. e rev. São Paulo: Saraiva, 1992.

O *IMPEACHMENT DE FERNANDO COLLOR*

Brossard era convicto de que o *impeachment* era um processo político que começava e terminava no âmbito do Poder Legislativo, não por ser uma questão puramente política, uma vez que o instituto guarda uma feição jurídica, mas porque a Constituição assim o quis. Dessa forma, para ele, faltava jurisdição ao Supremo Tribunal Federal para conhecer questões envolvendo o processo de *impeachment*, pois se tratava de uma jurisdição extraordinária conferida, expressamente, ao Congresso Nacional pela lei das leis. Seu pensamento guardava coerência com a clássica Teoria da Separação de Poderes:

> [...] hoje, mais do que ontem, estou convencido de que o STF não deve interferir em assuntos da competência privativa do Congresso Nacional, agora da Câmara, depois do Senado, da mesma forma que ao Congresso não cabe introduzir-se nas decisões do Supremo [...]. Cada poder tem sua área própria de atuação, da qual decorre a regra segundo a qual a ele, e só a ele, compete dispor. Tenho como sacrilégio a interferência do Poder Judiciário na intimidade de outro Poder [...] A Corte está em face de um caso que bem demonstra que o princípio da separação dos poderes e sua harmonia não é uma ficção, nem um preceito meramente acadêmico; a situação que se nos depara indica vivamente que há áreas privativas do Poder Legislativo, embora as atribuições não sejam de caráter legislativo; o processo do impeachment, todo ele, é confiado à jurisdição constitucional do Congresso, primeiro na Câmara, depois no Senado, que a respeito tem a palavra final, irrecorrível e definitiva.[245]

Mas os argumentos de Paulo Brossard não sensibilizaram os demais ministros. Adotar uma separação tripartite de Poderes em Legislativo, Judiciário e Executivo, ao modelo de Montesquieu, seria privar o STF do conhecimento de eventual lesão a direitos individuais e da análise formal do procedimento no bojo do processo de *impeachment*, o que resultaria, respectivamente, em um modelo que não expressaria adequadamente toda a complexidade contemporânea, bem como significaria redução do poder conferido ao Supremo Tribunal Federal pela própria Constituição: o de árbitro nos litígios que contraponham os Poderes da República,

---

[245] P. 1, 17-18 do voto do ministro Paulo no MS 21.564.

DOIS *IMPEACHMENTS*, DOIS ROTEIROS

pela *apreciação emergencial* de atos do Executivo ou Legislativo; como no presente caso.

Assim, o ministro relator, Octavio Gallotti, partiu em seu voto do exame da alegada derrogação da Lei 1.079 pela Emenda Constitucional 4, que implantara o parlamentarismo às pressas, em 1961, às vésperas da posse de João Goulart. Gallotti refutou a alegação sob o argumento que a Emenda Constitucional 6, de 1963, oriunda de um referendo sobre a continuação ou não do parlamentarismo no país, reestabeleceu o sistema presidencialista, produzindo a repristinação de eventuais normas revogadas. E, em seguida, tomando rumo que seria observado, na sua totalidade, apenas por Ilmar Galvão e Moreira Alves, argumentou que a Lei 1.079 não foi recepcionada no tocante ao direito de defesa perante a Câmara dos Deputados e que, dessa forma, aplicar-se-ia, por analogia, integralmente, o rito previsto no artigo 217 do Regimento Interno da Câmara, que, todavia, disciplinava a autorização de processo por crime comum contra o presidente. Afora isso, esse entendimento já havia sido aplicado, parcialmente, em relação à ampliação do prazo de defesa para dez sessões, no juízo liminar anterior. A adoção integral do rito do artigo 217 pouco ajudaria, abriria a possibilidade de a Comissão Especial da Câmara realizar diligências e ouvir testemunhas, antes da votação do Parecer no Plenário; porém, eram providências discricionárias por parte da Comissão, e não obrigatórias.

Gallotti, ainda, manifestou-se a favor do voto aberto, seguido por todos os demais ministros, exceto Moreira Alves. De fato, a Constituição de 1946 não previa o voto secreto para o *impeachment* (art. 43[246]); em harmonia, a Lei 1.079/50 estabelecia literalmente o voto nominal (art. 23[247]); era consenso na Corte que o voto secreto era exceção na Constituição de 1988, ocorrendo apenas em casos expressos (art. 52, III, IV, XI[248]).

---

[246] CF/46. "Art. 43 O voto será secreto nas eleições e nos casos estabelecidos nos arts. 45, § 2º, 63, nº i, 66, nº VIII, 70, § 3, 211 e 213".

[247] Lei 1.079/50. "Art. 23. Encerrada a discussão do parecer, será o mesmo submetido a votação nominal, não sendo permitidas, então, questões de ordem, nem encaminhamento de votação".

[248] CF/88. "Art. 52. Compete privativamente ao Senado Federal:[...] II – aprovar previamente, por voto secreto, após arguição pública, a escolha de: [...] IV – aprovar previamente, por voto secreto, após arguição em sessão secreta, a escolha dos chefes de missão diplomática de caráter permanente; [...] XI – aprovar, por maioria absoluta e por voto secreto, a exoneração, de ofício, do Procurador-Geral da República antes do término de seu mandato;".

O *IMPEACHMENT DE FERNANDO COLLOR*

Desse modo, simultaneamente aos trabalhos da Comissão Especial e sem maiores polêmicas – ademais, o prazo para apresentação da defesa de Collor terminara no dia anterior – o Supremo Tribunal Federal julgou quanto ao mérito o MS 21.564, confirmando a liminar que aumentara o prazo de defesa. Por oito votos a um, decidiu em favor do voto aberto na autorização da Câmara sobre a abertura do processo de *impeachment* e, por seis votos a três, validou o rito sumário definido por Ibsen Pinheiro, desobrigando a Comissão de ouvir testemunhas e realizar diligências, o que tornou bastante célere ao menos essa etapa do processo. Encerrava-se assim a primeira sessão televisionada da história do STF.

De certo modo, a defesa de Fernando Collor facilitou o consenso, pois deteve-se a pormenores óbvios, como a alegação de que a denúncia não deveria ter sido dirigida ao presidente da Câmara e sim ao do Senado e a derrogação da Lei 1.079 pela emenda constitucional que implantara o parlamentarismo. Além disso, efetuou pedidos demasiadamente genéricos, por exemplo: a observância do devido processo legal contido no artigo 217 do Regimento Interno, sem um pedido específico para que a Comissão apreciasse suas provas; facilitou o deferimento da segurança, tão somente, em relação à ampliação do prazo de defesa e, ainda assim, sob a forma de uma liminar satisfativa. Com efeito, abriu caminho para o STF apenas confirmar por inércia a medida no Plenário, como de fato ocorreu. Na hipótese de deferimento pelo Supremo, Fernando Collor ganharia alguns dias, atrapalhando, talvez, o plano dos deputados de votar a autorização do *impeachment* antes das eleições do dia 3 de outubro.

Desta sorte, a manifestação da Corte deixou claro que o papel da Câmara no processo de *impeachment* se restringia à admissibilidade da acusação, a partir de um juízo político. Por sua vez, ao Senado cabia o recebimento ou não da denúncia, a instauração do processo e o julgamento do presidente. Para além de tais conclusões, os votos que ousaram abordar com mais densidade temas como se a autorização do processo de *impeachment* pela Câmara acarreta o afastamento automático do presidente, e se o Senado está vinculado à autorização da Câmara, devendo, portanto, instaurar obrigatoriamente o processo de *impeachment*, fizeram-no apenas como argumentos jurídicos para afirmar a recepção da Lei 1.079/50 pela Constituição de 1988, uma vez que não estavam em causa.

Havia razões para dúvidas. As constituições republicanas – de 1946, de 1967 e a EC 1/69 – incumbiam a Câmara dos Deputados de não

DOIS *IMPEACHMENTS*, DOIS ROTEIROS

só autorizar como processar o presidente da República, enquanto ao Senado competia julgá-lo. A Constituição de 1988 alterou e simplificou o processo de *impeachment* na fase da Câmara dos Deputados, que passou apenas a ter competência para autorizar a instauração de processo contra o presidente.[249] O Senado passou, então, a receber, admitir, processar e julgar a denúncia. Além disso, o texto constitucional não é claro quanto ao momento do afastamento do presidente, como o é na hipótese de crime comum. Nesse caso, admitida a acusação pela Câmara, o presidente será afastado se recebida a denúncia pelo Supremo.[250]

O ministro Celso de Mello foi o mais enfático quanto ao assunto. Reconheceu que a decisão da Câmara era uma autorização que configurava típico requisito de procedibilidade, porém vinculando o Senado à instauração do processo. Citando renomados exegetas constitucionais como José Afonso da Silva e Alcino Pinto Falcão, além do próprio ministro Paulo Brossard, assinalou em seu voto:

> Quando o texto do art. 86 diz que, admitida a acusação por dois terços da Câmara, será o Presidente submetido a julgamento perante o Senado Federal nos crimes de responsabilidade, não deixa a este possibilidade de emitir juízo de conveniência de instaurar ou não o processo, pois que esse juízo de admissibilidade refoge à sua competência e já fora feito por quem cabia. Instaurado o processo, a primeira consequência será a suspensão do Presidente de suas funções (art. 86, § 1º, I).[251]

Em todo caso, sem uma posição definida pelo Supremo, esses e outros dilemas foram sanados pelo Poder Legislativo no decorrer do processo. Um dia depois da decisão do STF, em 24 de setembro, a Comissão Especial da

---

[249] "Art. 51. Compete privativamente à Câmara dos Deputados: I – autorizar, por dois terços de seus membros, a instauração de processo contra o Presidente e o Vice-Presidente da República e os Ministros de Estado;".

[250] "Art. 86. Admitida a acusação contra o Presidente da República, por dois terços da Câmara dos Deputados, será ele submetido a julgamento perante o Supremo Tribunal Federal, nas infrações penais comuns, ou perante o Senado Federal, nos crimes de responsabilidade. § 1º O Presidente ficará suspenso de suas funções: I – nas infrações penais comuns, se recebida a denúncia ou queixa-crime pelo Supremo Tribunal Federal; II – nos crimes de responsabilidade, após a instauração do processo pelo Senado Federal".

[251] P. 17 do voto do ministro Celso de Mello no MS 21.564.

O IMPEACHMENT DE FERNANDO COLLOR

Câmara aprovou, por 32 votos a favor, 1 contra e 15 ausências, o parecer do relator, deputado Nelson Jobim, que acolhia a denúncia e admitia a acusação contra Fernando Collor. A Comissão era composta por 49 deputados, indicados pelos Líderes do Partidos e Blocos, formando chapa única e eleita por aclamação.[252] Cinco dias depois, 29 de setembro, a Câmara decidiu, por 441 votos favoráveis, 38 contrários, uma abstenção e 23 ausências, autorizar a instauração do processo de *impeachment*. A votação no Plenário ocorreu em ordem nominal e alfabética, independentemente do Estado de origem do parlamentar. Assim explicou Ibsen Pinheiro:

[...] Por estas razões – tradição, segurança e legalidade – a votação se fará por chamada nominal. (Palmas.) Entende a Mesa que este processo não tem qualquer possibilidade de influência ou de interferência na vontade do Plenário. O processo não é favorável nem contrário a ninguém. Para maior segurança de que não move na decisão da Presidência qualquer intenção de interferir, a Mesa determina que a chamada se faça por ordem alfabética, uma das melhores tradições do Congresso Constituinte.[253]

No dia seguinte, 30 de setembro, o presidente do Senado Federal, Mauro Benevides (PMDB-CE), foi comunicado oficialmente da decisão da Câmara, recebendo todos documentos relativos ao processo. No mesmo dia, efetuou-se a leitura do ofício e, ato contínuo, a eleição da Comissão Especial, "processada através de chapa única, em consonância com as indicações das lideranças partidárias com assento no Senado Federal, obedecida a proporcionalidade dos Partidos políticos, de maneira a dela participarem todos os referidos Partidos".[254] Na mesma sessão, o senador

---

[252] BRASIL. Câmara dos Deputados. *Ata da 127ª sessão extraordinária, de 3 de setembro de 1992*. Diário do Congresso Nacional (seção I), ano XLVII, n. 144. p. 20.155. Disponível em: http://imagem.camara.gov.br/Imagem/d/pdf/DCD04SET1992.pdf#page=>.. Acesso em: 31 maio 2020.

[253] BRASIL. Câmara dos Deputados. *Ata da 144ª sessão extraordinária, de 29 de setembro de 1992*. Diário do Congresso Nacional (seção I), ano XLVII, nº 160. p. 22.022. Disponível em: http://imagem.camara.gov.br/Imagem/d/pdf/DCD29SET1992.pdf#page=>.. Acesso em: 31 maio 2020.

[254] BRASIL. Senado Federal. *Ata da 193ª sessão extraordinária, de 30 de setembro de 1992*. Diário do Congresso Nacional (seção II), ano XLVII, n. 163. p. 7.859. Disponível em: https://legis.senado.leg.br/diarios/BuscaDiario?codDiario=20238#diario. Acesso em: 31 maio 2020.

José Fogaça (PMDB/RS) indagou se a eleição da Comissão configurava a instauração efetiva do processo que determinaria o afastamento do presidente da República ou se ainda se fazia necessário o acolhimento da denúncia. Então, Mauro Benevides esclareceu: "Há o entendimento da Mesa de que somente com a citação do Senhor Presidente da República [...] caracterizar-se-ia a instauração do processo".[255]

Isto é, naquele momento, a Mesa do Senado tinha a ideia de que, após a autorização da Câmara, a instauração do processo de *impeachment* se aperfeiçoava com a citação do presidente. Assim, talvez pela crônica da crise ou o pífio apoio parlamentar – a votação na Câmara foi quase unânime; além do mais, os fatos já eram conhecidos, em virtude da CPMI – a compreensão "tácita" era de que a decisão da Câmara "vinculava" o Senado. Na realidade, a notificação somente não ocorreu de imediato, logo após a notificação do Senado pela Câmara, por minudências do vice-presidente Itamar Franco, que negociou com Mauro Benevides o adiamento de sua posse interina – alegava que não gostaria de parecer afoito ou ansioso pelo poder, relata Brasilio Salum Jr.[256] Uma semana antes, o Supremo Tribunal Federal se esquivara dessas questões.

De qualquer forma, em 1º de outubro, o Parecer 302, da Comissão Especial, admitindo e autorizando a instauração do processo de *impeachment*, foi aprovado em votação simbólica pelo Senado. A bem da verdade, o Parecer era para ter sido apreciado no dia anterior, dia do recebimento do ofício da Câmara; todavia, não se alcançou o número mínimo de assinaturas (54) para aprovar o regime de urgência, que só se viabilizou na sessão seguinte.[257] Nesse mesmo dia, surgiu uma nova dúvida: a citação do presidente Fernando Collor seria assinada apenas pela Mesa do Senado

---

[255] *Ibid.*, p. 7.862.

[256] Para essa passagem da posse interina de Itamar Franco, ver: SALLUM Jr., Brasilio. *O impeachment de Fernando Collor*: sociologia de uma crise. São Paulo: Editora 34, 2015, p. 388.; ABRANCHES, Sérgio. *Presidencialismo de coalizão*: raízes e evolução do modelo político brasileiro. São Paulo: Companhia das Letras, 2018, p. 137.

[257] BRASIL. Senado Federal. *Ata da 193ª sessão extraordinária, de 30 de setembro de 1992*. Diário do Congresso Nacional (seção II), ano XLVII, n. 163. p. 7.881. Disponível em: https://legis. senado.leg.br/diarios/BuscaDiario?codDiario=20238#diario. Acesso em: 31 maio 2020.; BRASIL. Senado Federal. *Ata da 194ª sessão extraordinária, de 1º de outubro de 1992*. Diário do Congresso Nacional (seção II), ano XLVII, n. 164. p. 7.896 e 7.901. Disponível em: https:// legis.senado.leg.br/diarios/BuscaDiario?codDiario=6430#diario. Acesso em: 31 maio 2020.

Federal ou deveria incluir a assinatura do presidente do Supremo Tribunal Federal, ministro Sydney Sanches, a fim de evitar questionamentos acerca da validade e abertura do processo de impeachment? Mauro Benevides, então, deixou a cadeira da presidência para se reunir com o ministro Sydney Sanches, que havia acabado de chegar ao Senado. Ao retornar à presidência, esclareceu:

> O Sr. Ministro Sydney Sanches, por força de dispositivo legal, assumiu a presidência do processo e haverá de conduzi-lo até o seu término, já que é assim que preceituam a Constituição, a Lei nº 1.079 e o Regimento Interno do Senado Federal. Desejo comunicar aos Srs. Senadores e ao próprio povo brasileiro que o Senhor Presidente da República, em razão da decisão do Senado Federal, receberá, firmada pelo Ministro Sydney Sanches, Presidente do processo, e por mim, Presidente do Senado, às 10 horas da manhã [dia 02.10], no Palácio do Planalto, através do Senador Dirceu Carneiro, acompanhado de dois dos seus colegas desta Casa, a notificação, em função da qual ocorrerá o seu afastamento das funções do cargo de Presidente da República. Simultaneamente, far-se-á a comunicação ao Sr. Vice-Presidente da República, o ex-Senador Itamar Franco, para que S. Ex.ª se invista, imediatamente, na Presidência da República, a fim de que não ocorra a vacância do cargo de Primeiro mandatário do País. Toda a processualística foi adotada dentro de um roteiro estabelecido pelo Ministro Sydney Sanches.[258]

Sydney Sanches, com a cooperação do ministro Celso de Mello, havia rascunhado um roteiro para a tramitação do processo de *impeachment*, uma vez que lhe cabia presidi-lo até o seu término. Esse rito procedimental – programado a partir da Constituição de 1988 e da Lei 1.079/50 – fora ainda submetido, em sessão administrativa, à aprovação do Supremo Tribunal Federal. Assim, naquele dia, em sua reunião com os senadores, Sydney Sanches levou o roteiro pronto e pronunciou: "se esse roteiro for o seguido, eu prometo aos senhores, eu estou certo, estou convencido de que o Supremo não derrubará nenhuma decisão em mandado de segurança". Por fim, a Mesa do Senado aprovou o roteiro sugerido, sem

---

[258] BRASIL. Senado Federal. *Ata da 194ª sessão extraordinária, de 1º de outubro de 1992.* Diário do Congresso Nacional (seção II), ano XLVII, n. 164. p. 7.904 e 7.913. Disponível em: https://legis.senado.leg.br/diarios/BuscaDiario?codDiario=6430#diario. Acesso em: 31 maio 2020.

DOIS *IMPEACHMENTS*, DOIS ROTEIROS

discrepâncias. A publicação ocorreria uma semana depois, no Diário do Congresso do dia 8 de outubro.[259-260]

Em 30 de dezembro, o Senado proferiu sua sentença condenando o presidente Fernando Collor por 76 votos a 3, o que resultou em sua inabilitação por 8 anos, para o exercício de função pública; a despeito de sua renúncia, que prejudicou a pena de perda do cargo.[261] O *impeachment* seguiu esse rito derivado da arbitragem do Supremo Tribunal Federal. Ao todo, o processo de *impeachment* de Fernando Collor durou 120 dias. Na Câmara, o processo tramitou por 28 dias. O Senado recebeu a denúncia e afastou temporariamente Collor em apenas dois dias. Perdeu o mandato definitivamente 89 dias após a sua saída temporária.[262]

Em 1992, a narrativa do *impeachment* de Fernando Collor revela uma postura minimalista do STF: um Supremo prudente e afeito a reuniões administrativas. Temas como (i) a criação e composição das Comissões Especiais processantes; (ii) momento de afastamento do presidente; (iii) vinculação ou não do Senado à decisão da Câmara; e (iv) ordem de votação dos deputados, foram decifrados no ambiente próprio do

---

[259] FONTAINHA, Fernando de Castro; MATTOS, Marco Aurélio Vannucchi Leme de; SATO, Leonardo Seiichi Sasada (Org.). *História oral do Supremo (1988-2013)*. Rio de Janeiro: FGV Direito Rio, 2015. (v. 5: Sydney Sanches), p. 119-120.

[260] BRASIL. Senado Federal. *Processo e Julgamento do Presidente da República. Rito Procedimental, de 8 de outubro de 1992*. Diário do Congresso Nacional (seção II), ano XLVII, n. 168. Disponível em: https://legis.senado.leg.br/diarios/BuscaDiario?codDiario=20890#diario. Acesso em: 31 maio 2020.

[261] BRASIL. Senado Federal. *Resolução 101, de 30 de dezembro de 1992*. Diário do Congresso Nacional (seção II), ano XLVII, n. 223. Disponível em: https://legis.senado.leg.br/diarios/BuscaDiario?codDiario=19906#diario. Acesso em: 31 maio 2020.

[262] Para o cálculo do número de dias de tramitação do processo de *impeachment* de Fernando Collor foram considerados os marcos temporais pesquisados e apresentados pelo presente estudo, assim entre o pedido formal de *impeachment* – 1º de setembro de 1992 – e a votação no Senado Federal – 30 de dezembro de 1992 – transcorreram 120 dias. Da mesma forma, entre o pedido formal de *impeachment* e a votação na Câmara que autorizou a instauração processo de *impeachment* – 29 setembro de 1992 – foram transcorridos 28 dias. Fernando Collor foi afastado provisoriamente em 02 de outubro de 1992 e perdeu o mandato definitivamente na data da votação do impedimento no Senado Federal, perfazendo 89 dias. Daí as diferenças nos cálculos temporais em relação aos prazos apresentados por Sérgio Abranches na obra Presidencialismo de coalizão: raízes e evolução do modelo político brasileiro, utilizada como marco teórico pela pesquisa. Ver: ABRANCHES, Sérgio. *Presidencialismo de coalizão*: raízes e evolução do modelo político brasileiro. São Paulo: Companhia das Letras, 2018, p. 353.

O *IMPEACHMENT DE FERNANDO COLLOR*

impeachment: o Parlamento. Essa é a natureza do *impeachment*, um instrumento constitucional predominantemente político, ainda que com solenidades jurídicas.

A franqueza do ministro Sepúlveda Pertence, na conclusão de seu voto, explicita e exprime o dilema político vivido pelo Supremo Tribunal Federal no julgamento do MS 21.564:

> Creio que, nessa demorada transição dos regimes constitucionais, a que as vicissitudes dos nossos últimos anos nos têm exposto, só um esforço de construção poderá preencher os vazios e resolver as perplexidades devidas à ausência das alterações legais adequadoras da Lei nº 1.079 ao novo esboço constitucional do 'impeachment'. Mas, Senhor Presidente, é óbvio que o primeiro artífice dessa construção é o Congresso Nacional, por seus órgãos dirigentes. E, no caso, se essa construção da Presidência da Câmara dos Deputados não ofende a Constituição nem a lei, cessa a legitimidade de qualquer intervenção nossa.[263]

Nesse sentido, como ressaltamos no início do item, o Supremo Tribunal Federal, paradoxalmente, ao adotar uma postura autocontida na definição do rito procedimental do *impeachment*, exerceu uma política de *self-restraint*, no termo anglo saxão. Por outro lado, firmou a convicção de que o *impeachment* não está imune ao controle judicial, refutando a ideia de ser ele um instrumento exclusivamente político, o que acabou por produzir uma decisão cujos efeitos práticos foram muito próximos do "voto vencido" de Paulo Brossard, que pregava a autonomia e liberdade funcional da Câmara, para definir o rito a ser seguido no caso. Isso tudo em um ambiente político de estabilidade democrática incipiente.

---

[263] P. 20 do voto do ministro Sepúlveda Pertence no MS 21.564.

3.
O *Impeachment* de Dilma

> Apesar das diferenças, sofro de novo com o sentimento
> de injustiça e o receio de que, mais uma vez, a democracia
> seja condenada junto comigo. E não tenho dúvida que,
> também desta vez, todos nós seremos julgados pela história.
>
> DILMA VANA ROUSSEFF

3.1. Sociologia da crise: uma cronologia dos fatos

Dilma Rousseff chegou ao seu segundo mandato após uma eleição intensamente disputada. A diferença de 3,4 milhões de votos para o segundo colocado, Aécio Neves (PSDB/MG), parecia não ser suficiente para proclamar sua vitória. Inconformado com a derrota, Aécio Neves coloca em dúvida o processo de votação. Quatro dias após o segundo turno das eleições, o PSDB ingressa no Tribunal Superior Eleitoral (TSE) com um pedido de auditoria especial para os resultados das eleições de 2014, sob o argumento de que "nas redes sociais os cidadãos brasileiros vêm expressando, de forma clara e objetiva, a descrença quanto à confiabilidade da apuração dos votos e a infalibilidade da urna eletrônica".[264]

---

[264] PSDB pede ao TSE auditoria para verificar "lisura" da eleição. *G1 Online*, 30 de outubro de 2014, às 21h21, atualizado às 21h58. Disponível em: http://g1.globo.com/politica/

DOIS *IMPEACHMENTS*, DOIS ROTEIROS

No final de 2014, com o avanço da Operação Lava Jato, das colaborações premiadas que proporcionavam revelações bombásticas e sob o jugo de três CPIs, a Petrobras reconhece, em seu balanço patrimonial, perdas de R$ 6,2 bilhões pelas práticas de corrupção sistematizadas a partir de suas diretorias. As evidências de corrupção aproximavam-se da cúpula do PT.[265] Por sua vez, os indicadores econômicos do país estavam em franca dilaceração, o que obrigou a presidente Dilma a substituir seu ministro da fazenda, Guido Mantega, pelo economista Joaquim Levy, e adotar uma política econômica austera de controle de inflação e disciplina fiscal, contrariando o discurso de sua campanha eleitoral. Era o puerpério de um novo mandato.[266]

Acusada de estelionato eleitoral, a presidente Dilma vê sua popularidade cair vertiginosamente: o Datafolha indicava uma queda de 19% na sua aprovação já na primeira semana de fevereiro de 2015. O mês ainda reservaria a Dilma a sua primeira e mais significativa derrota: em um esforço hercúleo para eleger Arlindo Chinaglia para a Presidência da Câmara dos Deputados, o PT – a despeito de ter a maior bancada – abriu mão de espaços no comando da Casa, cedendo-os aos aliados Partido Progressista (PP), Partido da República (PR)[267] e Partido Social Democrático (PSD). A estratégia não teve êxito. O resultado foi: (i) a vitória

---

noticia/2014/10/psdb-pede-ao-tse-auditoria-para-verificar-lisura-da-eleicao.html. Acesso em: 31 maio 2020.

[265] LAPORTA, Taís. Corrupção em balanço da Petrobras é avanço, mas deixa. *G1 Online*, 22 de abril de 2015, às 21h22, atualizado às 21h37. Disponível em: http://g1.globo.com/economia/noticia/2015/04/corrupcao-em-balanco-da-petrobras-e-avanco-mas-deixa-duvidas. html. Acesso em: 31 maio 2020.

[266] Alguns dados expressam a deterioração da economia: retração do PIB em 3,8%; aumento do desemprego nas regiões metropolitanas de 5,8% em fevereiro de 2015 para 8,2% em fevereiro de 2016; queda de 8% da renda real entre janeiro de 2015 e janeiro de 2016. Para uma análise detalhada, ver: PINTO, Eduardo Costa *et al. A guerra de todos contra todos:* a crise brasileira. Rio de Janeiro: Instituto de Economia – UFRJ, fev. 2017. Disponível em: https://www.ie.ufrj.br/images/IE/TDS/2017/TD_IE_006_2017_PINTO%20et%20al.pdf. Acesso em: 31 maio 2020.

[267] Em 2006, o Partido da República (PR) foi criado a partir da fusão do Partido Liberal (PL) com o Partido da Reedificação da Ordem Nacional (PRONA), como uma forma de atingirem a cláusula de barreira, posteriormente declarada inconstitucional pelo STF. A denominação Partido da República (PR) permaneceu até maio de 2019, quando, após convenção partidária, a legenda aprovou a mudança para Partido Liberal (PL).

O *IMPEACHMENT DE DILMA*

do desafeto da presidente Dilma Rousseff, o líder do PMDB, Eduardo Cunha (RJ), que foi eleito com 267 votos, contra 136 de Chinaglia, e (ii) o PT sem cargo na Mesa Diretora da Câmara, o que significava menor poder de estratégia com os pares.[268]

Eduardo Cunha mantinha boa relação com grandes empresários, o que lhe permitiu angariar recursos não somente para si como para candidatos menos conhecidos, formando uma verdadeira bancada particular. Com um patrimônio declarado de R$ 1,6 milhão, arrecadou R$ 6,8 milhões para a sua campanha para deputado federal, com doações de empresas como Bradesco, Santander, BTG Pactual, rede de shoppings Iguatemi e Líder Táxi Aéreo. Por estar Eduardo Cunha seriamente envolvido em diversas operações derivadas da Lava Jato, ter conquistado a Presidência da Câmara era um trunfo contra os avanços das investigações.[269]

Com um presidente da Câmara forte e hostil; popularidade em queda; escândalos de corrupção; manifestações da sociedade civil a favor do *impeachment*, com corte liberal e de centro-direita; divulgação midiática jamais vista no país, seja por TV, jornais ou redes sociais, o ano de 2015 foi praticamente uma sucessão de dissabores para Dilma Rousseff. Usando seu poder como presidente da Câmara, Eduardo Cunha não poupou esforços: dificultou a aprovação dos ajustes fiscais propostos pela equipe econômica, necessários para o reequilíbrio da economia; indicou parlamentares da oposição para presidir CPIs que implicavam o governo; retomou tramitação de projetos sensíveis. O grau de hostilidade chegou a tal ponto que Cunha recuperou a "PEC da Bengala"[270], em tramitação há mais de 10 anos no Congresso, para aumentar a idade de aposentadoria compulsória dos ministros do STF, de 70 para 75 anos. A manobra circunstancial visava impedir que Dilma nomeasse cinco

---

[268] ABRANCHES, Sérgio. *Presidencialismo de coalizão:* raízes e evolução do modelo político brasileiro. São Paulo: Companhia das Letras, 2018, p. 296-297.; PASSARINHO, Nathalia; MENDES, Priscila. Derrotado em eleição na Câmara, Chinaglia diz 'respeitar' decisão. *G1 Online*, 1º de fevereiro de 2015, às 22h01, atualizado às 22h35. Disponível em: http://g1.globo. com/politica/noticia/2015/02/chinaglia-diz-respeitar-decisao-e-revela-acordo-para-pt-ter--cargo.html. Acesso em: 1º jun. 2020.

[269] LEAL, Luciana Nunes. A Câmara sob as mãos de um fiel, Eduardo Cunha. *Exame Online*, 11 de fevereiro de 2015 às 7h47. Disponível em: https://exame.abril.com.br/brasil/a-camara-sob-as-maos-de-um-fiel-eduardo-cunha/. Acesso em: 1º jun. 2020.

[270] Ver passagem do item 1.2 que trata da EC 88/2015 (notas referenciais 89 a 92).

DOIS *IMPEACHMENTS*, DOIS ROTEIROS

novos ministros até ao final de seu mandato, em 2018. Foi uma derrota institucionalmente significativa para Dilma, pois ficou clara a intenção de isolar e enfraquecer sua presidência.[271]

Em meio a todo esse cenário político, Dilma enfrentava ainda ações de investigação judicial eleitoral (AIJE) e de impugnação de mandato eletivo (AIME), que ficaram conhecidas ordinariamente como "Processo de cassação da chapa Dilma-Temer". As ações foram propostas pelo PSDB em dezembro de 2014, no TSE, como mais uma demonstração da irresignação do partido em relação à derrota de Aécio Neves – a quarta consecutiva do partido para o PT. A partir de depoimentos extraídos da Operação Lava Jato, o PSDB alegava, dentre outras causas, abuso de poder econômico na campanha presidencial do PT, sob o argumento de que fora – a campanha – financiada com dinheiro oriundo de corrupção da Petrobras. Dessa forma, o fim do mandato de Dilma perpassava três caminhos: renúncia, *impeachment* ou cassação da chapa.[272]

> O cerco ao mandato da presidente se fechava. Acuada, ela [Dilma] e o PT partiram para o confronto. Eduardo Cunha parecia um adversário frágil, diante das provas abundantes de corrupção contra ele. Mas o problema era que Dilma também estava em situação de extrema fragilidade política. Entrincheirar-se em minoria não lhe daria mais que compensações subjetivas e a possibilidade de protagonizar uma narrativa forte, para manter o espírito da militância. Não se tratava mais, naquela altura, de salvar o governo perdido, e sim da luta política pela narrativa.[273]

No dia 1º de setembro, exatos 23 anos depois do pedido de *impeachment* de Collor, Hélio Pereira Bicudo, um dos fundadores do PT, juntamente

---

[271] MATTOS, Marcela. Cunha manobra, aprova PEC da Bengala e impõe derrota dupla ao governo. *Veja Online*, Política, 5 de maio de 2015, às 23h57. Disponível em: https://veja. abril.com.br/politica/cunha-manobra-aprova-pec-da-bengala-e-impoe-derrota-dupla-ao--governo/. Acesso em: 1º jun. 2020.

[272] BRASIL. Tribunal Superior Eleitoral. *Ação de Investigação Judicial Eleitoral 1.943-58*. Representante: Partido da Social Democracia Brasileira (PSDB). Relator: ministro Herman Benjamin. Brasília, 18 de dezembro de 2014. Disponível em: http://inter03.tse.jus.br/sadpPush/ExibirDadosProcessoJurisprudencia.do?nproc=194358&sgcla=AIJE&comboTribunal=tse&dataDecisao=09/06/2017. Acesso em: 1º jun. 2020.

[273] ABRANCHES, Sérgio. *Presidencialismo de coalizão*: raízes e evolução do modelo político brasileiro. São Paulo: Companhia das Letras, 2018, p. 305-306.

com a então desconhecida Janaina Conceição Paschoal, professora do Departamento de Direito Penal da Universidade de São Paulo (USP), protocolam o 21º pedido de *impeachment* contra a presidente Dilma no ano de 2015. Era o pedido mais emblemático, por conter a assinatura de um petista histórico e por se basear nas apurações, feitas pelo Tribunal de Contas da União (TCU), de irregularidades nas contas de 2014 de Dilma. As irregularidades consistiam em atrasos, por parte da União, nos repasses de valores destinados aos bancos oficiais – Caixa Econômica Federal e Banco do Brasil – para pagamento de programas sociais do governo – como Bolsa Família, seguro-desemprego, Minha Casa Minha Vida – sem autorização do Congresso Nacional, via lei orçamentária ou em lei de créditos adicionais. O procedimento gerava indiretamente um alívio momentâneo na situação fiscal das contas públicas do país, e foi denominado vulgarmente de "pedaladas fiscais".[274]

Em 17 de setembro, após ofício de Eduardo Cunha solicitando adequação do pedido de *impeachment* às regras formais da Câmara, Hélio Bicudo e Janaina Paschoal protocolam o aditamento da denúncia, incluindo como denunciante o jurista Miguel Reale Júnior. O ex-ministro da justiça do governo Fernando Henrique Cardoso havia realizado um minucioso estudo das "pedaladas fiscais", que inclusive ensejara a representação criminal da presidente Dilma Rousseff perante a Procuradoria Geral da República. A partir de então, seu trabalho embasaria também a denúncia contra Dilma Rousseff.[275]

Nesse entremeio, o Plenário da Câmara já discutia o rito do *impeachment*. Na sessão ordinária do dia 15 de setembro, o deputado Mendonça Filho (DEM/PE) apresentou Questão de Ordem (QO 105) subscrita por todos os partidos da oposição, "tendo em vista os inúmeros pedidos de *impeachment* [...] a iminência de apreciação destes pedidos por V. Exa. [Eduardo Cunha] e as diversas dúvidas existentes acerca dos procedimentos a serem

---

[274] GAMA, Júnia. Fundador do PT quer impeachment de Dilma Rousseff. *O Globo*, 1º de setembro de 2015, às 16h19, atualizado às 16h53. Disponível em: https://oglobo.globo.com/brasil/fundador-do-pt-quer-impeachment-de-dilma-rousseff-17372217. Acesso em: 1º jun. 2020.

[275] CALGARO, Fernanda; PASSARINHO, Nathalia. Filha de Bicudo entrega complemento do pedido de impeachment a Cunha. *G1 Online*, 17 de setembro de 2015, às 13h12, atualizado às 13h17. Disponível em: http://g1.globo.com/politica/noticia/2015/09/filha-de-bicudo--entrega-complemento-do-pedido-de-impeachment-cunha.html. Acesso em: 1º jun. 2020.

DOIS *IMPEACHMENTS*, DOIS ROTEIROS

aplicados em um eventual processo de *impeachment* contra a Presidente da República". As indagações formuladas abrangiam dúvidas que iam do recebimento da denúncia à renúncia da presidente, em um total de 17 páginas.[276]

Em seguida, 24 de setembro, Eduardo Cunha efetuou, no Plenário da Câmara, a leitura de sua resposta à Questão de Ordem 105, que consistia em um verdadeiro código de processamento de um "hipotético pedido de *impeachment*", com detalhamento de prazos e normatização das lacunas legais existentes entre a Constituição, a Lei 1.079 e o Regimento Interno da Câmara. Imediatamente, o deputado Wadih Damous (PT/RJ) manejou recurso contra a resposta de Cunha. Todavia, o recurso fora recebido como uma nova questão de ordem, contornando a possibilidade de votação de efeito suspensivo no Plenário. Também interpôs recurso o deputado Rubens Pereira Júnior (PC do B/MA); este, porém, sequer fora admitido, sob a alegação de preclusão da matéria.[277-278]

Como no caso de Collor, o Supremo foi acionado. Iniciava-se assim a judicialização do *impeachment* de Dilma, sem que ao menos algum pedido tivesse sido acatado pelo presidente da Câmara. Os deputados, cada qual, impetraram mandado de segurança no STF: MS 33.837[279] e MS 33.838[280], cujas respectivas relatorias ficaram a cargo dos ministros Teori Zavascki e

[276] BRASIL. Câmara dos Deputados. *Ata da 266ª sessão ordinária, de 15 de setembro de 2015.* Diário da Câmara dos Deputados, ano LXX, n. 156. p. 111-116. Disponível em: http:// imagem.camara.gov.br/Imagem/d/pdf/DCD0020150916001560000.PDF#page=. Acesso em: 31 maio 2020.

[277] BRASIL. Câmara dos Deputados. *Decisão da Presidência. Questão de Ordem 105*, de 15 de setembro de 2015. Diário da Câmara dos Deputados, ano LXX, supl. ao n. 163. Disponível em: http://imagem.camara.gov.br/Imagem/d/pdf/DCD0020150925S01630000.PDF#page=3. Acesso em: 31 maio 2020.

[278] BRASIL. Câmara dos Deputados. *Ata da 280ª sessão ordinária, de 24 de setembro de 2015.* Diário da Câmara dos Deputados, ano LXX, n. 163. p. 68-72 e 74. Disponível em: http:// imagem.camara.gov.br/Imagem/d/pdf/DCD0020150925001630000.PDF#page=. Acesso em: 31 mai. 2020.

[279] BRASIL. Supremo Tribunal Federal. *Mandado de Segurança 33.837*. Impetrante: Wadih Nemer Damous Filho. Relator: ministro Teori Zavascki. Brasília, 10 de outubro de 2015. Disponível em: http://portal.stf.jus.br/processos/detalhe.asp?incidente=4865805. Acesso em: 13 maio 2020.

[280] BRASIL. Supremo Tribunal Federal. *Mandado de Segurança 33.838*. Impetrante: Rubens Pereira e Silva Júnior. Relator: ministro Rosa Weber. Brasília, 10 de outubro de 2015.

Rosa Weber. A decisão de Cunha seria alvo ainda da Reclamação 22.124[281], ajuizada pelos deputados Paulo Teixeira (PT/SP) e Paulo Pimenta (PT/RS), distribuída também para Rosa Weber. Dessa forma, em 13 de outubro, os ministros do STF concederam simultaneamente três liminares que suspenderam a decisão do presidente da Câmara, o rito estabelecido a partir da Questão de Ordem 105 e o processamento de qualquer denúncia de crime de responsabilidade contra a presidente da República, com base no procedimento atacado. Sintomaticamente, no mesmo dia, o Partido Socialismo e Liberdade (PSOL) e o partido Rede Sustentabilidade (REDE) protocolaram, no Conselho de Ética e Decoro Parlamentar, representação com pedido de cassação do mandato de Cunha.[282]

O cerco a Eduardo Cunha começava a se fechar. Desde setembro, já havia provas de que ele e sua esposa mantinham contas bancárias na Suíça, fato que ele negou durante a CPI da Petrobras. No final de outubro de 2015, tanto a presidente Dilma quanto Eduardo Cunha estavam com os respectivos cargos sob risco. Por sua vez, Renan Calheiros, presidente do Senado, tornava-se um dos alvos das delações da Lava Jato. A situação era inusitada: os Poderes representativos do país estavam em xeque.[283]

Pela segunda vez na história, no dia 07 de outubro de 2015, o Plenário do Tribunal de Contas da União aprovou, por unanimidade, parecer prévio recomendando ao Congresso Nacional a rejeição das contas apresentadas pela presidente Dilma Rousseff, referentes ao exercício de 2014. A decisão do TCU soou auspiciosa para os defensores do afastamento da presidente. De fato, em 21 de outubro, Hélio Bicudo, Miguel Reale

---

Disponível em: http://portal.stf.jus.br/processos/detalhe.asp?incidente=4865832. Acesso em: 13 maio 2020.

[281] BRASIL. Supremo Tribunal Federal. *Reclamação 22.124*. Reclamante: Luiz Paulo Teixeira Ferreira; Paulo Roberto Severo Pimenta. Relator: ministra Rosa Weber. Brasília, 09 de outubro de 2015. Disponível em:http://portal.stf.jus.br/processos/detalhe.asp?incidente=4865761. Acesso em: 1º jun. 2020.

[282] PSOL e Rede entram com pedido de cassação de Cunha no Conselho de Ética. *Rádio Agência Online*, 13 de outubro de 2015, às 19h11. Disponível em:https://www2.camara.leg.br/camaranoticias/radio/materias/RADIOAGENCIA/498073-PSOL-E-REDE-INGRESSAM-COM-ACAO-CONTRA-CUNHA-NO-CONSELHO-DE-ETICA-DA-CAMARA.html. Acesso em: 1º jun. 2020.

[283] LIMONGI, Fernando. Impedindo Dilma. *Novos estudos Cebrap*, São Paulo, especial, p. 5-13, jun. 2017, p. 10-11.

DOIS *IMPEACHMENTS*, DOIS ROTEIROS

Jr. e Janaina Paschoal protocolaram um novo pedido de *impeachment*, acrescentando referência à decisão do TCU e incluindo as "pedaladas fiscais" do governo no ano de 2015, o que afastava as alegações de que a presidente não poderia ser responsabilizada por fatos anteriores ao seu segundo mandato.[284]

Já em novembro, passados 47 dias, as liminares concedidas por Teori Zavascki e Rosa Weber ainda não haviam ido ao Plenário do Supremo para referendo. Dentro desse interregno, em 25 de novembro, Delcídio do Amaral (PT/MS), líder do governo no Senado, tornava-se o primeiro senador a ser preso no exercício do mandato, em uma decisão hábil o suficiente para contornar o artigo 53, parágrafo 2º, da Constituição de 1988, que restringe a prisão de parlamentares aos flagrantes de crimes inafiançáveis.[285] Os fatos se sucediam rapidamente. E pairava a dúvida acerca da possibilidade jurídica de tramitação de um eventual processo de *impeachment* que *não* adotasse, como referência, o roteiro suspenso pelas liminares. Diante do impasse e do aparente bloqueio para a tramitação do *impeachment*, quatro dias após a prisão de Delcídio do Amaral, Eduardo Cunha revogou as regras estabelecidas pela Questão de Ordem 105. Mais uma vez, a narrativa do afastamento de Dilma contornava um obstáculo jurídico-institucional. O caminho para o *impeachment* estava desobstruído.[286]

Três dias depois, na tarde de 2 de dezembro de 2015, por volta de 13h45min, os três deputados petistas integrantes do Conselho Ética e Decoro Parlamentar – Zé Geraldo (PA), Leo de Brito (AC) e Valmir

[284] Ver: CALGARO, Fernanda. Oposição entrega novo pedido de impeachment de Dilma. *G1 Online*, 21 de outubro de 2015, às 10h28, atualizado às 18h16. Disponível em: http://g1.globo.com/politica/noticia/2015/10/juristas-e-oposicao-entregam-novo-pedido-de-impeachment--de-dilma.html. Acesso em: 1º jun. 2020.; CUNHA rejeita tese de impeachment de Dilma por 'pedaladas fiscais'. *Istoé Online*, A Semana, 20 de abril de 2015, às 11h51. Disponível em: https://istoe.com.br/414723_CUNHA+REJEITA+TESE+DE+IMPEACHMENT+DE+DIL MA+POR+PEDALADAS+FISCAIS/. Acesso em: 1º jun. 2020.

[285] BRASIL. Supremo Tribunal Federal. *Ação Cautelar 4.039*. Réu: Delcídio do Amaral Gomez et al. Relator: ministro Teori Zavascki. Brasília, 24 de novembro de 2015. Disponível em: http://portal.stf.jus.br/processos/detalhe.asp?incidente=4892330. Acesso em: 1º jun. 2020.

[286] PASSARINHO, Nathalia; RAMALHO, Renan. Cunha revoga decisões sobre trâmite de processo de impeachment. *G1 Online*, Política, 29 de outubro de 2015, às 14h41, atualizado às 19h05. Disponível em: http://g1.globo.com/politica/noticia/2015/10/cunha-revoga-decisoes--sobre-tramite-de-processo-de-impeachment.html. Acesso em: 1º jun. 2020.

O IMPEACHMENT DE DILMA

Prascidelli (SP) – anunciaram a decisão de votar a favor da instauração de processo ético contra Eduardo Cunha, que o levaria à perda do cargo no mais longo processo de cassação da história da Câmara, desde a criação do conselho em 2001.[287] A questão dividia o partido e o governo, que temia a deflagração do *impeachment* de Dilma. Cunha já havia ameaçado receber a denúncia, deixando claro: "se eu [Cunha] for bem tratado, pode ser que eu tenha boa vontade com o governo, mas, se não for, posso tomar minha decisão mais rápido".[288] Jaques Wagner, que, desde outubro daquele, ano ocupava a Casa Civil, ensaiava um armistício que salvaria o mandato de ambos: Dilma e Cunha.[289] Porém, tudo foi em vão. Prevaleceu a posição do presidente nacional do PT, Rui Falcão, que registrou: "nós não temos acordo com o Eduardo Cunha. O que há são relações institucionais enquanto ele presidir a Casa. O compromisso do Partido dos Trabalhadores é com a democracia. Confio em que nossos deputados, no Conselho de Ética, votem pela admissibilidade [do processo]".[290]

Horas depois do anúncio dos deputados petistas a favor da instauração de processo ético, o presidente da Câmara retaliou, admitindo o pedido de *impeachment* subscrito por Hélio Bicudo, Miguel Reale Jr. e Janaina Paschoal. Em sua conta no Twitter, Eduardo Cunha relatou que tomou a decisão "atendendo ao pedido das ruas".[291] Para Miguel Reale Jr., "não

---

[287] O processo contra Cunha foi o mais longo desde a criação do Conselho de Ética e Decoro Parlamentar. Foram 335 dias desde a representação pelo PSOL e REDE, em 13 de outubro de 2015, até a conclusão pela cassação do mandato, com a votação no Plenário da Câmara, em 12 de setembro de 2016.

[288] OPOSIÇÃO e PMDB buscam acordos para salvar mandato de Eduardo Cunha. *Época Online*, 15 de outubro de 2015, às 9h47, atualizado em 25 de outubro de 2016, às 17h12. Disponível em: https://epoca.globo.com/tempo/filtro/noticia/2015/10/oposicao-e-pmdb--buscam-acordos-para-salvar-mandato-de-eduardo-cunha.html. Acesso em: 1º jun. 2020.

[289] CUNHA negocia acordo com o governo para salvar mandato. *Folha de São Paulo*, São Paulo, 15 de outubro de 2015, Primeiro Caderno, Poder, p. A4. Disponível em: https://acervo.folha.com.br/leitor.do?numero=20378&anchor=6004652&origem=busca&pd=fa f9ad466dc4b9706840463ef72ada59. Acesso em: 1º jun. 2020.

[290] GÓIS, Fábio. Conselho de Ética: PT na Câmara decide apoiar voto contra Cunha. *Congresso em foco Online*, 2 de dezembro de 2015, às 15h12, atualizado em 3 de dezembro de 2015, às 12h45. Disponível em: https://congressoemfoco.uol.com.br/especial/noticias/ pt-na-camara-decide-votar-contra-cunha-no-conselho-de-etica/. Acesso em: 1º jul. 2020.

[291] PT se opõe a Cunha, que revida e aceita pedido de impeachment de Dilma. *Folha de São Paulo*, São Paulo, 03 de dezembro de 2015, Primeiro Caderno, Poder, p. A4. Disponível em:

DOIS *IMPEACHMENTS*, DOIS ROTEIROS

foi coincidência que Cunha tenha decidido acolher o *impeachment* no momento em que deputados do PT decidiram votar favoravelmente à sua cassação no Conselho de Ética. Foi uma chantagem explícita, mas Cunha escreveu certo por linhas tortas".[292]

No dia seguinte, 3 de dezembro, o STF receberia várias ações judiciais relacionadas ao *impeachment* de Dilma. O deputado Rubens Júnior (PC do B/MA) ingressou com mandado de segurança contra a ausência de defesa prévia à aceitação do pedido de *impeachment*. Distribuído para o decano da Corte, ministro Celso de Mello, o mandado não foi conhecido por falta de legitimidade ativa do deputado.[293] Em seguida, os deputados petistas, Paulo Pimenta (PT-RS), Paulo Teixeira (PT-SP) e Wadih Damous (PT-RJ), também impetraram mandado de segurança, porém contra o recebimento da denúncia, sob a alegação de desvio de poder. Isso porque Eduardo Cunha, como presidente da Câmara, utilizara sua competência de admitir a instauração de processo de *impeachment* como forma de impedir a apuração de seus desvios éticos. Para eles, a decisão de Cunha atingia o "âmago do presidencialismo, sistema de governo escolhido democraticamente pelo povo brasileiro". Para esse mandado de segurança, foi designado relator o ministro Gilmar Mendes. Os impetrantes tentaram desistir da ação, o que lhes foi negado. Além de indeferir a desistência, Gilmar Mendes monocraticamente denegou o pedido de liminar. Meses depois, o pedido de desistência foi homologado e o processo, extinto.[294] Entretanto, a ação mais importante impetrada nesse dia viria ser a ADPF

---

https://acervo.folha.com.br/leitor.do?numero=20427&anchor=6010009&origem=busca&pd=7e473b19785625bc0d3ab7883b675a96. Acesso em: 1º jun. 2020.

[292] BATISTA, Vera. Cunha anuncia que aceita pedido de impeachment contra a presidente Dilma. *Correio Braziliense Online*, 2 de dezembro de 2015, às 18h38, atualizado às 20h10. Disponível em: https://www.correiobraziliense.com.br/app/noticia/politica/2015/12/02/interna_politica,509014/cunha-anuncia-que-aceita-pedido-de-impeachment-contra-a--presidente-dil.shtml. Acesso em: 1º jun. 2020.

[293] BRASIL. Supremo Tribunal Federal. *Mandado de Segurança 33.920*. Impetrante: Rubens Pereira e Silva Júnior. Relator: ministro Celso de Mello. Brasília, 3 de dezembro de 2015. Disponível em: http://portal.stf.jus.br/processos/detalhe.asp?incidente=4899111. Acesso em: 1º jun. 2020.

[294] BRASIL. Supremo Tribunal Federal. *Mandado de Segurança 33.921*. Impetrante: Luiz Paulo Teixeira Ferreira. Relator: ministro Gilmar Mendes. Brasília, 3 de dezembro de 2015. Disponível em: http://portal.stf.jus.br/processos/detalhe.asp?incidente=4899328. Acesso em: 1º jun. 2020.

O *IMPEACHMENT DE DILMA*

378. Manejada pelo Partido Comunista do Brasil (PC do B), a ação provocava o STF a se manifestar sobre diversos pontos do procedimento a ser seguido no processo de *impeachment* da presidente Dilma, implicando uma verdadeira "filtragem" da Lei 1.079/50, sobre a compatibilidade de seu conteúdo com a Constituição de 1988.

Em meio a toda essa judicialização, no dia 7 de dezembro, o vice-presidente Michel Temer envia uma carta em tom de desabafo a Dilma Rousseff, lamentando-se pelo papel decorativo que lhe foi imposto nos últimos quatro anos, a despeito de todo o seu capital político. Temer listou ainda diversos episódios nos quais o PMDB foi preterido pelo governo, inclusive em relação à implementação de seu programa político-econômico "Uma Ponte para o Futuro", e concluiu: "sei que a senhora [Dilma] não tem confiança em mim e no PMDB, hoje, e não terá amanhã. Lamento, mas esta é a minha convicção". Oficializava assim a sua ruptura formal com a presidente.[295] Ao contrário do bipartidarismo americano, no qual o efeito de afastar o presidente é a posse de um Vice filiado ao mesmo partido político – ou seja, um eventual *impeachment* de Donald Trump teria como consequência instalar o vice-presidente Mike Pence, também republicano, como presidente – o presidencialismo multipartidário brasileiro permite uma atuação conspiratória mais incisiva do vice-presidente; uma vez que, além de pertencerem a partidos distintos, representam, frequentemente, facções políticas e ideológicas divergentes. O que havia ocorrido com Collor e Itamar – este, inclusive, atrasou sua posse para não se mostrar "afoito" – estava ocorrendo agora com Dilma e Temer.

No dia seguinte à carta, 8 de dezembro, a Câmara realiza a eleição da Comissão Especial incumbida de analisar o pedido de *impeachment*. Diferentemente do procedimento de Collor, alguns líderes partidários e deputados manifestaram vontade de lançar candidaturas avulsas, e, assim, concorrerem à Comissão. Na ausência de regra predefinida e sob a interpretação do presidente da Câmara, a eleição foi realizada por meio de duas chapas fechadas: a Chapa 1, com integrantes indicados pelos líderes e blocos parlamentares, nos moldes de como ocorreu no impedimento

---

[295] SÁDI, Andréia. Leia a íntegra da carta enviada pelo vice Michel Temer a Dilma. *G1 Online*, 7 de dezembro de 2015, às 23h16, atualizado em 8 de dezembro de 2015, às 10h10. Disponível em: http://g1.globo.com/politica/noticia/2015/12/leia-integra-da-carta-enviada-pelo-vice-michel-temer-dilma.html. Acesso em: 1º jun. 2020.

DOIS *IMPEACHMENTS*, DOIS ROTEIROS

de Collor; e a Chapa 2, pró-*impeachment*, denominada "Unindo o Brasil", composta por "candidaturas avulsas" de deputados que expressamente manifestaram sua vontade de integrá-la. Com votação secreta, o Plenário da Câmara elegeu a Chapa 2, por 272 votos a 199.[296]

Ainda em 08 de dezembro, o PC do B apresentou medida cautelar incidental à ADPF 378 para que a formação da Comissão Especial e a eleição de seus membros observasse: (i) a indicação pelos partidos, por meio das lideranças partidárias; (ii) o voto aberto; e (iii) a representação proporcional dos partidos, e não dos blocos partidários. O ministro relator, Edson Fachin, diante da instabilidade jurídica e da possibilidade de anulação de procedimentos possivelmente erráticos, quando do julgamento do mérito da ação, deferiu a liminar monocraticamente, suspendendo o processo de *impeachment*, porém fixando o julgamento da ADPF para o dia 16 de dezembro de 2015.

Mais uma vez, após 23 anos, diante da omissão do Poder Legislativo em adaptar a Lei 1.079 à Constituição de 1988, ou em elaborar uma nova lei com um rito juridicamente definido, o Supremo Tribunal Federal se via obrigado a arbitrar impasses entre o Executivo e o Legislativo. Não se há de negar que se trata de situação institucionalmente esperada, tendo em vista que o nosso modelo político constitucional prevê a intervenção do STF em tensões no interior do Legislativo ou entre o Legislativo-Executivo – seja por meio de mandados de segurança ou mesmo presidindo o Senado durante o julgamento do presidente por crimes de responsabilidade. Porém, igualmente verdade é que os dois impedimentos, seguidos de judicialização, revelam uma certa anomalia institucional. Além disso, ao longo dos últimos 30 anos, o sistema representativo brasileiro com seu aparato governamental não foi capaz de concluir o conjunto de grandes reformas constitucionais encetado em 1995: previdenciária[297], tributária

---

[296] BRASIL. Câmara dos Deputados. *Ata da 383ª sessão ordinária, de 8 de dezembro de 2015.* Diário do Congresso Nacional (seção I), ano LXX, n. 213. p. 70-85. Disponível em: http:// imagem.camara.gov.br/Imagem/d/pdf/DCD0020151209002130000.PDF#page=. Acesso em: 1º de jun. 2020.

[297] A reforma da Previdência já foi alvo de três emendas constitucionais. Fernando Henrique Cardoso aprovou a EC 20/98. Em sequência, Lula aprovou a reforma da Previdência do setor público por meio das ECs 41/03 e 47/05. Dilma, por sua vez, regulamentou a reforma feita por Lula e fez suas próprias mudanças no Regime Geral de Previdência. O presidente Michel Temer apresentou a Proposta de Emenda à Constituição (PEC) 287/2016, que

O *IMPEACHMENT DE DILMA*

e política[298]. Visto por esse panorama abrangente, fica claro que o STF se tornou um ator institucional relevante para a estabilização política brasileira, característica que, de certa forma, não recebe tanta atenção da literatura da ciência política, na qual predomina uma análise a partir da tradicional relação entre Executivo-Legislativo.[299] De mais a mais, como observou Alexis de Tocqueville: "quando as repúblicas americanas começarem a degenerar, creio que se poderá reconhecer facilmente esse fenômeno: bastará ver se aumenta o número dos julgamentos políticos".[300]

3.2. O papel do Supremo Tribunal Federal no *impeachment* de Dilma: a ADPF 378

No processo de impedimento de Dilma Rousseff, a provocação do Supremo Tribunal Federal por atores políticos do Congresso Nacional foi incessante, e principalmente porque incumbe ao próprio Supremo apreciar mandado de segurança contra atos da Mesa da Câmara e do Senado.[301]

---

alterava as regras do sistema previdenciário brasileiro público e privado, exceto em relação aos militares. Entretanto, a sua tramitação foi suspensa pelo governo em 2018. Por fim, Jair Bolsonaro encaminhou dois projetos: a PEC 6/2019, reformando tanto o Regime Geral quanto o Regime Próprio dos servidores públicos civis, e o Projeto de Lei (PL) 1.645/2019, alterando o Sistema de Proteção Social dos Militares das Forças Armadas, convertidos respectivamente na EC 103/2019 e na Lei nº 13.954/2019.

[298] RAMOS, Elival da Silva. *Ativismo judicial:* parâmetros dogmáticos. 2. ed. São Paulo: Saraiva, 2015, p. 303-304.

[299] Um dos poucos autores a abordar o papel fundamental do STF no equilíbrio político brasileiro é Matthew M. Taylor, ver: TAYLOR, Matthew M. O judiciário e as políticas públicas no Brasil. *Dados*, Rio de Janeiro, v. 50, n. 2, p. 229-257, 2007. Disponível em:http://www. scielo.br/scielo.php?script=sci_arttext&pid=S0011-52582007000200001&lng=en&nrm= iso. Acesso em: 1º jun. 2020; TAYLOR, Matthew M.; DA ROS, Luciano. Os partidos dentro e fora do poder: a judicialização como resultado contingente da estratégia política. *Dados*, Rio de Janeiro, v. 51, n. 4, p. 825-864, 2008. Disponível em: http://www.scielo.br/scielo. php?script=sci_arttext&pid=S0011-52582008000400002&lng=en&nrm=iso. Acesso em: 1º de jun. 2020.

[300] TOCQUEVILLE, Alexis de. *A democracia na américa*. Tradução: Neil Ribeiro da Silva. São Paulo: Folha de São Paulo, 2010, p. 103.

[301] Não devemos esquecer também que incumbe ao STF apreciar mandado de segurança de parlamentares, no seu direito individual de participar de um processo legislativo que não viole/afronte a Constituição. Essa construção jurisprudencial de 1980 ainda persiste, permitindo o controle prévio do processo legislativo do ponto de vista do parlamentar,

DOIS *IMPEACHMENTS*, DOIS ROTEIROS

Está aí uma patente diferença com relação ao *impeachment* de Collor. Neste, as provocações judiciais eram automanejedas, isto é, tratava-se de defesas em nome próprio, que foram necessárias por duas razões: (i) o isolamento político do presidente e (ii) a falta de organicidade de seu frágil partido, o PRN. Dilma, apesar de enfraquecida politicamente, tinha o sustentáculo de um partido com o maior número de cadeiras na Câmara, assim como uma militância construída no decorrer de mais de 30 anos, sem mencionar as siglas satélites de centro-esquerda. Outra evidente diferença nas intervenções judiciais de Fernando Collor são as liminares deferidas ou referendadas pelo Plenário da Corte. O Supremo à época da presidente Dilma já havia assumido sua feição monocrática, com liminares autorizadas a partir da prevalência de uma atuação individual dos ministros, conforme discutimos no item 1.3.2.

No caso da ADPF 378, o estopim da judicialização foi a eleição da Comissão Especial. Em reunião com os líderes dos partidos, o presidente da Câmara, Eduardo Cunha, definira que caberia a cada líder indicar os respectivos representantes da Comissão. Recebidas as indicações, caminhava-se para a formação de um "chapa única". No entanto, alguns deputados oposicionistas alegaram que a chapa continha muitos nomes ligados ao governo e, assim, provocaram o lançamento de um chapa avulsa, que acabou sagrando-se vencedora. O segundo ponto de controvérsia foi o modo de votação secreto. A oposição alegava que o texto da Constituição não tratava de modo expresso se o voto deveria ser secreto

como uma ação protetora de deputados e senadores, independentemente do partido. Na prática, abriu-se a cada membro do Congresso um direito de veto sobre a deliberação legislativa, que o texto constitucional concede apenas aos partidos, por meio da ADI. De resto, trata-se tanto de uma expansão da jurisdição constitucional quanto do aumento de poder do Supremo. Ver: BRASIL. Supremo Tribunal Federal. *Mandado de Segurança 20.257.* Impetrante: Itamar Augusto Cautiero Franco; Antônio Mendes Canale. Relator: ministro Décio Miranda. Brasília, 19 de agosto de 1980. Disponível em: http://portal.stf.jus.br/ processos/detalhe.asp?incidente=1450184. Acesso em: 1º jun. 2020.; BRASIL. Supremo Tribunal Federal. *Mandado de Segurança 21.648.* Impetrante: José Maria Eymael. Relator: ministro Octavio Gallotti. Brasília, 09 de fevereiro de 1993. Disponível em: http://portal.stf. jus.br/processos/detalhe.asp?incidente=1556882. Acesso em: 1º jun. 2020; ARGUELHES, Diego Werneck; RIBEIRO, Leandro Molhano. Criatura e/ou Criador: transformações do Supremo Tribunal Federal sob a Constituição de 1988. *Revista Direito GV*, v. 12, n. 02, p. 405-440, maio-ago., 2016, p. 423-426.

O IMPEACHMENT DE DILMA

ou aberto. Na ausência de um rito predefinido, Eduardo Cunha valeu-se das disposições regimentais que previam o voto secreto para a eleição da Mesa Diretora, uma vez que essa era a única Comissão na qual eram eleitos os membros[302], requisito da Lei 1.079/1950[303].

Sérgio Abranches é enfático: "o *impeachment* foi, para todos os efeitos, judicializado [...], diante da incapacidade ou recusa do Legislativo em adaptar a lei 1079 de 1950, que regulamenta o *impeachment* do presidente da República por crimes de responsabilidade, à Constituição de 1988".[304] De fato, a falta de uma lei que descrevesse os aspectos materiais e processuais do processo de *impeachment* permitiu ao Senado, após a renúncia de Collor, condená-lo a oito anos de suspensão de direitos políticos. Por outro lado, a mesma omissão legislativa permitiu ao Senado condenar a ex-presidente Dilma à perda do cargo; sem, contudo, condená-la à perda dos direitos políticos.

Na ausência de regras claras, o procedimento ficou à mercê de interpretações casuísticas. Dessa forma, o Partido Comunista do Brasil (PC do B) ingressou, no STF, com Arguição de Descumprimento de Preceito

---

[302] RICD. "Art. 7º A eleição dos membros da Mesa far-se-á em votação por escrutínio secreto e pelo sistema eletrônico, exigido maioria absoluta de votos, em primeiro escrutínio, e maioria simples, em segundo escrutínio, presente a maioria absoluta dos Deputados, observadas as seguintes exigências e formalidades: I – registro, perante a Mesa, **individualmente** ou por **chapa**, de candidatos previamente escolhidos pelas **bancadas dos Partidos ou Blocos Parlamentares** aos cargos que, de acordo com o princípio da representação proporcional, tenham sido distribuídos a esses Partidos ou Blocos Parlamentares;"(grifo nosso);

"Art. 8º Na composição da Mesa será assegurada, tanto quanto possível, a representação proporcional dos Partidos ou Blocos Parlamentares que participem da Câmara, os quais escolherão os respectivos candidatos aos cargos que, de acordo com o mesmo princípio, lhes caiba prover, sem prejuízo de **candidaturas avulsas** oriundas das mesmas bancadas, observadas as seguintes regras:" (grifo nosso);

"Art. 14. **À Mesa, na qualidade de Comissão Diretora**, incumbe a direção dos trabalhos legislativos e dos serviços administrativos da Câmara.".

[303] Lei nº 1.079/1950. "Art. 19. Recebida a denúncia, será lida no expediente da sessão seguinte e despachada a uma **comissão especial eleita**, da qual participem, observada a respectiva proporção, representantes de todos os partidos para opinar sobre a mesma." (grifo nosso)

[304] ABRANCHES, Sérgio. *Crises políticas no presidencialismo de coalizão*. Publicado online em 21 de dezembro de 2015. Disponível em: https://sergioabranches.com.br/politica/118-crises--politicas-no-presidencialismo-de-coalizao. Acesso em: 1º jun. 2020, p. 10.

DOIS *IMPEACHMENTS*, DOIS ROTEIROS

Fundamental (ADPF) pedindo o reconhecimento da ilegitimidade constitucional de diversos dispositivos da Lei 1.079/1950, bem como a recepção e interpretação, conforme a Constituição, de outras regras da mesma lei. Dentre outros, foram formulados os seguintes pedidos de: (i) defesa prévia da presidente da República quanto ao recebimento do pedido de *impeachment,* assim como em todas as demais fases do processo; (ii) ilegitimidade constitucional da aplicação subsidiária dos "regimentos internos da Câmara dos Deputados e do Senado Federal" na definição do procedimento; (iii) anulação da escolha da Comissão Especial; (iv) ilegitimidade de os representantes de blocos parlamentares comporem a Comissão; (v) eleição da Comissão por voto aberto; (vi) interpretação esclarecendo se o processo de *impeachment,* autorizado pela Câmara, pode ou não ser instaurado no Senado; (vii) suspeição do presidente da Câmara dos Deputados, aferível pela presença de conflito concreto de interesses.

Em linhas gerais, o STF procurou resguardar sua jurisprudência e o roteiro praticado no *impeachment* de Collor, julgando constitucional a aplicação da Lei 1.079/1950. Por unanimidade, a Corte firmou o entendimento de que não há defesa prévia ao ato do presidente da Câmara de receber o pedido de *impeachment,* assim como é possível a aplicação subsidiária dos Regimentos Internos da Câmara e do Senado. Porém, quatro dificuldades surgiram: (i) o papel da Câmara e do Senado no procedimento de *impeachment*; (ii) o rito na Câmara e no Senado; (iii) o voto aberto na eleição da Comissão Especial; (iv) a legitimidade das candidaturas avulsas.

Designado relator da ADPF 378, o ministro Edson Fachin foi o primeiro a votar na sessão do dia 16 de dezembro de 2015. Na tentativa de transparecer uma postura judicial autocontida (*judicial self-restraint*), Fachin baseou-se no preceito fundamental da relação entre os Poderes para irradiar seu entendimento sobre a natureza jurídica do *impeachment,* compreendendo-o como uma maneira de se exercer o controle republicano do Poder Executivo. O limite desse exercício, por sua vez, decorreria da lei específica, com o respeito das garantias processuais, e da própria separação de Poderes, que não pode ser desnaturada a pretexto de um controle. Nesse sentido, o ministro efetuou uma autodescrição do que deveria ser o papel da Corte no caso:

122

O *IMPEACHMENT DE DILMA*

não cabe ao STF editar normatização sobre a matéria; sob o pálio da auto-concentração, é apenas de filtragem constitucional que aqui se cogita, isto é, incidência plena da Constituição e exame da Lei 1.079/50 à luz de princípios e regras constitucionais hoje vigentes.[305]

Em uma primeira linha argumentativa, Edson Fachin, consciente da delicadeza do tema, procurou cercar-se da jurisprudência do Supremo Tribunal Federal já assentada sobre o assunto, assim como da doutrina do ex-ministro Paulo Brossard, citado dez vezes ao longo do voto. Com base nisso, foi possível fixar o entendimento de que os aspectos materiais da Lei 1.079/1950 haviam sido recepcionados pela Constituição de 1988, ou seja, de que não havia dúvidas quanto à definição das condutas que são consideradas crimes de responsabilidade para fins de impedimento de presidente. A segunda linha argumentativa partiu dos aspectos procedimentais, com o ministro afirmando que: "tendo em vista as modificações em relação ao papel da Câmara dos Deputados e do Senado Federal no processo de *impeachment* em relação às ordens jurídicas anteriores, é preciso realizar a sua leitura [Lei 1.079/1950] à luz dos mandamentos constitucionais"[306] e, adicionalmente, examinar a compatibilidade da lei com a Convenção Americana de Direitos Humanos (Pacto de São José da Costa Rica).

Nesse último ponto, apesar de todas as referências anteriores ao pensamento de Paulo Brossard, o ministro Edson Fachin deixou em segundo plano a concepção de separação de Poderes típica do direito americano e enfocou a corrente principal do Direito Constitucional contemporâneo predominante no Brasil, caracterizada teoricamente (i) pelo reconhecimento de força normativa à Constituição; (ii) pela expansão da jurisdição constitucional; e (iii) pelo desenvolvimento de uma nova dogmática da interpretação constitucional. Trata-se de pensamento que tem como marco histórico o direito alemão do pós-guerra da Segunda Guerra Mundial, marcado pela Lei Fundamental de Bonn (Constituição Alemã) de 1949 e, especialmente, pela criação do Tribunal Constitucional Federal da Alemanha (1951). No plano filosófico, o pensamento apoia-se no

---

[305] P. 63 do voto do ministro Edson Fachin na ADPF 378.
[306] P. 49 do voto do ministro Edson Fachin na ADPF 378.

DOIS *IMPEACHMENTS*, DOIS ROTEIROS

pós-positivismo[307], cujo debate se situa na imbricação do jusnaturalismo e do positivismo.[308]

Como bem assevera Diego Werneck Arguelhes, esse é um *modus operandi* cuja resposta à pergunta "'o que a Constituição diz' é condição necessária e suficiente para justificar a intervenção judicial sobre qualquer tema. Onde há uma resposta constitucional, está pavimentado, naturalmente, o caminho para a atuação do Supremo".[309] Segundo o autor, o Direito Constitucional alemão centra-se na substância da Constituição como fonte direta para respostas a perguntas, tarefas ou dilemas jurídicos que devem ser resolvidos. É fruto de um constitucionalismo que se desenvolveu a partir de juristas sem envolvimento com o nazismo e que, não obstante a liberdade para elaborar uma nova Constituição para a Alemanha no

---

[307] Antônio Cavalcante Maia, Professor de Filosofia de Direito da Universidade Estadual do Rio de Janeiro e de Filosofia Contemporânea da Pontifícia Universidade Católica da mesma cidade, relata que a estrutura normativa composta de regras e princípios foi primeiramente exposta no direito constitucional brasileiro por Paulo Bonavides, apontando Ronald Dworkin e Robert Alexy como os protagonistas. Para descrever essa nova formatação teórica, Paulo Bonavides utilizou o termo "pós-positivista": "a utilização desta rubrica se justificou na medida em que a incorporação dos princípios jurídicos e dos valores a eles atrelados implicou o abandono de uma das características principais do paradigma do positivismo jurídico – a não-conexão necessária entre direito e moral". Ainda segundo Antônio Cavalcante Maia, há cinco aspectos que caracterizam o quadro teórico pós-positivista: a) o deslocamento da agenda, que passa a abarcar três eixo: a importância dos princípios gerais do direito, a relevância da argumentação na compreensão do direito e a reflexão sobre o papel da hermenêutica jurídica; b) a importância dos casos difíceis; c) o abrandamento da dicotomia descrição/prescrição; d) a busca de um lugar teórico para além do jusnaturalismo e do positivismo jurídico; e) o papel dos princípios na resolução de casos difíceis. Ver: MAIA, Antônio Cavalcante. Sobre a teoria constitucional brasileira e a Carta Cidadã de 1988: do pós-positivismo ao neoconstitucionalismo. *Quaestio Iuris*, Rio de Janeiro, v. 04, n. 01, p. 1-86, 2011, p. 6 e 14-20. Disponível em: https://www.e-publicacoes.uerj.br/index. php/quaestioiuris/issue/view/748. Acesso em: 31 maio 2020.

[308] BARROSO, Luis Roberto. Neoconstitucionalismo e constitucionalização do Direito (O triunfo tardio do direito constitucional no Brasil). *Revista de Direito Administrativo*, Rio de Janeiro, v. 240, p. 1-42, abr. 2005, p. 2-7. Disponível em: http://bibliotecadigital.fgv.br/ ojs/index.php/rda/article/view/43618. Acesso em: 1º jun. 2020.

[309] ARGUELHES, Diego Werneck; PEREIRA, Thomaz. Separação de poderes como alocação de autoridade: uma espécie ameaçada no direito constitucional brasileiro? *In*: LEAL, Fernando (Coord.). *Constitucionalismo de realidade: democracia, direito e instituições*. Belo Horizonte: Fórum, 2019. p. 103-124, p. 109.

O IMPEACHMENT DE DILMA

pós-guerra, tinham parâmetros institucionais mínimos, dentre os quais estava o controle de constitucionalidade por meio de um tribunal. O resultado foi um sistema que tem como compromisso primário um Estado cujas manifestações institucionais estão integralmente vinculadas à Lei Fundamental. O ápice dessa construção, e o tipo de raciocínio que dela desencadeia, foi o caso *Lüth*[310], julgado em 1958, que estabeleceu uma "ordem objetiva de valores"[311] com implicações para o entendimento e a aplicação de todo o resto do ordenamento jurídico.[312]

Nesse sentido, sob essa influência jurídico-filosófica, a ideia de separação de Poderes e de bolsões de competência para cada poder fica prejudicada. A competência do STF para responder a qualquer pergunta à luz da Constituição é sempre pressuposta, nunca indagada, ou investigada dentro do texto constitucional.Em outras palavras, a disputa de competência é praticamente inexistente, e a política somente se inicia

---

[310] No caso, Erich Lüth, presidente do Clube de Imprensa de Hamburgo, convocara o público alemão a boicotar um filme dirigido por Veit Harlan, que fora um proeminente cineasta do regime nazista. O boicote causou prejuízo econômico ao diretor, e o Tribunal de Hamburgo decidiu que incitar o boicote infringia o Código Civil alemão, uma vez que impedia o soerguimento social do diretor, após o processo de desnazificação do país. O Tribunal Constitucional alemão reformou a decisão, entendendo que o comportamento de Lüth estava abarcado pela liberdade de expressão e que esse direito deveria ser ponderado com outras prescrições constitucionais, devendo a legislação civil ser interpretada a partir dessa ponderação. O caso ilustra a aplicação dos direitos fundamentais nas relações entre particulares, bem como a expansão do direito constitucional para todas as áreas do direito. Ver: MENDES, Gilmar Ferreira; BRANCO, Paulo Gustavo Gonet. *Curso de direito constitucional*. 7. ed. rev. e atual. São Paulo: Saraiva, 2012, p. 282.

[311] Na decisão do caso Lüth (BVerfGE 7, 198), citada por Robert Alexy, o Tribunal Constitucional alemão enfatiza: "[i]gualmente correto é o fato de que a Constituição, que não pretende ser uma ordenação axiologicamente neutra, (...) também estabeleceu, na seção dedicada aos direitos fundamentais, uma **ordem objetiva de valores** (...). Esse sistema de valores, em cujo centro se encontra o livre desenvolvimento da personalidade humana e de sua dignidade no seio da comunidade social, deve valer, como decisão constitucional fundamental, para todos os ramos do direito". (grifo nosso). Ver: ALEXY, Robert. *Teoria dos direitos fundamentais*. Tradução: Virgílio Afonso da Silva. 2. ed. São Paulo: Malheiros, 2015, p. 154.

[312] ARGUELHES, Diego Werneck; PEREIRA, Thomaz. Separação de poderes como alocação de autoridade: uma espécie ameaçada no direito constitucional brasileiro? *In*: LEAL, Fernando (Coord.). *Constitucionalismo de realidade: democracia, direito e instituições*. Belo Horizonte: Fórum, 2019. p. 103-124, p. 116.

DOIS *IMPEACHMENTS*, DOIS ROTEIROS

após o pronunciamento do direito constitucional, ou melhor, de seu guardião: o STF.[313]

Com efeito, para o ministro Edson Fachin, e mesmo para os ministros que votaram vencidos com ele, Dias Toffoli e Gilmar Mendes, as respostas aos pontos divergentes do julgamento dependiam da interpretação dos Regimentos Internos à luz da Constituição. Dessa forma, o voto secreto era viável porque: "nada obstante a publicidade das votações no Congresso seja a regra, e apenas em excepcionalíssimas hipóteses se admita votação secreta, entendo [Fachin] que no presente caso não há ofensa à Constituição".[314] Todavia, o argumento da "não ofensa à Constituição" não era suficiente para o ministro firmar sua convicção, seria necessário ainda "perquirir se, no silêncio da Constituição, é possível ao regimento estabelecer uma votação secreta".[315] Por fim, Fachin concluiu que o voto secreto era constitucional pois era uma hipótese que consubstanciava o princípio implícito informador das exceções expressas ao voto aberto, quais sejam, aquelas votações no âmbito do Congresso que requeiram a proteção à liberdade de consciência do parlamentar, em detrimento da publicidade. Nesses casos, para o ministro, o Poder Judiciário deveria valer-se da autocontenção em homenagem à tripartição dos Poderes.[316]

Vejamos. O dilema em questão foi solucionado a partir da Constituição; somente depois de concluir que a Constituição permitia indiretamente a votação secreta é que o ministro Fachin proclamou sua a deferência ao Legislativo. Ou seja, a autocontenção foi alcançada *por dentro*, a partir dos parâmetros substantivos do texto constitucional – o que torna as referências de Fachin ao ex-ministro Paulo Brossard um paradoxo. Pelo pensamento brossardiano, a resposta seria alcançada institucionalmente, uma vez que cada Poder tem um espaço de atuação que lhe é próprio e indevassável, atribuído pela Constituição. Para Brossard, o voto seria secreto não por se tratar de uma matéria política ou *interna corporis*, mas

---

[313] ARGUELHES, Diego Werneck; PEREIRA, Thomaz. Separação de poderes como alocação de autoridade: uma espécie ameaçada no direito constitucional brasileiro? *In*: LEAL, Fernando (Coord.). *Constitucionalismo de realidade: democracia, direito e instituições*. Belo Horizonte: Fórum, 2019. p. 103-124, p. 109;119-120.

[314] P. 75 do voto do ministro Edson Fachin na ADPF 378.

[315] P. 75 do voto do ministro Edson Fachin na ADPF 378.

[316] Item 8.1 do voto do ministro Edson Fachin na ADPF 378.

O pensamento de Brossard identifica-se com a concepção de separação porque a Constituição criou uma jurisdição extraordinária e a atribuiu ao Congresso Nacional.[317]

O pensamento de Brossard identifica-se com a concepção de separação de Poderes típica dos Estados Unidos da América. No direito constitucional americano, a pergunta fundamental não é "o que a Constituição diz", mas, sim, "a quem a Constituição dá autoridade para resolver o problema".[318] E isso se coaduna com a argumentação desenvolvida pelo *Chief Justice* John Marshall ao decidir o caso *Marbury v. Madison*[319], especialmente em relação à segunda parte de sua "terceira pergunta diretriz": "a Suprema

---

[317] BROSSARD, Paulo. *O impeachment*: aspectos da responsabilidade política do Presidente da República. 2. ed., ampl. e rev. São Paulo: Saraiva, 1992, p. 180-181.

[318] ARGUELHES, Diego Werneck; PEREIRA, Thomaz. Separação de poderes como alocação de autoridade: uma espécie ameaçada no direito constitucional brasileiro? *In*: LEAL, Fernando (Coord.). Constitucionalismo de realidade: democracia, direito e instituições. Belo Horizonte: Fórum, 2019. p. 103-124, p. 109.

[319] O caso *Marbury v. Madison* é considerado a maior contribuição americana ao direito constitucional. Dele emergiu o princípio da supremacia do Judiciário, em outras palavras, o controle de constitucionalidade. As circunstâncias da judicialização foram as seguintes: William Marbury fora nomeado, em 1801, nos últimos dias da Presidência de John Adams, juiz de paz do Distrito de Columbia. Ele era um entre os vários juízes nomeados no apagar das luzes do mandato de Adams, conhecidos na história como juízes da meia noite (*midnight judges*). James Madison, Secretário de Estado, seguindo orientações do novo presidente, Thomas Jefferson, negou-lhe a posse. Assim, Marbury propôs uma ação judicial (*writ of mandamus*), em dezembro de 1801, para ter reconhecido o seu direito ao cargo. O relator do caso foi o presidente da Suprema Corte (*Chef Justice*) na época, John Marshall, ex-Secretário do governo de Adams. O caso somente foi julgado em 1803, uma vez que o presidente Thomas Jefferson impediu o início dos trabalhos da Suprema Corte em 1802. Ao julgar o *mandamus*, Marshall concluiu que Madison agira ilegalmente ao negar a posse a Marbury; o *writ of mandamus* era ação correta para a implementação do direito de Marbury; porém, o *mandamus* não poderia ter sido proposto diretamente na Suprema Corte, cuja competência originária estava definida na Constituição (art. 3º) e não podia ser ampliada pela Lei Judiciária de 1789. Marshall, assim, considerou inconstitucional e nulo o artigo 13 dessa lei, que dilatara a competência originária da Corte. Ver: RODRIGUES, Leda Boechat. *A corte suprema e o direito constitucional americano*. Rio de Janeiro: Forense, 1958, p. 35-39.; VICTOR, Sérgio Antônio Ferreira. *Diálogo institucional, democracia e estado de direito*: o debate entre o Supremo Tribunal Federal e o Congresso Nacional sobre a interpretação da Constituição. 2013. Tese (Doutorado) – Faculdade de Direito, Universidade de São Paulo, São Paulo, 2013. Disponível em: http://www.teses.usp.br/teses/disponiveis/2/2134/tde-19022014-161546/fr.php. Acesso em: 1º jun. 2020.

DOIS *IMPEACHMENTS*, DOIS ROTEIROS

Corte tem competência para julgar o caso de Marbury?".[320] Eis aqui o questionamento que não prevaleceu durante o julgamento da ADPF 378. Lá, a despeito de estabelecer o poder de controle de constitucionalidade das leis pelo Poder Judiciário, Marshall o fez, na verdade, invalidando uma lei que alargava a competência da Suprema Corte americana, o que, em seu raciocínio, era inválido, pois a competência da Corte já estava delimitada pela própria Constituição americana. Com esse entendimento, Marshall enunciou: "um desejo original e supremo organiza o governo e atribui aos diferentes departamentos os respectivos poderes" (tradução nossa)[321-322].

De modo diverso, ao discutir o mérito da ADPF 378, o Supremo Tribunal Federal desconsiderou as zonas de competência constitucionalmente atribuídas a cada poder. Após a manifestação do ministro Fachin, o julgamento foi suspenso pelo adiantar da hora. No dia seguinte, em

---

[320] No desenvolvimento de seu voto, Marshall efetuou três perguntas: a primeira questionava se Marbury tinha direito ao cargo; a segunda, caso Marbury tivesse o direito a ser empossado, questionava se havia algum tipo de ação (ou remédio jurídico) que lhe permitiria implementar tal direito; e, na hipótese de haver algum tipo de ação, Marshall questionava, na terceira pergunta, se a Suprema Corte era competente para julgá-la. No desenrolar do voto, Marshall desdobra a terceira pergunta em duas: a saber se o *writ of mandamus* era a ação correta e, em caso afirmativo, se o *writ* poderia ser concedido pela Suprema Corte. No original na língua inglesa, as perguntas têm o seguinte teor: *"In the order in which the Court has viewed this subject, the following questions have been considered and decided. 1ft. Has the applicant a right to the commission he demands? 2dly. If he has a right, and that right has been violated, do the laws of his country afford him a remedy? 3dly. If they do afford him a remedy, is it a mandamus issuing from this court?; It remains to be inquired whether, 3dly. He is entitled to the remedy for which he applies. This depends on: 1ft. The nature of the writ applied for, and 2dly. The power of this court."* (UNITED STATES OF AMERICA. U.S. Reports: Marbury v. Madison, 5 U.S. (1 Cranch) 137 (1803), p. 154 e 168. Disponível em: https://www.loc.gov/item/usrep005137/. Acesso em: 1º de jun. 2020.)

[321] O original na língua inglesa tem o seguinte teor: *"This original and supreme will organizes the government and assigns to different departments their respective powers".* (UNITED STATES OF AMERICA. U.S. Reports: Marbury v. Madison, 5 U.S. (1 Cranch) 137 (1803), p. 176. Disponível em: https://www.loc.gov/item/usrep005137/. Acesso em: 1º de jun. 2020.)

[322] O Federalista n. 51 concebe o modelo americano de separação de poderes a partir da ideia de que cada poder deve ter meios constitucionais para resistir às intromissões dos outros. Em uma dinâmica na qual a ambição seria incentivo para enfrentar a ambição, evitando-se assim a gradual concentração de poder em um mesmo ramo de governo. Ver: HAMILTON, Alexander; MADISON, James; JAY, John. *O federalista*. Tradução: Ricardo Rodrigues Gama. Campinas: Russel, 2003, p. 322.

17 de dezembro, votaram todos os demais ministros, Luís Roberto Barroso, Teori Zavascki, Rosa Weber, Luiz Fux, Dias Toffoli, Cármen Lúcia, Gilmar Mendes, Marco Aurélio, Celso de Mello e, por último, o presidente do Tribunal, Ricardo Lewandowski. Coube a Luís Roberto Barroso abrir a divergência e, acompanhado pela maioria – com exceção do próprio Fachin, de Gilmar Mendes e de Toffoli – assumir a relatoria do acórdão.

Assim como Fachin, Luís Roberto Barroso – talvez o autor adepto de uma visão expansiva dos tribunais constitucionais que exerça maior influência na academia brasileira[323] – iniciou seu voto autodescrevendo qual deveria ser a função da Corte naquele julgamento: "não é papel do Supremo fazer escolhas substantivas entre alternativas políticas. [...] Portanto, o nosso papel aqui é um papel de um árbitro de futebol, que aplica as regras e, quanto menos aparecer, melhor".[324] Em um segundo momento, enaltecendo a segurança jurídica, o ministro explicita que seu voto terá como base a jurisprudência produzida pelo próprio Supremo durante o *impeachment* de Fernando Collor, assim como os ritos adotados pelo Congresso Nacional durante o procedimento em 1992.

Sob essas premissas, Barroso começa a apreciar o papel da Câmara e do Senado no processo de *impeachment*. Ao contrário de Fachin, Barroso concluiu que a autorização da Câmara não vincula o Senado, ou seja, a Câmara apenas autoriza a instauração do processo, cabendo ao Senado instaurá-lo ou não. Quais foram, então, os argumentos do ministro para fundamentar seu pensamento? Inicialmente, ele apresentou quatro enfoques para fundamentar sua visão, alertando o Plenário: "está é a única interpretação possível à luz da Constituição de 1988, por qualquer enfoque que se dê: histórico, literal, lógico ou sistemático".[325]

---

[323] Doutrinariamente, Barroso aceita sem desconfortos que, diante da complexidade atual da sociedade, "não pode o intérprete beneficiar-se do distanciamento crítico em relação ao fenômeno que lhe cabe analisar. Ao contrário, precisa operar em meio à fumaça e à espuma". (BARROSO, Luís Roberto. Neoconstitucionalismo e constitucionalização do Direito (O triunfo tardio do direito constitucional no Brasil). *Revista de Direito Administrativo*, Rio de Janeiro, v. 240, p. 1-42, abr. 2005, p. 2. Disponível em: http://bibliotecadigital.fgv.br/ojs/index.php/rda/article/view/43618. Acesso em: 1º jun. 2020.)

[324] P. 1 do voto oral do ministro Luís Roberto Barroso na ADPF 378.

[325] P. 7 do voto do ministro Luís Roberto Barroso na ADPF 378.

DOIS *IMPEACHMENTS*, DOIS ROTEIROS

Pelo enfoque histórico, o ministro efetuou a comparação entre a Constituição de 1988 e as que lhe antecederam, ressaltando que o papel da Câmara ficou restrito a um momento pré-processual, anterior à instauração do processo no Senado.

Por meio do elemento literal, Barroso afastou a interpretação que Fachin dera ao artigo 86 da Constituição[326]: "admitida a acusação contra o Presidente da República será ele submetido a julgamento". Em outras palavras, o particípio do verbo "admitir", para Fachin, vincularia o Senado à instauração do procedimento de *impeachment*. Porém, Barroso entendeu que a oração "admitida a acusação" significava a mesma autorização contida no artigo 51, inciso I[327]. Além do mais, o ministro alegou que a interpretação de Fachin tratava-se de uma "interpretação retrospectiva", que reverenciava a Constituição de 1946.

Do ponto de vista lógico e sistemático, Barroso argumentou que não faria sentido a Constituição de 1988 transferir a suspensão do presidente da República de suas funções para o momento após a instauração do processo no Senado, se essa instauração fosse vinculada e burocrática. Admitir a vinculação do Senado à autorização da Câmara seria rebaixar o Senado de seu papel de órgão constitucional. Adicionalmente, no tocante à segurança jurídica, como uma forma de referendar sua interpretação, Barroso concluiu que o STF manifestara o mesmo entendimento 23 anos antes, à época do *impeachment* de Collor, e, portanto, as regras do jogo deveriam ser mantidas.

Ocorre que, sob o pretexto de revalidar a jurisprudência de 1992, a argumentação do ministro Barroso recorreu a uma interpretação do texto constitucional mais semântica do que jurídica. Seu voto não observou a autonomia do Legislativo, nem o equilíbrio harmônico entre os Poderes. Nas palavras de Diego Werneck, se ao Supremo compete guardar a Constituição, isso significa guardar a separação de Poderes também, mesmo que isso requeira o reconhecimento de sua incompetência em

---

[326] "Art. 86. **Admitida a acusação** contra o Presidente da República, por dois terços da Câmara dos Deputados, será ele submetido a julgamento perante o Supremo Tribunal Federal, nas infrações penais comuns, ou perante o Senado Federal, nos crimes de responsabilidade." (grifo nosso)

[327] "Art. 51. Compete privativamente à Câmara dos Deputados: I – **autorizar**, por dois terços de seus membros, a instauração de processo contra o Presidente e o Vice-Presidente da República e os Ministros de Estado;" (grifo nosso)

O *IMPEACHMENT DE DILMA*

determinados casos.[328] Ademais, não houve decisão jurisdicional do Supremo Tribunal Federal quanto a esse ponto em 1992. O que houve foram manifestações ditas de passagem (*obter dicta*) ao longo dos votos de quatro ministros, e, mesmo assim, sem consenso. Vejamos: Carlos Velloso[329], ministro relator para o acórdão, e Moreira Alves[330] compreenderam que o Senado não estava vinculado à decisão da Câmara; em sentido contrário, os ministros Celso de Mello[331] e Sepúlveda Pertence[332] entenderam que a instauração do processo no Senado era vinculada à autorização da Câmara.

Na verdade, no processo de Fernando Collor, a decisão do STF privilegiou a *autonomia* e a *liberdade* do Legislativo, permitindo que a Câmara e o Senado definissem os procedimentos a partir de uma interpretação própria da Constituição, da Lei 1.079/1950 e do respectivo Regimento Interno.

Em 1992, Fernando Collor fora obrigado a se afastar praticamente após a votação da Câmara; não porque havia uma decisão judicial, mas porque a dinâmica política (*realpolitik*) da época tinha uma narrativa unissonante. Como visto no capítulo anterior, havia a compreensão tácita de que a deliberação da Câmara acarretava a deposição de Collor. Ao contrário, no caso de Dilma, a decisão do presidente da Câmara, Eduardo Cunha, de aceitar o pedido de *impeachment* abriu uma divergência entre ele e o presidente do Senado, Renan Calheiros, acerca do papel de cada uma das Casas no processo. Para Cunha, era sem fundamento a alegação de que caberia ao Senado a competência para instaurar, ou não, o processo. Soava como uma sobreposição do Senado à Câmara, com prejuízo para o balanceamento institucional. Para Renan, uma interpretação constitucionalmente adequada atribuía ao Senado o poder de instaurar, ou não, o

---

[328] ARGUELHES, Diego Werneck; PEREIRA, Thomaz. Separação de poderes como alocação de autoridade: uma espécie ameaçada no direito constitucional brasileiro? *In*: LEAL, Fernando (Coord.). *Constitucionalismo de realidade: democracia, direito e instituições*. Belo Horizonte: Fórum, 2019. p. 103-124, p. 121.

[329] P. 8 do voto do ministro Carlos Velloso no MS 21.564.

[330] P. 9 do voto do ministro Moreira Alves no MS 21.564.

[331] P. 17 do voto do ministro Celso de Mello no MS 21.564.

[332] P. 17 do voto do ministro Sepúlveda Pertence no MS 21.564.

processo. Ambos levaram seu respectivo entendimento ao STF, quando prestaram informações na ADPF 378.[333]

Em uma orientação oposta à perfilada no MS 21.564, o ministro Celso de Mello, acompanhado pelo ministro Marco Aurélio, complementou o argumento de Barroso, defendendo que o Senado, por ser uma Câmara Alta, não estava atrelado ao deliberado por uma Câmara Baixa, proporcionando um resultado com maioria contundente de oito a três[334]. Não obstante o esforço argumentativo, o raciocínio remonta aos pensamentos aristotélicos de governo misto, divido por classes sociais para prevenir o domínio de uma só pessoa ou um só grupo – por exemplo, a Câmara dos Comuns representando os plebeus; a Câmara dos Lordes, os nobres; e a Coroa, o monarca.[335] Nossa teoria democrática tem inspiração na Revolução Americana, que consagrou o Senado como elemento fundamental da federação.[336] A razão de existir do Senado é de mão dupla: ao mesmo tempo em que reconhece parcela da soberania de cada estado-membro na União, preserva a soberania residual. Daí a igualdade de representação. A Câmara, por sua vez, representa proporcionalmente a população.[337]

---

[333] ABRANCHES, Sérgio. *Presidencialismo de coalizão*: raízes e evolução do modelo político brasileiro. São Paulo: Companhia das Letras, 2018, p. 307.

[334] Votaram pela vinculação do Senado à decisão da Câmara apenas os ministros: Edson Fachin, Dias Toffoli e Gilmar Mendes.

[335] "O governo misto – monarquia, aristocracia e democracia – era um caso particular de uma teoria geral de governo limitado, na qual o povo exercia um controle sobre o monarca, com uma combinação de poderes que impedia o domínio de uma única pessoa ou grupo. No mundo antigo, a teoria do governo misto figurava principalmente na obra de Aristóteles, Platão e Políbio" (tradução livre). O original em inglês tem o seguinte teor: *"The threefold mixture of monarchy, aristocracy, and democracy was a particular case of a general theory of limited government, in which the people exercised a check upon the monarch, or some other combination of powers prevented the dominance of a single person or group. In the ancient world the theory of mixed government figured principally in the work of Aristotle, Plato, and Polybius".* (VILE, M. J. C. *Constitutionalism and separation of powers*. Indianapolis: Liberty Fund, 1998, p. 38.)

[336] ABRANCHES, Sérgio. *Crises políticas no presidencialismo de coalizão*. Publicado online em 21 de dezembro de 2015. Disponível em: https://sergioabranches.com.br/politica/118-crises--politicas-no-presidencialismo-de-coalizao. Acesso em: 1º jun. 2020, p. 11.

[337] Federalista n. 62 (HAMILTON, Alexander; MADISON, James; JAY, John. *O federalista*. Tradução: Ricardo Rodrigues Gama. Campinas: Russel, 2003, p. 382).

O *IMPEACHMENT DE DILMA*

As duas Casas, contudo, como bem pontua Sérgio Abranches, são compostas de plebeus, sem hierarquia.[338]

O principal objetivo do *impeachment* é retirar o poder das mãos daquele que fez mau uso dele. Tanto assim que nada impede que um presidente impedido se sujeite à justiça comum, na eventualidade de que seus atos também configurem infrações penais. Ou até mesmo o contrário, um presidente cujo processo de *impeachment* foi abortado pode vir a ser processado judicialmente. A decisão do *impeachment* recai sobre o Congresso, podendo ser "regulada mais pela força comparativa dos partidos do que pelas demonstrações reais de inocência ou culpa"[339] (tradução nossa). O que implica que, no plano político, um dos ramos do Poder Legislativo é revestido do direito de acusar e o outro do direito de julgar.[340]

Do ponto de vista institucional, essa interpretação vencedora rebaixou o papel da Câmara no processo de impedimento do presidente da República, a partir de uma intepretação semântica do texto constitucional, sem espaço para análise e perguntas quanto à competência congressual. O mesmo ocorreu durante a análise da possibilidade de chapa avulsa na eleição da Comissão Especial. Por sete votos a quatro[341], guiados pelo voto de Barroso, os ministros entenderam que a Constituição proibira a formação de chapas avulsas em eleição da Comissão. Prevaleceu o entendimento de que os líderes partidários deveriam indicar os representantes de seu partido ou bloco, compondo uma chapa única para ser aprovada no Plenário, em votação simbólica.

Neste tema, para construção de seu voto, além da preservação do procedimento adotado no caso Collor, o ministro utilizou os seguintes

---

[338] ABRANCHES, Sérgio. *Crises políticas no presidencialismo de coalizão*. Publicado online em 21 de dezembro de 2015. Disponível em: https://sergioabranches.com.br/politica/118-crises--politicas-no-presidencialismo-de-coalizao. Acesso em: 1º jun. 2020, p. 12.

[339] Federalista n. 65. O original na língua inglesa tem o seguinte teor: "regulated more by the comparative strength of parties, than by the real demonstrations of innocence or guilt". (HAMILTON, Alexander; MADISON, James; JAY, John. *The federalist*. Indianapolis: Liberty Fund, 2001, p. 338.)

[340] TOCQUEVILLE, Alexis de. *A democracia na américa*. Tradução: Neil Ribeiro da Silva. São Paulo: Folha de São Paulo, 2010, p. 102.

[341] Votaram pela possibilidade de candidaturas avulsas ou independentes para a formação da Comissão Especial apenas os ministros: Edson Fachin, Dias Toffoli, Gilmar Mendes e Celso de Mello.

DOIS *IMPEACHMENTS*, DOIS ROTEIROS

argumentos substantivos: o princípio constitucional da autonomia partidária (CF/1988, art. 17, § 1º[342]) e a interpretação do Regimento Interno da Câmara dos Deputados[343] à luz da Constituição. A Constituição não possui regra específica para o caso; por outro lado, há três regras relevantes a serem consideradas: o artigo 58, parágrafo 1º da Constituição[344]; o artigo 33 do Regimento Interno[345] e o artigo 19 da Lei 1.079/1950[346]. A Constituição prevê que as comissões serão constituídas na forma do regimento interno de cada casa legislativa, ou do ato que as criarem, respeitada a proporcionalidade dos partidos ou blocos. O Regimento da Câmara estipula que as Comissões Especiais, subgênero das Comissões Temporárias, serão compostas por membros indicados pelos líderes partidários. Por outro lado, a Lei 1.079/1950 fala que, recebida a denúncia pelo presidente da Câmara, uma Comissão Especial será eleita.

Como foram conciliadas essas três proposições? Segundo o ministro Barroso, era necessário um grande esforço hermenêutico e, assim, pela

---

[342] "Art. 17. [...] § 1º É assegurada aos partidos políticos autonomia para definir sua estrutura interna e estabelecer regras sobre escolha, formação e duração de seus órgãos permanentes e provisórios e sobre sua organização e funcionamento e para adotar os critérios de escolha e o regime de suas coligações nas eleições majoritárias, vedada a sua celebração nas eleições proporcionais, sem obrigatoriedade de vinculação entre as candidaturas em âmbito nacional, estadual, distrital ou municipal, devendo seus estatutos estabelecer normas de disciplina e fidelidade partidária."

[343] BRASIL. Câmara dos Deputados. *Regimento Interno da Câmara dos Deputados*: aprovado pela Resolução n. 17, de 1989, e atualizado até a Resolução n. 12, de 2019. Brasília: Câmara dos Deputados, 2019. Disponível em: https://www2.camara.leg.br/atividade-legislativa/legislacao/regimento-interno-da-camara-dos-deputados. Acesso em: 1º jun. 2020.

[344] "Art. 58. O Congresso Nacional e suas Casas terão comissões permanentes e temporárias, constituídas na forma e com as atribuições previstas no respectivo regimento ou no ato de que resultar sua criação. § 1º Na constituição das Mesas e de cada Comissão, é assegurada, tanto quanto possível, a representação proporcional dos partidos ou dos blocos parlamentares que participam da respectiva Casa."

[345] RICD. "Art. 33. As Comissões Temporárias são: I – Especiais; II – de Inquérito; III – Externas. § 1º As Comissões Temporárias compor-se-ão do número de membros que for previsto no ato ou requerimento de sua constituição, designados pelo Presidente por indicação dos Líderes, ou independentemente desta se, no prazo de quarenta e oito horas após criar-se a Comissão, não se fizer a escolha."

[346] Lei 1.079/1950. "Art. 19. Recebida a denúncia, será lida no expediente da sessão seguinte e despachada a uma comissão especial eleita, da qual participem, observada a respectiva proporção, representantes de todos os partidos para opinar sobre a mesma."

O IMPEACHMENT DE DILMA

razão hierárquica, ele partiu da Constituição e fixou que ela delega a constituição das Comissões ao Regimento Interno. Em função dessa delegação, concluiu que a Lei 1.079/1950, no tocante à formação da Comissão Especial de *impeachment*, deveria ser lida à luz do Regimento Interno. A partir dessa premissa, Barroso chegou a duas interpretações possíveis: (i) a expressão "eleita" implicaria uma comissão aprovada por votação do Plenário da Câmara, validando ou não a indicação dos líderes; ou (ii) "eleita" significaria "escolhida" pelos líderes. Na visão do ministro, ao delegar ao Plenário a escolha dos representantes dos partidos ou blocos parlamentares, a primeira interpretação deveria ser descartada, por ferir o princípio constitucional da autonomia partidária e a garantia de representação proporcional nas comissões. Logo, considerando que, no "Novo Dicionário Aurélio"[347], a primeira acepção léxica de "eleita" é "escolhida", correto seria o entendimento de que "comissão eleita" significa "comissão cujos integrantes foram escolhidos pelos líderes", admitindo, no entanto, a eleição de chapa única, por aclamação, apenas como forma de preservar o precedente de Collor.[348-349]

Mais uma vez, viu-se a utilização das regras adotadas no impedimento de Collor para fundamentar a hermenêutica constitucional. No *impeachment* de 1992, a adoção de chapa única, eleita por aclamação, para formação da Comissão Especial, significa tão somente que o Plenário da Câmara

---

[347] FERREIRA, Aurélio Buarque de Holanda. *Novo Aurélio Século XXI*: o dicionário da língua portuguesa. 3. ed., totalmente rev. e ampl. Rio de Janeiro: Nova Fronteira, 1999.

[348] Itens 58 a 63 do voto do ministro Luís Roberto Barroso na ADPF 378.

[349] Conforme Sérgio Abranches, do ponto de vista institucional, a proibição de candidaturas avulsas tem consequências gravíssimas e antidemocráticas, pois consagra um procedimento oligárquico e centralizador de poder, cuja hegemonia decisória e autocrática se concentra na pessoa do líder partidário, em detrimento da manifestação de vários. Na prática, o STF transformou o que deveria ser uma eleição, em uma nomeação. Além disso, não se tratava de candidaturas avulsas propriamente ditas, ou seja, de candidato não filiado a partido, mas candidaturas dissidentes de parlamentares oriundos dos partidos ou blocos, insatisfeitos com as escolhas autocráticas de seus líderes. Outro ponto curioso, destacado pelo autor, é a imperfeição da decisão. Pois, como a chapa é única, se em uma votação não se alcançar a maioria, a Comissão Especial não se forma. Todavia, o posicionamento da Corte não forneceu solução para tal dilema. Ver: ABRANCHES, Sérgio. Crises políticas no presidencialismo de coalizão. Publicado online em 21 de dezembro de 2015. Disponível em: https://sergio-abranches.com.br/politica/118-crises-politicas-no-presidencialismo-de-coalizao. Acesso em: 1º jun. 2020, p. 16-17.

DOIS *IMPEACHMENTS*, DOIS ROTEIROS

se auto-organizou e possuía um pensamento mais homogêneo quanto ao tema. Do mesmo modo, o Supremo Tribunal Federal não se manifestou sobre o assunto na época.

Dessa forma, a partir do artigo 58, parágrafo 1º, da Constituição, que delega a constituição das Comissões ao Regimento Interno da Câmara, juntamente com o princípio constitucional da autonomia partidária (art. 17, § 1º), Barroso subverteu a hierarquia normativa imprimindo uma interpretação na qual o artigo 33[350] do Regimento Interno superou o artigo 19 da Lei 1.079/1950. Um esforço interpretativo que não soa lógico, uma vez que o parágrafo único do artigo 85 da Constituição[351] prevê expressamente lei especial para regular o processo e julgamento do *impeachment*. Ademais, o próprio STF chancelou de forma incontroversa a aplicação subsidiária do Regimento Interno da Câmara à Lei 1.079/1950. Além disso, o artigo 33 do Regimento, ao estipular que as Comissões Temporárias serão compostas de membros indicados pelos líderes, não abarcou, todavia, a Comissão Especial do *impeachment*. Isso porque o artigo 34[352], articulado sob a forma de subseção, cuidou de especificar quais Comissões estariam sujeitas à indicação pelos líderes, limitando-se apenas àquelas constituídas para tratar de: (i) proposta de emenda à Constituição e projeto de código e (ii) proposições que versarem matéria de competência de mais de três Comissões.

Nem ao menos o silêncio da Constituição e da Lei 1.079/1950 em relação ao voto aberto na eleição da Comissão Especial abriu a possibilidade

---

[350] RICD. "Art. 33. As Comissões Temporárias são: I – Especiais; II – de Inquérito; III – Externas. § 1º As Comissões Temporárias compor-se-ão do número de membros que for previsto no ato ou requerimento de sua constituição, designados pelo Presidente por **indicação dos Líderes**, ou independentemente desta se, no prazo de quarenta e oito horas após criar-se a Comissão, não se fizer a escolha." (grifo nosso)

[351] "Art. 85. São crimes de responsabilidade os atos do Presidente da República que atentem contra a Constituição Federal e, especialmente, contra: [...]Parágrafo único. Esses crimes serão definidos em lei especial, que estabelecerá as normas de processo e julgamento."

[352] RICD. "Art. 34. As Comissões Especiais serão constituídas para dar parecer sobre: I – **proposta de emenda à Constituição e projeto de código**, casos em que sua organização e funcionamento obedecerão às normas fixadas nos Capítulos I e III, respectivamente, do Título VI; II – **proposições que versarem matéria de competência de mais de três Comissões** que devam pronunciar se quanto ao mérito, por iniciativa do Presidente da Câmara, ou a requerimento de Líder ou de Presidente de Comissão interessada". (grifo nosso)

O *IMPEACHMENT DE DILMA*

para que a Câmara interpretasse o próprio Regimento Interno. Pois, para Barroso,

> no silêncio da Constituição, da Lei nº1.079/1950 e do Regimento Interno, não é admissível que o Presidente da Câmara dos Deputados possa, por decisão unipessoal e discricionária, estender hipótese inespecífica de votação secreta prevista no RI/CD, por analogia, à eleição para a Comissão Especial de *impeachment*.[353]

Ademais, argumentou o ministro: o voto aberto era o que melhor realizava os princípios democrático, representativo e republicano.[354] Coube ao ministro Gilmar Mendes, ainda que discretamente, destacar a questão de fundo da separação de Poderes ao mencionar a onipotência da Constituição na fundamentação da ADPF 378, e questionar: "quem tem o poder de interpretar a norma regimental?"[355-356]

---

[353] P. 36 do voto do ministro Luís Roberto Barroso na ADPF .

[354] Além do ministro Luís Roberto Barroso, votaram pelo voto aberto na eleição da Comissão Especial os ministros: Rosa Weber, Luiz Fux, Carmem Lúcia, Marco Aurélio Mello e Ricardo Lewandovski.

[355] P. 15 do voto do ministro Teori Zavascki na ADPF 378, em aparte do ministro Gilmar Mendes.

[356] Diferentemente do impedimento de Fernando Collor, cuja votação no Plenário da Câmara ocorreu em ordem nominal e alfabética, independentemente do Estado de origem do parlamentar (ver nota referencial 253), a chamada para votação no impedimento de Dilma Rousseff se deu por bancada de estados alternadamente da região Norte para a região Sul, e, em cada bancada, por ordem alfabética. Adotado pelo Presidente da Câmara Eduardo Cunha, esse critério de votação foi questionado pelos aliados de Dilma Rousseff, que alegavam uma possível contaminação da convicção dos deputados (efeito cascata) pela predominância inicial dos votos a favor do impedimento. O Supremo Tribunal Federal manteve essas regras de votação no julgamento da ADI 5498 e dos Mandados de Segurança 34.127 e 34.128. Aqui mais uma vez se observa a expansão da atuação do STF em relação à autonomia do Parlamento no julgamento do presidente da República. Apesar de a decisão privilegiar o entendimento inicial da Câmara, este somente prevaleceu após a manifestação da Corte, sem espaço para que o dilema fosse decifrado no ambiente próprio do *impeachment*, como ocorreu no impedimento de Collor. Sérgio Abranches destaca que a discussão sobre o tema no STF extravasou ao controle constitucional e adentrou em opiniões político-ideológicas, a despeito de Dilma Rousseff na ocasião reunir condições constitucionais de ser presidente, ainda que a qualidade de seu governo fosse questionável, atributo que não estava sob juízo do Tribunal, revelando mais um exemplo da politização do judiciário. Ver: ABRANCHES,

DOIS *IMPEACHMENTS*, DOIS ROTEIROS

Em 1º de fevereiro de 2016, em um ato de irresignação e estratégia, especialmente quanto à possibilidade de o Senado instaurar, ou não, o processo de *impeachment*, o presidente da Câmara opôs embargos de declaração à decisão do Supremo, antes mesmo da publicação do acordão.[357] Rejeitado o recurso, a ADPF 378 viria ser definitivamente julgada apenas em 16 de março de 2016.

Na sessão de 31 de agosto, o Senado Federal proferiu sua sentença condenando a presidente Dilma Rousseff, por 61 votos a 20, à perda do cargo de presidente da República. Em votação subsequente, realizada sob a forma de "destaque para votação em separado", o Senado decidiu afastar a pena de inabilitação por oito anos, para o exercício de função pública, em virtude de não obtenção de dois terços dos votos constitucionalmente previstos, tendo-se verificado apenas 42 votos favoráveis à aplicação da pena, 36 contrários e 3 abstenções.[358-359] Ao todo, o processo de *impeachment* de Dilma Rousseff durou 273 dias. Na Câmara, o processo tramitou por 137 dias.[360] O Senado recebeu a denúncia e afastou temporariamente

Sérgio Henrique Hudson de. *Presidencialismo de coalizão: raízes e evolução do modelo político brasileiro*. São Paulo: Companhia das Letras, 2018, p. 312; BRÍGIDO, Carolina; SASSINE, Vinícius; CARVALHO, Jailton de. Apelação rejeitada: recurso do governo é derrotado no STF, e sessão da Câmara é confirmada para domingo. *O Globo*, Rio de Janeiro, 15 de abr. 2016, Primeiro Caderno, País, p. 3. Disponível em: https://acervo.oglobo.globo.com/consulta-ao--acervo/?navegacaoPorData=201020160415. Acesso em: 1º jun. 2020.

[357] A justificativa oficial da Câmara dos Deputados para a oposição dos embargos de declaração, antes da publicação do acórdão, foi de que o resultado do recurso poderia ter interferência sobre a instauração e composição das comissões da Casa. Porém, nos bastidores, rumores diziam se tratava de uma estratégia de Eduardo Cunha para atrasar a formação das comissões que funcionam na Câmara, e assim atrasar seu pedido de cassação que tramitava no Conselho de Ética. Ver: FALCÃO, Márcio. Em recurso sobre impeachment, Cunha acusa STF de intervenção. *Folha de São Paulo*, São Paulo, 2 de fev. de 2016, Primeiro Caderno, Poder, p. A6. Disponível em: https://acervo.folha.com.br/leitor.do?numero=20488&anchor=6014690&origem=busca&pd=a2a05bb7c1cd15302861894b56be1bf5. Acesso em: 1º jun. 2020.

[358] BRASIL. Senado Federal. *Sentença*. Diário do Senado Federal, ano LXXI, n. 141, p. 49-55. Disponível em: https://legis.senado.leg.br/diarios/ver/20578?sequencia=1. Acesso em: 1º jun. 2020.

[359] BRASIL. Senado Federal. *Resolução 35, de 31 de agosto de 2016*. Diário do Senado Federal, ano LXXI, n. 141, p. 48. Disponível em: https://legis.senado.leg.br/diarios/ver/20578?sequencia=1. Acesso em: 1º jun. 2020.

[360] A tramitação na Câmara abrange o período entre a admissão do pedido de *impeachment* – 02 de dezembro de 2015 – e a votação concedendo a autorização para que a presidente

O *IMPEACHMENT DE DILMA*

Dilma em 23 dias.[361] Perdeu o mandato definitivamente 111 dias após a sua saída temporária.[362]

A inquietação do ministro Dias Toffoli, em seu voto, exprime e dita o tom do Supremo Tribunal Federal no julgamento da ADPF 378:

> Isso é muito grave, Presidente. Vossa Excelência é um Presidente de Poder. É muito grave. Nós estamos interferindo na liberdade de qualquer um dos deputados de se apresentar como candidato a uma Comissão. Eu reitero: isso é de uma gravidade imensa. É uma interferência em outro Poder a não mais poder. É a minha óptica, com a devida vênia.[363]

A partir de uma postura substancialista, pautada em digressões principiológicas, e até mesmo em conceitos vagos, o Supremo Tribunal Federal imprimiu uma leitura semântica do texto constitucional que resultou em um rito procedimental imaleável, minucioso e extenso. A pretexto de revalidar o rito adotado no *impeachment* de Fernando Collor, o Tribunal acabou por tolher o espaço de autonomia do Legislativo, em um evento político, institucional e extraordinário como o *impeachment*. O etos da Corte foi diametralmente oposto ao de 1992, no qual prevaleceu a liberdade do Parlamento – liberdade essa que, inclusive, gerou o procedimento

---

Dilma Rousseff fosse processada por crime de responsabilidade – 17 de abril de 2016. Ver: BRASIL. Câmara dos Deputados. *Registros* das sessões: *impeachment presidente Dilma Rousseff.* Disponível em: https://www2.camara.leg.br/atividade-legislativa/plenario/discursos/escrevendohistoria/destaque-de-materias/impeachment-da-presidente-dilma. Acesso em: 1º jun. 2020.; ABRANCHES, Sérgio. *Presidencialismo de coalizão:* raízes e evolução do modelo político brasileiro. São Paulo: Companhia das Letras, 2018, p. 313.

[361] Período entre a data da leitura no Plenário do Senado Federal do ofício da Câmara dos Deputados autorizando a instauração do processo de *impeachment* – 19 de abril de 2016 – e a votação da autorização de abertura do processo pelo Senado, às 6h34 de 12 de maio de 2016. Ver: BRASIL. Senado Federal. *Registros* das sessões: *o processo de impeachment no Senado Federal.* Disponível em: https://www2.camara.leg.br/atividade-legislativa/plenario/discursos/escrevendohistoria/destaque-de-materias/impeachment-da-presidente-dilma/o-processo--de-impeachment-no-senado-federal. Acesso em: 1º jun. 2020.

[362] Período entre a votação da autorização de abertura do processo pelo Senado, às 6h34 de 12 de maio de 2016, e o encerramento formal do processo de *impeachment*, com a leitura da sentença – 31 de agosto de 2016. Ver: ABRANCHES, Sérgio. *Presidencialismo de coalizão:* raízes e evolução do modelo político brasileiro. São Paulo: Companhia das Letras, 2018, p. 353.

[363] P. 12 do voto do ministro Dias Toffoli na ADPF 378.

DOIS *IMPEACHMENTS*, DOIS ROTEIROS

adotado no impedimento de Dilma. Todavia, diferentemente de 1992, o procedimento foi adotado *de fora para dentro*, e não a partir de deliberação do próprio Parlamento. Assim, parafraseando o provocante título do texto de Bruce Ackerman, *Good-bye*, Montesquieu[364]; diríamos: Adeus, Paulo Brossard.

---

[364] Título de artigo de Bruce Ackerman, ver: ACKERMAN, Bruce. Adeus, Montesquieu. *Revista de Direito Administrativo*, Rio de Janeiro, v. 265, p. 13-23, jan. 2014. Disponível em: http:// bibliotecadigital.fgv.br/ojs/index.php/rda/article/view/18909. Acesso em: 31 maio 2020.

Conclusões

Como já explicitado, para o presente livro, foi apresentada a seguinte pergunta de partida: qual foi a postura do Supremo Tribunal Federal nos *impeachments* de 1992 e 2016? A partir da hipótese de que a atitude institucional do Supremo Tribunal Federal foi drasticamente alterada entre 1992 e 2016, o principal objetivo do estudo foi comparar o papel do STF nos dois processos de *impeachment*, extraindo as diferenças de sua atuação em cada episódio. Com tal fito, o livro procurou investigar e entender o Judiciário brasileiro a partir de sua relação dinâmica com o demais Poderes, em especial com o Legislativo – em vez de adotar uma visão monocular que, a nosso ver, limita a compreensão da separação de Poderes.

Acreditamos ter angariado elementos e análises que nos permitam responder a tal pergunta. Da investigação do cenário econômico, social e político que precedeu a Assembleia Nacional Constituinte, extraímos as influências desse ambiente macrossociológico na formatação do desenho institucional presente na Constituição de 1988. Verificou-se, assim, que a Constituição nasceu em um contexto de crise de transição entre duas décadas de autoritarismo e recuperação democrática, caracterizando-se como uma atmosfera complexa de pluralidade de interesses, valores e fatores históricos, cenário esse que acabava por não satisfazer, em grande medida, as expectativas dos atores envolvidos.

A começar de uma transição democrática delicada, com o empossamento do vice-presidente José Sarney, do fracasso do combate à inflação,

DOIS *IMPEACHMENTS*, DOIS ROTEIROS

de uma sociedade com 30 milhões de analfabetos, algo em torno de 25% da população na época, de uma demanda reprimida de direitos de cidadania e liberdades individuais, além da necessidade de entregar um texto resiliente a rupturas democráticas, a Assembleia Nacional Constituinte desaguou em um conteúdo constitucional extenso, assegurador de direitos sociais e políticas públicas de toda sorte. A versão final da Constituição atingiu 245 artigos que, decompostos em parágrafos, incisos e alíneas, desdobraram-se em 1.627 dispositivos.[365] Cada vez mais dinâmica e complexa, a realidade social sofre contínua alteração e expansão. Em seus 32 anos de existência, a Constituição de 1988 já alcançou 107 emendas. Esse crescimento perene abre margem para o controle de constitucionalidade de políticas públicas, ampliando a importância e o espaço de atuação do Poder Judiciário.

A Constituição redefiniu completamente a figura do Poder Judiciário, reservando-lhe um papel de destaque no desenho institucional brasileiro. Ao confirmar a coexistência do controle de constitucionalidade difuso com o controle de constitucionalidade concentrado, associando este último a uma lista de legitimados a propor ação direta de inconstitucionalidade, antes limitada ao procurador-geral da República, a Carta de 1988 colocou o Supremo Tribunal Federal e o modo direto de controle constitucional ao alcance de forças políticas representativas da sociedade civil, como partidos políticos, confederações sindicais e entidades de classe. Promoveu-se, com isso, uma democratização do acesso à justiça, que não guarda precedente com textos constitucionais anteriores.

Adicionalmente, o papel do Supremo Tribunal Federal no ambiente político-social do país ganhou ainda mais relevo a partir de inovações como o mandado de injunção; a ação direta de inconstitucionalidade por omissão; o mandado de segurança coletivo; a introdução da arguição pública no Senado Federal, como condição para a escolha de ministro do Tribunal; e a independência e autonomia do Ministério Público, como catalizador dentro dessa disposição institucional. Esse novo papel da Corte passa a ser exercido por intermédio de três funções, por nós denominadas de estados de personalidade: o Supremo como tribunal constitucional; o Supremo como foro especializado e o Supremo como órgão de cúpula do Poder Judiciário.

---

[365] Cf. nota referencial 55.

CONCLUSÕES

Nas décadas seguintes, o Tribunal acumulou novas competências, em um movimento que promoveu a dilatação do controle concentrado de constitucionalidade ao introduzir: a ADC; a modulação dos efeitos da decisão; a regulamentação da ADPF, permitindo o questionamento de normas pré-constitucionais; as súmulas vinculantes e, por fim, a repercussão geral, expandindo a eficácia das decisões do Tribunal que, de outro modo, teriam efeito *inter partes*.

A um só tempo, a investigação permitiu observar o protagonismo tanto quantitativo quanto qualitativo do Poder Judiciário na figura de seu órgão de cúpula, protagonismo esse que pode ser exercido por meio do julgamento aos milhares de agravos e recursos extraordinários, da absorção de conflitos entre os demais Poderes, de uma atuação monocrática que sugere interferência na pauta do Congresso Nacional e da possibilidade de não ser circundado pelos demais Poderes, via controle de constitucionalidade material das emendas constitucionais.

Nessa mesma linha, na falta de uma lei que descrevesse os aspectos materiais e processuais do processo de *impeachment*, o Supremo Tribunal Federal foi alçado nos processos de impedimento contra Fernando Collor e contra Dilma Rousseff. Neste último, sua atuação ocorreu por intermédio da provocação de diversos atores políticos, inclusive via ADPF, um instrumento trazido pela Constituição de 1988. Está aí uma patente diferença com relação ao *impeachment* de Collor, cujas provocações judiciais foram automanejedas.

Com o conhecimento produzido nessa primeira parte do livro, que permitiu a compreensão da posição do Supremo Tribunal Federal no desenho institucional brasileiro, o passo seguinte foi realizar os dois estudos de caso representativos dos processos de *impeachment*: o do MS 21.564 e da ADPF 378. Em vez de nos restringir apenas ao estudo dos dois casos em si, efetuamos uma investigação dos fatos antecedentes à judicialização de cada episódio, como uma forma de contextualizar a atuação do Tribunal e melhor visualizar a "verdade efetiva das coisas"[366], demonstrando as diferenças cruciais entre 1992 e 2016.

---

[366] MACHIAVELLI, Niccolo. *O príncipe e dez cartas*. Tradução: Sérgio Bath. 3. ed. Brasília: Editora Universidade de Brasília, 1999, p. 44.

DOIS *IMPEACHMENTS*, DOIS ROTEIROS

Assim, foi possível identificar que a Constituição gestada sob o ódio à ditadura[367] mirou o futuro com o rosto dirigido ao passado, como *Angelus Novus*[368]. O constituinte de 1988 fez a opção por manter os ministros nomeados pelos governos militares anteriores, que publicamente agiram contrários à ampliação do acesso ao Supremo Tribunal Federal, à criação do Superior Tribunal de Justiça e à transformação do Supremo em corte constitucional. Tal opção gerou reflexos na jurisprudência durante a transição à democracia, período no qual o STF preferiu argumentar favoravelmente a planos econômicos controversos, enquanto se distanciava de sua função de guarda de uma Constituição ambiciosa e com cheiro do amanhã[369]. Concretamente, o Supremo promoveu um verdadeiro redesenho institucional pela via jurisprudencial, aproximando-se de suas preferências preteridas pela Constituinte, redimensionando para menos as possibilidades de acesso à Corte e esvaziando as inovações trazidas pela Constituição de 1988.

Sob esse etos, no *impeachment* de Fernando Collor, o Supremo Tribunal Federal foi um ator autocontido, que privilegiou, ainda que indiretamente, a independência do Parlamento. Uma atuação cujos efeitos práticos foram muito próximos do pensamento de Paulo Brossard, que pregava autonomia e liberdade funcionais da Câmara, para definir o rito a ser seguido no caso.

Passados 23 anos, a evolução das práticas e a transformação da composição do Supremo Tribunal Federal permitiram o surgimento de uma nova ordem constitucional, que assimilou a maximização do texto

---

[367] GUIMARÃES, Ulysses. Discurso de Ulysses Guimarães na promulgação da Constituição de 1988. *Revista de Direito Administrativo*, Rio de Janeiro, v. 249, p. 295-302, set. 2008. Disponível em: http://bibliotecadigital.fgv.br/ojs/index.php/rda/article/view/4103/2856. Acesso em: 1º jun. 2020.

[368] Desenho de Paul Klee de 1920, que influenciou o filósofo e crítico literário Walter Benjamin em seus ensaios: "Teses sobre o conceito da história". Atualmente, a obra compõe o acervo do Museu de Israel, em Jerusalém. Para uma visão do quadro de Klee, ver: KLEE, Paul. *Angelus Novus*. 1920. Pintura a óleo e aquarela em papel. Acervo do Museu de Israel (Jerusalém). Disponível em: https://www.imj.org.il/en/collections/199799. Acesso em: 1º jun. 2020.

[369] ESTA Constituição terá o cheiro do amanhã, não de mofo. *Folha de São Paulo*, São Paulo, 28 de jul. de 1988, Primeiro Caderno, Política, p. A-8. Disponível em: http://www2.senado. leg.br/bdsf/bitstream/handle/id/120203/1988_26%20a%2031%20de%20Julho_085a. pdf?sequence=3&isAllowed=y. Acesso em: 1º jun. 2020.

CONCLUSÕES

constitucional, a amplificação dos caminhos de acesso e a judicialização das pretensões dos partidos políticos. Impulsionado por uma interpretação constitucional substancialista, o STF efetivou uma revisão expansionista de sua jurisprudência, desempenhando importante papel na implementação de políticas transformativas, como a união homoafetiva, o aborto de anencefálicos, a validação das pesquisas com células-tronco embrionárias e a política de cotas.

Da composição do Supremo Tribunal Federal no MS 21.564, restaram apenas os ministros Celso de Mello e Marco Aurélio, este último, todavia, sem ter participado do julgamento na época, por ter firmado suspeição. Somente o ex-presidente Lula nomeou oito ministros: Cezar Peluso, Menezes Direito, Ayres Britto, Cármen Lúcia, Ricardo Lewandowski, Eros Grau, Joaquim Barbosa e Dias Toffolli.[370]

Em 2015, na ADPF 378, sob um novo etos, o Supremo Tribunal Federal imprimiu uma leitura semântica do texto constitucional para reaplicar o rito adotado no *impeachment* de Fernando Collor. Agindo assim, o Tribunal tolheu o espaço e a autonomia do Congresso Nacional no processo, características que prevaleceram na manifestação da Corte em 1992. Apesar de reaplicar os mesmos procedimentos, o STF exarou respostas distintas, com resultados diametralmente opostos.

Além das diferenças de cunho endógeno do Supremo Tribunal Federal, o estudo revela dissimilitudes na interação entre o Congresso Nacional e o Tribunal, em cada um dos momentos. Em 1992, o Congresso era quase unânime e formava uma maioria consolidada favorável à saída do presidente Fernando Collor. Nesse cenário, o Supremo Tribunal Federal foi acionado pelos atores políticos em uma relação quase informal, para, em colaboração, definir o rito procedimental do *impeachment*.

Ao contrário, no caso de Dilma Rousseff, temos um Congresso Nacional divido, sem um discurso uníssono que sustentasse o afastamento da presidente. Além disso, o presidente Câmara dos Deputados e o presidente do Senado Federal possuíam divergências acerca do papel de cada uma

---

[370] Por sua vez, a ex-presidente Dilma Rousseff indicou cinco ministros: Roberto Barroso, Edson Fachin, Luiz Fux, Rosa Weber e Teori Zavascki, este último sucedido por Alexandre de Moraes, única indicação de Michel Temer. Ver: BRASIL. Supremo Tribunal Federal. *Ministros: indicação presidencial*. Disponível em: http://www.stf.jus.br/portal/ministro/ministro.asp. Acesso em: 15 jun. 2020.

DOIS *IMPEACHMENTS*, DOIS ROTEIROS

das Casas no processo de impedimento. Dessa forma, a interação entre o Congresso e o Supremo Tribunal Federal não foi de colaboração. O STF foi acionado em decorrência do desenho institucional, por via de controle concentrado de constitucionalidade deflagrado pelos partidos políticos.

Assim, em 1992, a cooperação entre o Congresso e o Supremo favoreceu uma interpretação rasa da defesa de Fernando Collor. Em 2015, a ausência dessa interação conferiu ao Supremo Tribunal Federal maior liberdade para definir o procedimento que o Congresso deveria adotar.

O resultado foi que o processo de *impeachment* de Fernando Collor durou 120 dias. O Senado recebeu a denúncia e afastou temporariamente Collor em apenas dois dias. Collor foi condenado a oito anos de suspensão de direitos políticos, mesmo após sua renúncia. O processo de *impeachment* de Dilma Rousseff durou 273 dias. O Senado recebeu a denúncia e afastou temporariamente Dilma em 23 dias. Dilma foi condenada à perda do cargo, sem, contudo, perder os direitos políticos. Sob a mesma ordem constitucional, o que se constata é a ocorrência de dois *impeachments*, "dois roteiros".

O exame narrativo dos dois impedimentos revela ainda fatos que merecem reflexões. Primeiro, a manobra casuística de estender a idade de aposentadoria compulsória dos ministros do STF, de 70 para 75 anos, mais do que uma derrota circunstancial para Dilma Rousseff, no decorrer de seu *impeachment*, atesta a importância institucional do Supremo Tribunal Federal nessa tendência de judicialização política e roteirização do *impeachment*.

Segundo, as votações que Collor e Dilma obtiveram no Senado indicam que é mínima a possibilidade de um presidente retornar ao cargo após o seu afastamento, com a instauração do processo. Longe da possibilidade de alocar recursos orçamentários e distribuir cargos públicos, bem como sob a atuação de um vice-presidente de diferente sigla partidária, o presidente em processo de impedimento tem na Câmara dos Deputados o maior embate para sua permanência no cargo. O Senado acaba por formalizar um processo já encerrado no imaginário do país.[371]

---

[371] ABRANCHES, Sérgio Henrique Hudson de. *Presidencialismo de coalizão: raízes e evolução do modelo político brasileiro*. São Paulo: Companhia das Letras, 2018, p. 146.

CONCLUSÕES

Terceiro, os 120 dias de Collor e os 273 dias de Dilma demonstram que o *impeachment*, nos moldes atualmente delineados, não acompanha mais a percepção da velocidade do tempo nos dias atuais, a imediatidade e a instantaneidade com que se preza a sociedade pós-contemporânea. É um instrumento analógico para uma sociedade digital, como, de certa forma, Paulo Brossard já havia antecipado em 1993, após o impedimento de Fernando Collor.[372]

Quarto, na eventual judicialização de um terceiro *impeachment*, sob uma composição distinta, o Supremo Tribunal Federal pode adotar um terceiro roteiro, principalmente em virtude de temas que não possuem maioria contundente na Corte, tais como: votação secreta e chapa avulsa. Esse prenúncio revela a extrema necessidade de incluir na agenda nacional a regulamentação do instituto, se quisermos almejar uma maturidade institucional e democrática.

Por fim, ao contrário do que foi difundido pela mídia nacional, que noticiou em 2016 a reaplicação do procedimento adotado no *impeachment* de 1992[373], o Supremo Tribunal Federal imprimiu interpretações distintas nos dois casos, resultando em tratamento desigual para os dois presidentes. O procedimento aplicado ao *impeachment* de Dilma Rousseff foi completamente distinto do adotado no *impeachment* de Fernando Collor, isso porque, na sua essência, o procedimento de 2016 não foi gestado no Parlamento. Em outras palavras, no *impeachment* de Dilma Rousseff, o procedimento foi adotado *de fora para dentro* e não delineado

---

[372] BROSSARD, Paulo. Depois do impeachment. *Correio Brasiliense*, Brasília, 6 de janeiro de 1993, p. 7. Disponível em: http://www.stf.jus.br/arquivo/biblioteca/PastasMinistros/PauloBrossard/ArtigosJornais/306350.pdf. Acesso em: 15 de jun. 2020.

[373] A título de exemplo dessa compreensão por parte da mídia nacional, que sustentamos ser equivocada, ver: BRASIL. Supremo Tribunal Federal. *Notícias do STF: STF reafirma rito aplicado ao processo de impeachment de Fernando Collor.* Disponível: http://www.stf.jus.br/portal/cms/verNoticiaDetalhe.asp?idConteudo=306614. Acesso em: 1º jun. 2020.; BRÍGIDO, Carolina. STF define o mesmo rito de Collor para impeachment de Dilma. *O Globo*, 20 de abril de 2016, às 18h54, atualizado às 19h28. Disponível em: https://oglobo.globo.com/brasil/stf-define-mesmo-rito-de-collor-para-impeachment-de-dilma-19135859. Acesso em: 1º jun. 2020.; MACHADO, Eloísa; GLEZER, Rubens. Reafirmado o rito de processo de 1992. *O Estado de S. Paulo*, São Paulo, 18 de dezembro de 2015, Política, p. A4. Disponível em: https://acervo.estadao.com.br/pagina/#!/20151218-44621-nac-4-pol-a4-not. Acesso em: 1º jun. 2020.

DOIS *IMPEACHMENTS*, DOIS ROTEIROS

primordialmente a partir da deliberação da Câmara dos Deputados e do Senado Federal, como ocorreu no impedimento de Fernando Collor.

*

148

REFERÊNCIAS

ABRANCHES, Sérgio Henrique Hudson de. A recuperação democrática: dilemas políticos e institucionais. *Revista Estudos Econômicos*, São Paulo, v. 15, n. 3, p. 443--462, 1985.

ABRANCHES, Sérgio Henrique Hudson de. Presidencialismo de coalizão: o dilema institucional brasileiro. *Revista Ciências Sociais*, Rio de Janeiro, v. 31, n. 1, p. 5-34, 1988.

ABRANCHES, Sérgio Henrique Hudson de. *Crises políticas no presidencialismo de coalizão*. Publicado online em 21 de dezembro de 2015. Disponível em: https://sergioabranches.com.br/politica/118-crises-politicas-no-presidencialismo-de--coalizao. Acesso em: 1º jun. 2020.

ABRANCHES, Sérgio Henrique Hudson de. *Presidencialismo de coalizão*: raízes e evolução do modelo político brasileiro. São Paulo: Companhia das Letras, 2018.

ACKERMAN, Bruce. The Rise of World Constitutionalism. *Virginia Law Review*, Charlottesville (EUA), v. 83, n. 4, p. 771-797, maio 1997.

ACKERMAN, Bruce. Adeus, Montesquieu. *Revista de Direito Administrativo*, Rio de Janeiro, v. 265, p. 13-23, jan. 2014. Disponível em: http://bibliotecadigital.fgv.br/ojs/index.php/rda/article/view/18909. Acesso em: 31 maio 2020.

ALEXY, Robert. *Teoria dos direitos fundamentais*. Tradução: Virgílio Afonso da Silva. 2. ed. São Paulo: Malheiros, 2015.

ALMEIDA, Eloisa Machado de. *Sociedade civil e democracia:* a participação da sociedade civil como *amicus curiae* no Supremo Tribunal Federal. 2006. Dissertação (Mestrado em Ciências Sociais) – Faculdade de Direito, Pontifícia Universidade Católica de São Paulo, São Paulo, 2006. Disponível em: https://tede2.pucsp.br/handle/handle/3742. Acesso em: 19 maio 2020.

AMADO, Guilherme. Bolsonaro ultrapassa Temer e Collor em pedidos de *impeachment*. *Época Online*, 6 de maio de 2020, às 18h. Disponível em: https://epoca.

globo.com/guilherme-amado/bolsonaro-ultrapassa-temer-collor-em-pedidos-de-
-impeachment-24413338. Acesso em: 13 de maio de 2020.

AMARAL JÚNIOR, José Levi Mello do. Controle de constitucionalidade: evolução brasileira determinada pela falta do *stare decisis. Revista dos Tribunais*, v. 920, p. 133-139, jun. 2012.

ARANTES, Rogério Bastos. *Judiciário e política no Brasil.* São Paulo: Sumaré, 1997.

ARANTES, Rogério Bastos. Protagonismo da Justiça deslocou o centro gravitacional da democracia brasileira. Entrevista concedida a André de Oliveira. *El país*, São Paulo, 24 set. 2016, às 16h14. Disponível em: https://brasil.elpais.com/brasil/2016/09/16/politica/1474061979_483659.html. Acesso em: 18 maio 2020.

ARGUELHES, Diego Werneck. Poder não é querer: preferências restritivas e redesenho institucional no Supremo Tribunal Federal pós-democratização. *Universitas JUS*, Brasília, v. 25, n. 1, p. 25-45, 2014.

ARGUELHES, Diego Werneck; RIBEIRO, Leandro Molhano. Criatura e/ou Criador: transformações do Supremo Tribunal Federal sob a Constituição de 1988. *Revista Direito GV*, v. 12, n. 02, p. 405-440, maio-ago., 2016.

ARGUELHES, Diego Werneck; RIBEIRO, Leandro Molhano. Ministrocracia: o Supremo Tribunal individual e o processo democrático brasileiro. *Novos estudos Cebrap*, v. 37, n. 1, p. 13-32, jan.-abr. 2018.

ARGUELHES, Diego Werneck; PEREIRA, Thomaz. Separação de poderes como alocação de autoridade: uma espécie ameaçada no direito constitucional brasileiro? *In*: LEAL, Fernando (Coord.). *Constitucionalismo de realidade: democracia, direito e instituições.* Belo Horizonte: Fórum, 2019. p. 103-124.

ÁVILA, Humberto. *Teoria dos princípios:* da definição à aplicação dos princípios jurídicos. 4. ed. São Paulo: Malheiros, 2003.

ÁVILA, Humberto. Neoconstitucionalismo: entre a 'ciência do direito' e o 'direito da ciência'. *Revista Eletrônica de Direito do Estado*, Salvador, n. 17, jan.-fev.-mar. 2009.

BACHA, Edmar. O Economista e o Rei da Belíndia: uma fábula para tecnocratas. *Jornal Opinião*, São Paulo, 1974. Disponível em: https://www.google.com/url?sa=t&rct=
j&q=&esrc=s&source=web&cd=5&cad=rja&uact=8&ved=2ahUKEwi9vqCs48fk
AhVPIbkGHW2qCsgQFjAEegQIBxAC&url=https%3A%2F%2Fedisciplinas.usp.
br%2Fpluginfile.php%2F3368144%2Fmod_folder%2Fcontent%2F0%2FO%252
0Rei%2520da%2520Bel%25C3%25. Acesso em: 14 maio 2020.

BALEEIRO, Aliomar. *O Supremo Tribunal Federal, esse outro desconhecido.* Rio de Janeiro: Forense, 1968.

BARBOSA, Leonardo Augusto de Andrade. *Mudança constitucional, autoritarismo e democracia no Brasil pós-1964.* 2009. Tese (Doutorado) – Faculdade de Direito, Universidade de Brasília, Brasília, 2009. Disponível em: http://repositorio.unb. br/handle/10482/4075. Acesso em: 14 maio 2020.

REFERÊNCIAS

BARROSO, Luís Roberto. Mandado de injunção – Perfil doutrinário e evolução jurisprudencial. *Revista de Direito Administrativo*, Rio de Janeiro, v. 191, p. 1-13, jan. 1993. Disponível em: http://bibliotecadigital.fgv.br/ojs/index.php/rda/article/view/45637. Acesso em: 31 maio 2020.

BARROSO, Luís Roberto. Dez anos da Constituição de 1988. *Revista de Direito Administrativo*, Rio de Janeiro, v. 214, p. 1-25, out. 1998. Disponível em: http://bibliotecadigital.fgv.br/ojs/index.php/rda/article/view/47263. Acesso em: 31 maio 2020.

BARROSO, Luís Roberto. Neoconstitucionalismo e constitucionalização do Direito (O triunfo tardio do direito constitucional no Brasil). *Revista de Direito Administrativo*, Rio de Janeiro, v. 240, p. 1-42, abr. 2005. Disponível em: http://bibliotecadigital.fgv.br/ojs/index.php/rda/article/view/43618. Acesso em: 1º jun. 2020.

BARROSO, Luís Roberto. Judicialização, ativismo judicial e legitimidade democrática. *[Syn]Thesis*, Rio de Janeiro, v. 5, n. 1, p. 23-32, 2012.

BARROSO, Luís Roberto. *Um outro país:* transformações no direito, na ética e na agenda do Brasil. Belo Horizonte: Fórum, 2018.

BARROSO, Luís Roberto. *O constitucionalismo democrático no Brasil*: crônica de um sucesso imprevisto. Disponível em: http://www.luisrobertobarroso.com.br/wp-content/uploads/2017/09/constitucionalismo_democratico_brasil_cronica_um_sucesso_imprevisto.pdf. Acesso em: 1º jun. 2020.

BATISTA, Vera. Cunha anuncia que aceita pedido de impeachment contra a presidente Dilma. *Correio Brasiliense Online*, 2 de dezembro de 2015, às 18h38, atualizado às 20h10. Disponível em: https://www.correiobraziliense.com.br/app/noticia/politica/2015/12/02/interna_politica,509014/cunha-anuncia-que-aceita-pedido--de-impeachment-contra-a-presidente-dil.shtml. Acesso em: 1º jun. 2020.

BRÍGIDO, Carolina; SASSINE, Vinícius; CARVALHO, Jailton de. Apelação rejeitada: recurso do governo é derrotado no STF, e sessão da Câmara é confirmada para domingo. *O Globo*, Rio de Janeiro, 15 de abr. 2016, Primeiro Caderno, País, p. 3. Disponível em: https://acervo.oglobo.globo.com/consulta-ao-acervo/?navegacao PorData=201020160415. Acesso em: 1º jun. 2020.

BRÍGIDO, Carolina. STF define o mesmo rito de Collor para impeachment de Dilma. *O Globo*, 20 de abril de 2016, às 18h54, atualizado às 19h28. Disponível em: https://oglobo.globo.com/brasil/stf-define-mesmo-rito-de-collor-para-impeachment-de--dilma-19135859. Acesso em: 1º jun. 2020.

BROSSARD, Paulo. *O impeachment:* aspectos da responsabilidade política do Presidente da República. 2. ed., ampl. e rev. São Paulo: Saraiva, 1992.

BROSSARD, Paulo. Depois do impeachment. *Correio Brasiliense*, Brasília, 6 de janeiro de 1993, p. 7. Disponível em: http://www.stf.jus.br/arquivo/biblioteca/PastasMinistros/PauloBrossard/ArtigosJornais/306350.pdf. Acesso em: 15 de jun. 2020.

DOIS *IMPEACHMENTS*, DOIS ROTEIROS

BUARQUE, Cristovam Ricardo C. *Comissão Afonso Arinos elaborou anteprojeto de constitui-ção*. Agência Senado, Brasília, 1 out. 2008. Entrevista concedida à Agência Senado por ocasião dos 20 anos da Constituição de 1988. Disponível em: https://www12. senado.leg.br/noticias/materias/2008/10/01/comissao-afonso-arinos-elaborou--anteprojeto-de-constituicao. Acesso em: 14 maio 2020.

CALGARO, Fernanda; PASSARINHO, Nathalia. Filha de Bicudo entrega comple-mento do pedido de impeachment a Cunha. *G1 Online*, 17 de setembro de 2015, às 13h12, atualizado às 13h17. Disponível em: http://g1.globo.com/politica/ noticia/2015/09/filha-de-bicudo-entrega-complemento-do-pedido-de-impea-chment-cunha.html. Acesso em: 1º jun. 2020.

CALGARO, Fernanda. Oposição entrega novo pedido de impeachment de Dilma. *G1 Online*, 21 de outubro de 2015, às 10h28, atualizado às 18h16. Disponível em: http://g1.globo.com/politica/noticia/2015/10/juristas-e-oposicao-entre-gam-novo-pedido-de-impeachment-de-dilma.html.Acesso em: 1º jun. 2020.

CAPPELLETTI, Mauro. *Juízes lesgiladores?* Tradução: Carlos Alberto Alvaro de Oliveira. Porto Alegre: Sérgio Antonio Fabris Editor, 1999.

CARDOSO, Fernando Henrique. A implantação do parlamentarismo. *Revista do Instituto de Estudos Brasileiros*, São Paulo, n. 32, p. 19-27, 1991.

CARDOSO, Fernando Henrique. *A arte da política:* a história que vivi. Rio de Janeiro: Record, 2006.

CARVALHO, Ernani. Trajetória da revisão judicial no desenho constitucional bra-sileiro: tutela, autonomia e judicialização. *Sociologias*, Porto Alegre, ano 12, n. 23, p. 176-207, jan.-abr. 2010.

CASTELLS, Manuel. *A sociedade em rede*. Tradução: Roneide Venâncio Majer. 4. ed. São Paulo: Paz e Terra, 1999. (A era da Informação: economia, sociedade e cultura; v. 1)

CASTELLS, Manuel. *Redes de indignação e esperança:* movimentos sociais na era da internet. Tradução: Carlos Alberto Medeiros. Rio de Janeiro: Zahar, 2013.

COSTA, Alexandre Araújo; BENVINDO, Juliano Zaiden. *A quem interessa o controle concentrado de constitucionalidade?* O descompasso entre teoria e prática na defesa dos direitos fundamentais. Publicado online em 15 out. 2014 (rev. 23 dez. 2014). Disponível em: https://papers.ssrn.com/sol3/papers.cfm?abstract_id=2509541. Acesso em: 19 maio 2020.

COUTO, Cláudio Gonçalves; ARANTES, Rogério Bastos. Constituição, Governo e democracia no Brasil. *Revista Brasileira de Ciências Sociais*, São Paulo, v. 21, n. 61, p. 41-62, jun. 2006.

COUTO, Cláudio Gonçalves; ARANTES, Rogério Bastos. A Constituição sem fim. *In*: DINIZ, Simone; PRAÇA, Sérgio. (Org.). *Vinte anos da Constituição*. São Paulo: Paulus, 2008. p. 50-51.

DAHL, Robert A. *Decision-making in a democracy: the Supreme Court as a national policy maker*. Journal of Public Law, nº 6, p. 279-295, 1957.

REFERÊNCIAS

DIMENSTEIN, Gilberto; MARQUES, Marcia. Ibsen tenta dar um 'golpe', diz Collor. *Folha de São Paulo*, São Paulo, 9 de setembro de 1992, Primeiro Caderno, Brasil, p. 1-7. Disponível em: https://acervo.folha.com.br/leitor.do?numero=11811&anc hor=4762418&origem=busca&pd=d694a39a7201ccc7c3fba037bbcfac6f. Acesso em: 31 maio 2020.

DOWNES, Richard; ROSENN, Keith S. A queda de Collor: uma perspectiva comparada. *In*: ROSENN, Keith S.; DOWNES, Richard (Org.). *Corrupção e reforma política no Brasil:* o impacto do impeachment de Collor. Tradução: Roberto Grey. Rio de Janeiro: FGV, 2000. p. 195-218.

FAGUNDES, Miguel Seabra. O direito administrativo na futura constituição. *Revista de Direito Administrativo*, Rio de Janeiro, v. 168, p. 1-10, fev. 1987. Disponível em: http://bibliotecadigital.fgv.br/ojs/index.php/rda/article/view/45513/43917. Acesso em: 14 maio 2020.

FALCÃO, Joaquim.; LENNERTZ, Marcelo Rangel. Separação de Poderes: Harmonia ou Competição? *Revista Jurídica Consulex*, Brasília, v.12, n. 281, p. 28-29, set. 2008.

FALCÃO, Joaquim; CERDEIRA, Plabo de Camargo; ARGUELHES, Diego Werneck. *I Relatório Supremo em números:* o múltiplo Supremo. Rio de Janeiro: FGV Direito Rio, 2012. Disponível em: https://bibliotecadigital.fgv.br/dspace/handle/10438/10312. Acesso em: 19 maio 2020.

FALCÃO, Joaquim; OLIVEIRA, Fabiana Luci de. O STF e a agenda pública nacional: de outro desconhecido a supremo protagonista? *Lua Nova*, São Paulo, n. 88, p. 429-469, 2013.

FALCÃO, Joaquim; ARGUELHES, Diego Werneck; PEREIRA, Thomaz. Um ano de impeachment: mais perguntas que respostas. *In*: FALCÃO, J.; ARGUELHES, D. W.; PEREIRA, T. (Org.). *Impeachment de Dilma Rousseff:* entre o congresso e o supremo. Belo Horizonte: Letramento, 2017. p. 11-15.

FALCÃO, Márcio. Em recurso sobre impeachment, Cunha acusa STF de intervenção. *Folha de São Paulo*, São Paulo, 2 de fev. de 2016, Primeiro Caderno, Poder, p. A6. Disponível em: https://acervo.folha.com.br/leitor.do?numero=20488&anchor= 6014690&origem=busca&pd=a2a05bb7c1cd15302861894b56be1bf5. Acesso em: 1º jun. 2020.

FERREIRA, Aurélio Buarque de Holanda. *Novo Aurélio Século XXI*: o dicionário da língua portuguesa. 3. ed., totalmente rev. e ampl. Rio de Janeiro: Nova Fronteira, 1999.

FERREIRA FILHO, Manoel Gonçalves. A separação de poderes: a doutrina e sua concretização constitucional. *Cadernos Jurídicos*, São Paulo, ano 16, n. 40, p. 67-81, abr.- jun. 2015. Disponível em: http://www.epm.tjsp.jus.br/Publicacoes/ CadernoJuridico/29093?pagina=1. Acesso em: 19 maio 2020.

FERREIRA, Débora Costa; BRANCO, Paulo Gustavo Gonet. *Amicus Curiae* em números. Nem amigo da corte, nem amigo da parte? *Revista de Direito Brasileira*, São Paulo, v. 16, n. 7, p. 169-185, jan.-abr. 2017.

FONSECA, Bruno; FERRARI, Caroline. Auxílio-moradia de juízes pode custar quase R$ 900 mi este ano. *EXAME*, São Paulo, 14 de março de 2018, às 17h24. Disponível em: https://exame.abril.com.br/brasil/auxilio-moradia-de-juizes-pode-custar--quase-r-900-mi-este-ano/. Acesso em: 19 maio 2020.

FONTAINHA, Fernando de Castro; MATTOS, Marco Aurélio Vannucchi Leme de; SATO, Leonardo Seiichi Sasada (Org.). *História oral do Supremo (1988-2013)*. Rio de Janeiro: FGV Direito Rio, 2015. (v. 5: Sydney Sanches)

FONTAINHA, Fernando de Castro; MATTOS, Marco Aurélio Vannucchi Leme de; SATO, Leonardo Seiichi Sasada (Org.). *História oral do Supremo (1988-2013)*. Rio de Janeiro: FGV Direito Rio, 2015. (v. 9: Nelson Jobim)

GALVÃO, Jorge Octávio Lavocat. *O neoconstitucionalismo e o fim do estado de direito*. 2012. Tese (Doutorado em Direito do Estado) – Faculdade de Direito, Universidade de São Paulo, São Paulo, 2012. Disponível em: http://www.teses.usp.br/teses/disponiveis/2/2134/tde-29082013-113523/pt-br.php. Acesso em: 18 maio 2020.

GAMA, Júnia. Fundador do PT quer impeachment de Dilma Rousseff. *O Globo*, 1º de setembro de 2015, às 16h19, atualizado às 16h53. Disponível em: https://oglobo.globo.com/brasil/fundador-do-pt-quer-impeachment-de-dilma-rousseff-17372217. Acesso em: 1º jun. 2020.

GARAPON, Antoine. *O juiz e a democracia*: o guardião das promessas. Tradução: Maria Luiza de Carvalho. Rio de Janeiro: Revan, 1999.

GÓIS, Fábio. Conselho de Ética: PT na Câmara decide apoiar voto contra Cunha. *Congresso em foco Online*, 2 de dezembro de 2015, às 15h12, atualizado em 3 de dezembro de 2015, às 12h45. Disponível em: https://congressoemfoco.uol.com.br/especial/noticias/pt-na-camara-decide-votar-contra-cunha-no-conselho-de--etica/. Acesso em: 1º jun. 2020.

GUIMARÃES, Ulysses. Discurso de Ulysses Guimarães na promulgação da Constituição de 1988. *Revista de Direito Administrativo*, Rio de Janeiro, v. 249, p. 295-302, set. 2008. Disponível em: http://bibliotecadigital.fgv.br/ojs/index.php/rda/article/view/4103/2856. Acesso em: 1º jun. 2020.

HAMILTON, Alexander; MADISON, James; JAY, John. *The federalist*. Indianapolis: Liberty Fund, 2001.

HAMILTON, Alexander; MADISON, James; JAY, John. *O federalista*. Tradução: Ricardo Rodrigues Gama. Campinas: Russel, 2003.

HARTMANN, Ivar Alberto Martins; FERREIRA, Lívia da Silva. Ao Relator, tudo: o impacto do aumento do poder do ministro relator no Supremo. *Revista Opinião Jurídica*, Fortaleza, v. 13, n. 17, p. 268-283, jan.-dez. 2015.

JOBIM, Nelson Azevedo. Artigos da Constituição de 1988 entraram em vigor sem votação. *O Globo*, Rio de Janeiro, 05 out. 2003. Disponível em: http://memoria.oglobo.globo.com/jornalismo/edicoes-especiais/sem-votaccedilatildeo-9938719. Acesso em: 14 maio 2020.

REFERÊNCIAS

JOBIM, Nelson Azevedo. *Nelson Jobim: Constituição de 1988*. 2013. (04m11s). Disponível em: https://youtu.be/7E-n_ndVAc0. Acesso em: 14 maio 2020.

KLEE, Paul. *Angelus Novus*. 1920. Pintura a óleo e aquarela em papel. Acervo do Museu de Israel (Jerusalém). Disponível em: https://www.imj.org.il/en/collections/199799. Acesso em: 1º jun. 2020.

LAPORTA, Taís. Corrupção em balanço da Petrobras é avanço, mas deixa. *G1 Online*, 22 de abril de 2015, às 21h22, atualizado às 21h37. Disponível em: http://g1.globo.com/economia/noticia/2015/04/corrupcao-em-balanco-da-petrobras-e-avanco--mas-deixa-duvidas.html. Acesso em: 31 maio 2020.

LEAL, Luciana Nunes. A Câmara sob as mãos de um fiel, Eduardo Cunha. *Exame Online*, 11 de fevereiro de 2015 às 7h47. Disponível em: https://exame.abril.com.br/brasil/a-camara-sob-as-maos-de-um-fiel-eduardo-cunha/. Acesso em: 1º jun. 2020.

LIMONGI, Fernando. Impedindo Dilma. *Novos estudos Cebrap*, São Paulo, especial, p. 5-13, jun. 2017.

MACHADO, Eloísa; GLEZER, Rubens. Reafirmado o rito de processo de 1992. *O Estado de S. Paulo*, São Paulo, 18 de dezembro de 2015, Política, p. A7. Disponível em: https://acervo.estadao.com.br/pagina/#!/20151218-44621-nac-4-pol-a4-not. Acesso em: 1º jun. 2020.

MACHIAVELLI, Niccolo. *O príncipe e dez cartas*. Tradução: Sérgio Bath. 3. ed. Brasília: Editora Universidade de Brasília, 1999.

MAIA, Antônio Cavalcante. Sobre a teoria constitucional brasileira e a Carta Cidadã de 1988: do pós-positivismo ao neoconstitucionalismo. *Quaestio Iuris*, Rio de Janeiro, v. 04, n. 01, p. 1-86, 2011. Disponível em: https://www.e-publicacoes.uerj.br/index.php/quaestioiuris/issue/view/748. Acesso em: 31 maio 2020.

MATTOS, Marcela. Cunha manobra, aprova PEC da Bengala e impõe derrota dupla ao governo. *Veja Online*, Política, 5 de maio de 2015, às 23h57. Disponível em: https://veja.abril.com.br/politica/cunha-manobra-aprova-pec-da-bengala-e--impoe-derrota-dupla-ao-governo/. Acesso em: 1º jun. 2020.

MEDINA, Damares. *Amigo da corte ou amigo da parte? Amicus curiae* no Supremo Tribunal Federal. 2008. Dissertação (Mestrado) – Escola de Direito de Brasília, Instituto Brasiliense de Direito, Brasília, 2008. Disponível em: http://dspace.idp.edu.br:8080/xmlui/handle/123456789/81?show=full. Acesso em: 19 maio 2020.

MENDES, Gilmar Ferreira; BRANCO, Paulo Gustavo Gonet. *Curso de direito constitucional*. 7. ed. rev. e atual. São Paulo: Saraiva, 2012.

MONNERAT, Alessandra; SARTORI, Caio; MORAES, Igor. 'Alvo' de mais de mil PECs, Constituição já foi alterada 99 vezes. *Estadão*, São Paulo, 23 de setembro de 2018, às 5h00. Disponível em: https://politica.estadao.com.br/noticias/geral,alvo--de-mil-pecs-constituicao-ja-foi-alterada-99-vezes,70002514670. Acesso em: 18 maio 2020.

MONTESQUIEU, Charles de Secondat, Baron de. *O espírito das leis*. Tradução: Cristina Murachco. São Paulo: Martins Fontes, 1993.

MORAIS, Carlos Blanco. O presidencialismo de coalizão visto de um olhar exterior. *In*: CONGRESSO INTERNACIONAL DE DIREITO CONSTITUCIONAL DO IDP: sistema de governo, governança e governabilidade, XX, Brasília, 2017, *Anais*. Brasília: IDP, 2018, p. 18-23. Disponível em: http://www.idp.edu.br/wp-content/uploads/2018/05/e-book_XX-Congresso-Internacional-de-Direito-Constitucional-do-IDP.pdf. Acesso em: 18 maio 2020.

MUDROVITSCH, Rodrigo de Bittencourt. *Desentrincheiramento da jurisdição constitucional*. São Paulo: Saraiva, 2014.

OLIVEIRA, Maria Ângela Jardim de Santa Cruz. Sobre a recusa de nomeações para o Supremo Tribunal Federal pelo Senado. *Revista de Direito Público*, Brasília, v. 25, n. 25, p. 68-78, 2009.

PASSARINHO, Nathalia; MENDES, Priscila. Derrotado em eleição na Câmara, Chinaglia diz 'respeitar' decisão. *G1 Online*, 1º de fevereiro de 2015, às 22h01, atualizado às 22h35. Disponível em: http://g1.globo.com/politica/noticia/2015/02/chinaglia-diz-respeitar-decisao-e-revela-acordo-para-pt-ter-cargo.html. Acesso em: 1º jun. 2020.

PASSARINHO, Nathalia; RAMALHO, Renan. Cunha revoga decisões sobre trâmite de processo de impeachment. *G1 Online*, Política, 29 de outubro de 2015, às 14h41, atualizado às 19h05. Disponível em: http://g1.globo.com/politica/noticia/2015/10/cunha-revoga-decisoes-sobre-tramite-de-processo-de-impeachment.html.Acesso em: 1º jun. 2020.

PÉREZ-LIÑÁN, Aníbal. Instituciones, coaliciones callejeras e inestabilidad política: perspectivas teóricas sobre las crisis presidenciales. *América latina hoy: revista de ciências sociales*, Salamanca (Espanha), v. 49, p. 105-126, ago. 2008.

PILATTI, Adriano. *A Constituinte de 1987-1988*: conservadores, ordem econômica e regras do jogo. 2. ed. Rio de Janeiro: Lumen Juris, 2016.

PINTO, Eduardo Costa *et al*. *A guerra de todos contra todos:* a crise brasileira. Rio de Janeiro: Instituto de Economia – UFRJ, fev. 2017. Disponível em: https://www.ie.ufrj.br/images/IE/TDS/2017/TD_IE_006_2017_PINTO%20et%20al.pdf. Acesso em: 31 maio 2020.

POGREBINSCHI, Thamy. *Judicialização ou representação*. Política, direito e democracia no Brasil. Rio de Janeiro: Campus, 2012.

POWER, Timothy J. The pen is mightier than the congress: presidential decree power in Brazil. *In*: CAREY, John M.; SHUGART, Mathew S. (ed). *Executive decree authority*. New York (EUA): Cambridge University, 1998.

RAMALHO, Renan. PEC da Bengala exige de ministros do STF nova sabatina, interpreta Renan. *G1 Online*, 08 maio de 2015, às 11h01, atualizado às 16h10. Disponível em: http://g1.globo.com/politica/noticia/2015/05/

REFERÊNCIAS

pec-da-bengala-exige-de-ministros-do-stf-nova-sabatina-interpreta-renan.html. Acesso em: 03 ago. 2020.

RAMOS, Elival da Silva. *Ativismo judicial:* parâmetros dogmáticos. 2. ed. São Paulo: Saraiva, 2015.

RODRIGUES, Leda Boechat. *A corte suprema e o direito constitucional americano.* Rio de Janeiro: Forense, 1958.

SADEK, Maria Tereza. Judiciário: mudanças e reformas. *Estudos Avançados,* São Paulo, v. 18, n. 51, p. 79-101, ago. 2004. Disponível em: http://www.scielo.br/scielo. php?script=sci_arttext&pid=S0103-40142004000200005&lng=en&nrm=iso. Acesso em: 1º jun. 2020.

SÁDI, Andréia. Leia a íntegra da carta enviada pelo vice Michel Temer a Dilma. *G1 Online,* 7 de dezembro de 2015, às 23h16, atualizado em 8 de dezembro de 2015, às 10h10. Disponível em: http://g1.globo.com/politica/noticia/2015/12/leia-integra-da-carta-enviada-pelo-vice-michel-temer-dilma.html. Acesso em: 1º jun. 2020.

SALLUM Jr., Brasilio. *O impeachment de Fernando Collor:* sociologia de uma crise. São Paulo: Editora 34, 2015.

SARNEY, José. O plano cruzado. Disponível em: https://isespe.com/o-plano-cruzado/. Acesso em: 14 de maio 2020.

SARTORI, Giovanni. *Engenharia constitucional:* como se mudam as constituições. Tradução: Sérgio Bath. Brasília: UNB, 1996.

SILVA, Jeferson Mariano. Mapeando o Supremo: as posições dos ministros do STF na jurisdição constitucional (2012-2017). *Novos estudos Cebrap,* v. 37, n. 01, p. 35-54, jan.-abr. 2018.

SILVA, Virgílio Afonso da. Constituição: 50 anos, 150 emendas, e daí? *Valor econômico,* Rio de Janeiro, 18 out. 2013. Disponível em: http://www.osconstitucionalistas.com. br/constituicao-50-anos-150-emendas-e-dai. Acesso em: 18 maio 2020.

SKIDMORE, Thomas. A queda de Collor: uma perspectiva histórica. *In:* ROSENN, Keith S.; DOWNES, Richard (Org.). *Corrupção e reforma política no Brasil:* o impacto do impeachment de Collor. Tradução: Roberto Grey. Rio de Janeiro: FGV, 2000. p. 23-46.

SOUZA, Josias de; SOUZA, Gutemberg de; DANTAS. Edna. Ibsen quer adotar voto aberto na Câmara. *Folha de São Paulo,* São Paulo, 29 de ago. de 1992, Primeiro Caderno, Brasil, p. 1-8. Disponível em: https://acervo.folha.com.br/leitor.do?nu mero=11800&anchor=4791121&origem=busca&pd=f98431bd15600d463784f b1fb90a04bb. Acesso em: 31 maio 2020.

SPECHOTO, Caio. Bolsonaro se aproxima do número de pedidos de impeachment de Collor. *Poder 360 Online,* 25 de abril de 2020, às 6h, atualizado em 25 de abril de 2020 às 11h07. Disponível em: https://www.poder360.com.br/congresso/ bolsonaro-se-aproxima-do-numero-de-pedidos-de-impeachment-de-collor/. Acesso em: 13 maio 2020.

DOIS *IMPEACHMENTS*, DOIS ROTEIROS

SUNDFELD, Carlos Ari. *Direito Administrativo para céticos.* São Paulo: Malheiros, 2012.

TAYLOR, Matthew M. O judiciário e as políticas públicas no Brasil. *Dados*, Rio de Janeiro, v. 50, n. 2, p. 229-257, 2007. Disponível em:http://www.scielo.br/scielo. php?script=sci_arttext&pid=S0011-52582007000200001&lng=en&nrm=iso. Acesso em: 1º jun. 2020.

TAYLOR, Matthew M.; DA ROS, Luciano. Os partidos dentro e fora do poder: a judicialização como resultado contingente da estratégia política. *Dados*, Rio de Janeiro, v. 51, n. 4, p. 825-864, 2008. Disponível em: http://www.scielo.br/scielo. php?script=sci_arttext&pid=S0011-52582008000400002&lng=en&nrm=iso. Acesso em: 1º de jun. 2020.

TOCQUEVILLE, Alexis de. *A democracia na América.* Tradução: Neil Ribeiro da Silva. São Paulo: Folha de São Paulo, 2010.

TUSHNET, Mark. Audiências públicas no Supremo Tribunal Federal. *In*: MENDES, Gilmar Ferreira; MUDROVITSCH, Rodrigo de Bittencourt (org.). *Assembleia Nacional Constituinte de 1987-1988:* análise crítica. São Paulo: Saraiva, 2017. p. 203-209.

VERÍSSIMO, Marcos Paulo. A Constituição de 1988, vinte anos depois: Suprema Corte e ativismo judicial "à brasileira". *Revista Direito GV*, São Paulo, v. 4, n. 2, p. 407-440, jul.-dez. 2008.

VICTOR, Sérgio Antônio Ferreira. *Diálogo institucional, democracia e estado de direito:* o debate entre o Supremo Tribunal Federal e o Congresso Nacional sobre a interpretação da Constituição. 2013. Tese (Doutorado) – Faculdade de Direito, Universidade de São Paulo, São Paulo, 2013. Disponível em: http://www.teses. usp.br/teses/disponiveis/2/2134/tde-19022014-161546/fr.php. Acesso em: 1º jun. 2020.

VIEIRA, Oscar Vilhena. Império da corte ou império da lei. *Revista USP*, São Paulo, n. 21, p. 70-77, maio 1994.

VIEIRA, Oscar Vilhena. A constituição como reserva de justiça. *Lua Nova*, São Paulo, n. 42, p. 53-99, 1997.

VIEIRA, Oscar Vilhena. Supremocracia. *Revista Direito GV*, São Paulo, v.4, n.2, p. 441-464, jul.-dez. 2008.

VIEIRA, Oscar Vilhena. *A batalha dos poderes:* da transição democrática ao mal-estar constitucional. São Paulo: Companhia das Letras, 2018. *E-book*.

VILE, M. J. C. *Constitutionalism and separation of powers.* Indianapolis: Liberty Fund, 1998.

WEBER, Max. *Economia e sociedade.* Tradução: Regis Barbosa e Karen Elsabe Barbosa. São Paulo: UNB, Imprensa Oficial, 2004. (v.2)

WEBLEY, Lisa. Qualitative approaches to empirical legal research. *In*: CANE, Peter; KRITZER, Herbert M. (eds.). *Oxford handbook of empirical legal research.* New York: Oxford University, 2010.

REFERÊNCIAS

Textos normativos, anais e outras fontes

BRASIL. Diretas Já – 30 anos do movimento. Brasília: Câmara dos Deputados. Disponível em: https://www2.camara.leg.br/atividade-legislativa/plenario/discursos/escrevendohistoria/destaque-de-materias/diretas-ja. Acesso em: 31 maio 2020.

BRASIL. [Constituição (1967)]. Emenda Constitucional 1, de 17 de outubro de 1969. Brasília: Senado Federal, 1967. Disponível em: https://www.planalto.gov. br/ccivil_03/constituicao/Emendas/Emc_anterior1988/emc01-69.htm. Acesso: 19 maio 2020.

BRASIL. [Constituição (1988)]. *Constituição da República Federativa do Brasil.* Brasília: Senado Federal, 1988. Disponível em: http://www4.planalto.gov.br/legislacao/. Acesso: 13 maio 2020.

BRASIL. Assembleia Nacional Constituinte. Comissão da Organização dos Poderes e Sistema de Governo. Subcomissão do Poder Legislativo. *Anteprojeto.* Volume 109. Brasília: Centro Gráfico do Senado Federal, maio de 1987. Disponível em: https://www.camara.leg.br/internet/constituicao20anos/DocumentosAvulsos/vol-109.pdf. Acesso em: 19 maio 2020.

BRASIL. Assembleia Nacional Constituinte. *Ata da 215ª sessão, de 3 de março 1988.* Diário da Assembleia Nacional Constituinte, ano II, n. 194. Disponível em: http://www.senado.leg.br/publicacoes/anais/constituinte/N014.pdf. Acesso em: 13 maio 2020.

BRASIL. Assembleia Nacional Constituinte. *Ata da 341ª sessão, de 5 de outubro de 1988.* Diário da Assembleia Nacional Constituinte, ano II, n. 308. Disponível em: http://imagem.camara.gov.br/Imagem/d/pdf/308anc05out1988.pdf#page=. Acesso em: 14 de maio 2020.

BRASIL. Câmara dos Deputados. *Ata da 82ª sessão ordinária, de 24 de maio de 2006.* Diário da Câmara dos Deputados, ano LXI, n. 90. Disponível em: http://imagem.camara.gov.br/Imagem/d/pdf/DCD25MAI2006.pdf#page=269. Acesso em: 03 ago. 2020.

BRASIL. Câmara dos Deputados. *Ata da 127ª sessão extraordinária, de 3 de setembro de 1992.* Diário do Congresso Nacional (seção I), ano XLVII, n. 144. Disponível em: http://imagem.camara.gov.br/Imagem/d/pdf/DCD04SET1992.pdf#page=>.. Acesso em: 31 maio 2020.

BRASIL. Câmara dos Deputados. *Ata da 144ª sessão extraordinária, de 29 de setembro de 1992.* Diário do Congresso Nacional (seção I), ano XLVII, nº 160. Disponível em: http://imagem.camara.gov.br/Imagem/d/pdf/DCD29SET1992.pdf#page=>.. Acesso em: 31 maio 2020.

BRASIL. Câmara dos Deputados. *Ata da 163ª sessão extraordinária, de 25 de setembro de 2015.* Diário da Câmara dos Deputados, ano LXX, suplemento ao n. 163. Disponível em: http://imagem.camara.gov.br/Imagem/d/pdf/DCD0020150925S01630000.PDF#page=3. Acesso em: 31 maio 2020.

BRASIL. Câmara dos Deputados. *Ata da 266ª sessão ordinária, de 15 de setembro de 2015.* Diário da Câmara dos Deputados, ano LXX, n. 156. Disponível em: http://imagem. camara.gov.br/Imagem/d/pdf/DCD00201509160015660000.PDF#page=. Acesso em: 31 maio 2020.

BRASIL. Câmara dos Deputados. *Ata da 280ª sessão ordinária, de 24 de setembro de 2015.* Diário da Câmara dos Deputados, ano LXX, n. 163. Disponível em: http://imagem. camara.gov.br/Imagem/d/pdf/DCD0020150925001630000.PDF#page=. Acesso em: 31 mai. 2020.

BRASIL. Câmara dos Deputados. *Ata da 383ª sessão ordinária, de 8 de dezembro de 2015.* Diário do Congresso Nacional (seção I), ano LXX, n. 213. Disponível em: http:// imagem.camara.gov.br/Imagem/d/pdf/DCD0020151209002130000.PDF#page=. Acesso em: 1º jul. 2020.

BRASIL. Câmara dos Deputados. *Decisão da Presidência. Questão de Ordem 105*, de 15 de setembro de 2015. Diário da Câmara dos Deputados, ano LXX, supl. ao n. 163. Disponível em: http://imagem.camara.gov.br/Imagem/d/pdf/ DCD0020150925S01630000.PDF#page=3. Acesso em: 31 maio 2020.

BRASIL. Câmara dos Deputados. *Proposta de Emenda Constitucional 457, de 2005.* Trata da aposentadoria compulsória aos 75 (setenta e cinco) anos de Ministros do Supremo Tribunal Federal, dos demais Tribunais Superiores e do Tribunal de Contas da União. Relator: Dep. Sergio Zveiter. *Diário da Câmara do Deputados*: 08 maio 2016, p. 03 col. 01. Disponível em:https://www.camara.leg.br/pro-posicoesWeb/fichadetramitacao?idProposicao=298878. Acesso em: 1º jun. 2020.

BRASIL. Câmara dos Deputados. *Regimento Interno da Câmara dos Deputados*: aprovado pela Resolução n. 17, de 1989, e atualizado até a Resolução n. 12, de 2019. Brasília: Câmara dos Deputados, 2019. Disponível em: https://www2.camara.leg. br/atividade-legislativa/legislacao/regimento-interno-da-camara-dos-deputado. Acesso em: 1º jun. 2020.

BRASIL. Câmara dos Deputados. *Registros das sessões: impeachment presidente Dilma Rousseff*. Disponível em: https://www2.camara.leg.br/atividade-legislativa/ plenario/discursos/escrevendohistoria/destaque-de-materias/impeachment-da--presidente-dilma. Acesso em: 1º jun. 2020.

BRASIL. Câmara dos Deputados. *Sessão extraordinária deliberativa de 17 de abril de 2016.* Arquivo sonoro do plenário. Brasília: Câmara dos Deputados, 2016. Disponível em: http://imagem.camara.gov.br/internet/audio/Resultado.asp?txtCodigo=56015. Acesso em: 12 maio 2020.

BRASIL. Senado Federal. *Ata da 193ª sessão extraordinária, de 30 de setembro de 1992.* Diário do Congresso Nacional (seção II), ano XLVII, n. 163. Disponível em: https:// legis.senado.leg.br/diarios/BuscaDiario?codDiario=20238#diario. Acesso em: 31 maio 2020.

REFERÊNCIAS

BRASIL. Senado Federal. *Ata da 194ª sessão extraordinária, de 1º de outubro de 1992*. Diário do Congresso Nacional (seção II), ano XLVII, n. 164. Disponível em: https://legis.senado.leg.br/diarios/BuscaDiario?codDiario=6430#diario. Acesso em: 31 maio 2020.

BRASIL. Senado Federal. *Processo e Julgamento do Presidente da República. Rito Procedimental, de 8 de outubro de 1992*. Diário do Congresso Nacional (seção II), ano XLVII, n. 168. Disponível em: https://legis.senado.leg.br/diarios/BuscaDiario?codDiario=20890#diario. Acesso em: 31 maio 2020.

BRASIL. Senado Federal. *Registros das sessões: o processo de impeachment no Senado Federal*. Disponível em: https://www2.camara.leg.br/atividade-legislativa/plenario/discursos/escrevendohistoria/destaque-de-materias/impeachment-da-presidente--dilma/o-processo-de-impeachment-no-senado-federal. Acesso em: 1º jun. 2020.

BRASIL. Senado Federal. *Requerimento (CN) 52, de 1992*. Requer a criação de CPMI – Esquema PC Farias. Brasília: Senado Federal, 1992. Disponível em: https://www25.senado.leg.br/web/atividade/materias/-/materia/33818. Acesso em: 31 maio 2020.

BRASIL. Senado Federal. *Resolução 101, de 30 de dezembro de 1992*. Diário do Congresso Nacional (seção II), ano XLVII, n. 223. Disponível em: https://legis.senado.leg.br/diarios/BuscaDiario?codDiario=19906#diario. Acesso em: 31 maio 2020.

BRASIL. Senado Federal. *Resolução 35, de 31 de agosto de 2016*. Diário do Senado Federal, ano LXXI, n. 141. Disponível em: https://legis.senado.leg.br/diarios/ver/20578?sequencia=1. Acesso em: 1º jun. 2020.

BRASIL. Senado Federal. *Sentença*. Diário do Senado Federal, ano LXXI, n. 141. Disponível em: https://legis.senado.leg.br/diarios/ver/20578?sequencia=1. Acesso em: 1º jun. 2020.

BRASIL. Supremo Tribunal Federal. *Ação Cautelar 4.039*. Réu: Delcídio do Amaral Gomez et al. Relator: ministro Teori Zavascki. Brasília, 24 de novembro de 2015. Disponível em: http://portal.stf.jus.br/processos/detalhe.asp?incidente=4892330. Acesso em: 1º jun. 2020.

BRASIL. Supremo Tribunal Federal. *Ação Cautelar 4.070*. Réu: Eduardo Cosentino da Cunha. Relator: ministro Teori Zavascki. Brasília, 16 de dezembro de 2015. Disponível em: http://portal.stf.jus.br/processos/detalhe.asp?incidente=4907738. Acesso em: 13 maio 2020.

BRASIL. Supremo Tribunal Federal. *Ação Direta de Inconstitucionalidade 2*. Requerente: Federação Nacional dos Estabelecimentos de Ensino – FENEN. Relator: ministro Paulo Brossard. Brasília, 12 de outubro de 1988. Disponível em: http://portal.stf.jus.br/processos/detalhe.asp?incidente=1480183. Acesso em: 31 maio 2020.

BRASIL. Supremo Tribunal Federal. *Ação Direta de Inconstitucionalidade 223-6*. Requerente: Partido Democrático Trabalhista. Relator: ministro Paulo Brossard. Brasília, 28 de março de 1990. Disponível em: http://portal.stf.jus.br/processos/detalhe.asp?incidente=1496619. Acesso em: 31 maio 2020.

DOIS *IMPEACHMENTS*, DOIS ROTEIROS

BRASIL. Supremo Tribunal Federal. *Ação Direta de Inconstitucionalidade 293-7.* Requerente: procurador-geral da República. Relator: ministro Celso de Mello. Brasília, 1 de junho de 1990. Disponível em: http://portal.stf.jus.br/processos/detalhe.asp?incidente=1500588. Acesso em: 31 maio 2020.

BRASIL. Supremo Tribunal Federal. *Ação Direta de Inconstitucionalidade 875.* Requerente: governador do Estado do Rio Grande do Sul e outros. Relator: ministro Gilmar Mendes. Brasília, 18 de maio de 1993. Disponível em: http://portal.stf.jus.br/processos/detalhe.asp?incidente=1564296. Acesso em: 19 maio 2020.

BRASIL. Supremo Tribunal Federal. *Ação Direta de Inconstitucionalidade 4.983.* Requerente: procurador-geral da República. Relator: ministro Marco Aurélio. Brasília, 18 de junho de 2013. Disponível em: http://portal.stf.jus.br/processos/detalhe.asp?incidente=4425243. Acesso em: 18 maio 2020.

BRASIL. Supremo Tribunal Federal. *Ação Direta de Inconstitucionalidade 5.069.* Requerente: governador do Estado de Alagoas. Relator: ministra Cármen Lúcia. Brasília, 25 de novembro de 2013. Disponível em: http://portal.stf.jus.br/processos/detalhe.asp?incidente=4501372. Acesso em: 02 ago. 2020.

BRASIL. Supremo Tribunal Federal. *Medida Cautelar na Ação Direta de Inconstitucionalidade 5.316.* Requerente: Associação dos Magistrados Brasileiros – AMB e outros. Relator: ministro Luiz Fux. Brasília, 08 de maio de 2015. Disponível em: http://portal.stf.jus.br/processos/downloadPeca.asp?id=307367068&ext=.pdf. Acesso em: 03 ago. 2020.

BRASIL. Supremo Tribunal Federal. *Ação Direta de Inconstitucionalidade 5.772.* Requerente: procurador-geral da República. Relator: ministro Roberto Barroso. Brasília, 12 de setembro de 2017. Disponível em: http://portal.stf.jus.br/processos/detalhe.asp?incidente=5259991. Acesso em: 18 maio 2020.

BRASIL. Supremo Tribunal Federal. *Ação Direta de Inconstitucionalidade por Omissão 23.* Requerente: governador do Estado da Bahia. Relator: ministro Dias Toffoli. Brasília, 21 de janeiro de 2013. Disponível em: http://portal.stf.jus.br/processos/detalhe.asp?incidente=4355253. Acesso em: 19 maio 2020.

BRASIL. Supremo Tribunal Federal. *Ação Originária 1.773.* Autor: Dimis da Costa Braga e outros. Relator: ministro Luiz Fux. Brasília, 19 de abril de 2013. Disponível em: http://portal.stf.jus.br/processos/detalhe.asp?incidente=4395214 . Acesso em: 19 maio 2020.

BRASIL. Supremo Tribunal Federal. *Agravo Regimental na Medida Cautelar em Mandado de Segurança 31.816.* Impetrante: Alessandro Lucciola Molon. Relator: ministro Luiz Fux. Brasília, 27 de fevereiro de 2012. Disponível em: http://portal.stf.jus.br/processos/detalhe.asp?incidente=4345967. Acesso em: 19 maio 2020.

BRASIL. Supremo Tribunal Federal. *Arguição de Descumprimento de Preceito Fundamental 378.* Requerente: Partido Comunista do Brasil. Relator: ministro Edson Fachin.

REFERÊNCIAS

Brasília, 03 de dezembro de 2015. Disponível em: http://portal.stf.jus.br/processos/detalhe.asp?incidente=4899156. Acesso em: 13 maio 2020.

BRASIL. Supremo Tribunal Federal. *Arguição de Descumprimento de Preceito Fundamental 402*. Requerente: Rede Sustentabilidade. Relator: ministro Marco Aurélio. Brasília, 03 de maio de 2016. Disponível em: http://portal.stf.jus.br/processos/detalhe.asp?incidente=4975492. Acesso em: 13 maio 2020.

BRASIL. Supremo Tribunal Federal. *Estatísticas do STF: Controle Concentrado*. Disponível em: http://www.stf.jus.br/arquivo/cms/publicacaoBOInternet/anexo/estatistica/ControleConcentradoGeral/CC_Geral.mhtml. Acesso em: 18 maio 2020.

BRASIL. Supremo Tribunal Federal. *Estatísticas do STF: Decisões*. Disponível em:http://portal.stf.jus.br/textos/verTexto.asp?servico=estatistica&pagina=decisoesinicio. Acesso em: 18 maio 2020.

BRASIL. Supremo Tribunal Federal. *Mandado de Injunção 107*. Impetrante: José Emídio Ferreira Lima. Relator: ministro Moreira Alves. Brasília, 21 de abril de 1989. Disponível em: http://portal.stf.jus.br/processos/detalhe.asp?incidente=1487634. Acesso em: 31 maio 2020.

BRASIL. Supremo Tribunal Federal. *Mandado de Injunção 670*. Impetrante: Sindicato dos Servidores Policiais Civis do Estado do Espírito Santo – SINDPOL. Relator: ministro Maurício Corrêa. Brasília, 17 de maio de 2002. Disponível em: http://portal.stf.jus.br/processos/detalhe.asp?incidente=2018921. Acesso em: 31 maio 2020.

BRASIL. Supremo Tribunal Federal. *Mandado de Segurança 20.257*. Impetrante: Itamar Augusto Cautiero Franco; Antônio Mendes Canale. Relator: ministro Décio Miranda. Brasília, 19 de agosto de 1980. Disponível em: http://portal.stf.jus.br/processos/detalhe.asp?incidente=1450184. Acesso em: 1º jun. 2020.

BRASIL. Supremo Tribunal Federal. *Mandado de Segurança 20.941*. Impetrante: José Ignácio Ferreira e outros. Relator: ministro Aldir Passarinho. Brasília, 12 de abril de 1989. Disponível em: http://portal.stf.jus.br/processos/detalhe.asp?incidente=1487388. Acesso em: 31 maio 2020.

BRASIL. Supremo Tribunal Federal. *Mandado de Segurança 21.564*. Impetrante: Fernando Affonso Collor de Mello. Relator: ministro Octavio Gallotti. Brasília, 09 de setembro de 1992. Disponível em: http://redir.stf.jus.br/paginadorpub/paginador.jsp?docTP=AC&docID=85552. Acesso em: 13 maio 2020.

BRASIL. Supremo Tribunal Federal. *Mandado de Segurança 21.623*. Impetrante: Fernando Affonso Collor de Mello. Relator: ministro Carlos Velloso. Brasília, 30 de novembro de 1992. Disponível em: http://redir.stf.jus.br/paginadorpub/paginador.jsp?docTP=AC&docID=85565. Acesso em: 13 maio 2020.

BRASIL. Supremo Tribunal Federal. *Mandado de Segurança 21.648*. Impetrante: José Maria Eymael. Relator: ministro Octavio Gallotti. Brasília, 09 de fevereiro de 1993. Disponível em: http://portal.stf.jus.br/processos/detalhe.asp?incidente=1556882. Acesso em: 1º jun. 2020.

BRASIL. Supremo Tribunal Federal. *Mandado de Segurança 21.689*. Impetrante: Fernando Affonso Collor de Mello. Relator: ministro Carlos Velloso. Brasília, 29 de abril de 1993. Disponível em: http://www.stf.jus.br/portal/cms/verTexto.asp? servico=sobreStfConhecaStfJulgamentoHistorico&pagina=ms21689. Acesso em: 13 maio 2020.

BRASIL. Supremo Tribunal Federal. *Mandado de Segurança 26.900*. Impetrante: Raul Belens Jungmann Pinto. Relator substituto: ministro Ricardo Lewandowski. Brasília, 11 de setembro de 2007. Disponível em: http://portal.stf.jus.br/processos/detalhe.asp?incidente=2556570. Acesso em: 19 maio 2020.

BRASIL. Supremo Tribunal Federal. *Mandado de Segurança 27.931*. Impetrante: Carlos Fernando Coruja Agustini; Ronaldo Ramos Caiado; José Anibal Peres Pontes. Relator: ministro Celso de Mello, 18 de março de 2009. Disponível em: http://portal.stf.jus.br/processos/detalhe.asp?incidente=2667594. Acesso em: 19 maio 2020.

BRASIL. Supremo Tribunal Federal. *Mandado de Segurança 33.837*. Impetrante: Wadih Nemer Damour Filho. Relator: ministro Teori Zavascki. Brasília, 10 de outubro de 2015. Disponível em: http://portal.stf.jus.br/processos/detalhe.asp?incidente=4865805. Acesso em: 13 maio 2020.

BRASIL. Supremo Tribunal Federal. *Mandado de Segurança 33.838*. Impetrante: Rubens Pereira e Silva Junior. Relator: ministra Rosa Weber. Brasília, 10 de outubro de 2015. Disponível em: http://portal.stf.jus.br/processos/detalhe.asp?incidente=4865832. Acesso em: 13 maio 2020.

BRASIL. Supremo Tribunal Federal. *Mandado de Segurança 33.908*. Impetrante: Randolph Frederich Rodrigues Alves. Relator substituto: ministro Edson Fachin. Brasília, 25 de novembro de 2015. Disponível em: http://portal.stf.jus.br/processos/detalhe.asp?incidente=4893438. Acesso em: 19 maio 2020.

BRASIL. Supremo Tribunal Federal. *Mandado de Segurança 33.920*. Impetrante: Rubens Pereira e Silva Júnior. Relator: ministro Celso de Mello. Brasília, 3 de dezembro de 2015. Disponível em: http://portal.stf.jus.br/processos/detalhe.asp?incidente=4899111. Acesso em: 1º jun. 2020.

BRASIL. Supremo Tribunal Federal. *Mandado de Segurança 33.921*. Impetrante: Luiz Paulo Teixeira Ferreira. Relator: ministro Gilmar Mendes. Brasília, 3 de dezembro de 2015. Disponível em: http://portal.stf.jus.br/processos/detalhe.asp?incidente=4899328. Acesso em: 1º jun. 2020.

BRASIL. Supremo Tribunal Federal. *Mandado de Segurança coletivo 34.070*. Impetrante: Partido Popular Socialista. Relator: ministro Gilmar Mendes. Brasília, 17 de março de 2016. Disponível em: http://portal.stf.jus.br/processos/detalhe.asp?incidente=4948822. Acesso em: 19 maio 2020.

BRASIL. Supremo Tribunal Federal. *Mandado de Segurança 34.441*. Impetrante: Dilma Vana Rousseff. Relator: ministro Teori Zavascki. Brasília, 30 de setembro de 2016.

REFERÊNCIAS

Disponível em: http://portal.stf.jus.br/processos/detalhe.asp?incidente=5062276. Acesso em: 13 maio 2020.

BRASIL. Supremo Tribunal Federal. *Mandado de Segurança 34.530.* Impetrante: Eduardo Nates Bolsonaro. Relator: ministro Luiz Fux. Brasília, 2 de dezembro de 2016. Disponível em: http://portal.stf.jus.br/processos/detalhe. asp?incidente=5103492. Acesso em: 19 maio 2020.

BRASIL. Supremo Tribunal Federal. *Mandado de Segurança 36.169.* Impetrante: Lasier Costa Martins. Relator: ministro Marco Aurélio. Brasília, 12 de dezembro de 2018. Disponível em: http://portal.stf.jus.br/processos/detalhe.asp?incidente=5607797. Acesso em: 19 maio 2020.

BRASIL. Supremo Tribunal Federal. *Mandado de Segurança 36.228.* Impetrante: Kim Patroca Kataguiri. Relator atual: ministro Marco Aurélio. Brasília, 8 de janeiro de 2019. Disponível em: http://portal.stf.jus.br/processos/detalhe. asp?incidente=5616165. Acesso em: 19 maio 2020.

BRASIL. Supremo Tribunal Federal. *Medida Cautelar em Ação Direta de Inconstitucionalidade 138-8.* Requerente: Associação dos Magistrados Brasileiros – AMB. Relator: ministro Sydney Sanches. Brasília, 14 de fevereiro de 1990. Disponível em: http://redir. stf.jus.br/paginadorpub/paginador.jsp?docTP=AC&docID=346200. Acesso em: 31 maio 2020.

BRASIL. Supremo Tribunal Federal. *Medida Cautelar em Ação Direta de Inconstitucionalidade 534.* Requerente: Partido Socialista Brasileiro. Relator: ministro Celso de Mello. Brasília, 27 de junho de 1991. Disponível em: http://portal.stf.jus.br/ processos/detalhe.asp?incidente=1521582. Acesso em: 31 maio 2020.

BRASIL. Supremo Tribunal Federal. *Medida Cautelar em Mandado de Segurança 31.816.* Impetrante: Alessandro Lucciola Molon. Relator: ministro Luiz Fux. Brasília, 17 de dezembro de 2012. Disponível em: http://portal.stf.jus.br/processos/detalhe. asp?incidente=4345967. Acesso em: 19 maio 2020.

BRASIL. Supremo Tribunal Federal. *Ministros: indicação presidencial.* Disponível em: http://www.stf.jus.br/portal/ministro/ministro.asp. Acesso em: 15 jun. 2020.

BRASIL. Supremo Tribunal Federal. *Notícias do STF: Plenário homologa acordo entre União e estados sobre compensações da Lei Kandir.* Disponível: http://stf.jus.br/portal/ cms/verNoticiaDetalhe.asp?idConteudo=443779&caixaBusca=N. Acesso em: 21 maio 2020.

BRASIL. Supremo Tribunal Federal. *Notícias do STF: STF reafirma rito aplicado ao processo de impeachment de Fernando Collor.* Disponível: http://www.stf.jus.br/portal/cms/ verNoticiaDetalhe.asp?idConteudo=306614. Acesso em: 1º jun. 2020.

BRASIL. Supremo Tribunal Federal. *Petição incidental na Suspensão da Segurança 5.272.* Requerente: Partidos Solidariedade e Movimento Democrático Brasileiro. Relator atual: ministro Presidente Dias Toffoli. Brasília, 2 de fevereiro de 2019. Disponível

DOIS *IMPEACHMENTS*, DOIS ROTEIROS

em: http://portal.stf.jus.br/processos/detalhe.asp?incidente=5616956. Acesso em: 19 maio 2020.

BRASIL. Supremo Tribunal Federal. *Presidentes.* Disponível em:http://www.stf.jus. br/portal/ministro/presidente.asp?periodo=stf&id=17. Acesso em: 31 maio 2020.

BRASIL. Supremo Tribunal Federal. *Questão de Ordem na Ação Penal 937.* Réu: Marcos da Rocha Mendes. Relator: ministro Roberto Barroso. Pleno. Brasília, 03 de maio de 2018. Disponível em: https://portal.stf.jus.br/processos/detalhe. asp?incidente=4776682. Acesso em: 19 maio 2020.

BRASIL. Supremo Tribunal Federal. *Reclamação 22.124.* Reclamante: Luiz Paulo Teixeira Ferreira; Paulo Roberto Severo Pimenta. Relator: ministro Rosa Weber. Brasília, 09 de outubro de 2015. Disponível em:http://portal.stf.jus.br/processos/ detalhe.asp?incidente=4865761. Acesso em: 1º jun. 2020.

BRASIL. Supremo Tribunal Federal. *Suspensão da Segurança 5.272.* Requerente: Mesa do Senado Federal. Relator atual: ministro presidente Dias Toffoli. Brasília, 9 de janeiro de 2019. Disponível em: http://portal.stf.jus.br/processos/detalhe. asp?incidente=5616956. Acesso em: 19 maio 2020.

BRASIL. Supremo Tribunal Federal. *Súmula Vinculante 46.* A definição dos crimes de responsabilidade e o estabelecimento das respectivas normas de processo e julgamento são de competência legislativa privativa da União. Disponível em: http:// www.stf.jus.br/portal/cms/verTexto.asp?servico=jurisprudenciaSumulaVincula nte. Acesso em: 13 de maio 2020.

BRASIL. Tribunal Superior Eleitoral. *Ação de Investigação Judicial Eleitoral 1.943-58.* Representante: Partido da Social Democracia Brasileira (PSDB). Relator: ministro Herman Benjamin. Brasília, 18 de dezembro de 2014. Disponível em: http:// inter03.tse.jus.br/sadpPush/ExibirDadosProcessoJurisprudencia.do?nproc=194 358&sgcla=AIJE&comboTribunal=tse&dataDecisao=09/06/2017 . Acesso em: 1º jun. 2020.

BRASIL. *Lei 1.079, de 10 de abril de 1950.* Define os crimes de responsabilidade e regula o respectivo processo de julgamento. Disponível em: http://www4.planalto.gov. br/legislacao/. Acesso: 13 de maio de 2020.

BRASIL. *Lei 10.461, de 17 de maio de 2002.* Acrescenta alínea ao inciso I do art. 23 da Lei 8.977, de 6 de janeiro de 1995, que dispõe sobre o Serviço de TV a Cabo, para incluir canal reservado ao Supremo Tribunal Federal. Disponível em: http:// www.planalto.gov.br/ccivil_03/leis/2002/L10461.htm. Acesso em: 31 maio 2020.

ESTADOS UNIDOS DA AMÉRICA. [Constitution (1787)]. *The Constitution of the United States.* Disponível em: https://www.senate.gov/civics/constitution_item/ constitution.htm?utm_content=buffer05951#amendments. Acesso em: 18 maio 2020.

REFERÊNCIAS

ESTADOS UNIDOS DA AMÉRICA. [Constitution (1787)]. *Amendment XXVII.* Disponível em: https://www.archives.gov/founding-docs/amendments-11-27. Acesso em: 18 maio 2020.

CÉLIO Borja cuidará da ordem jurídica. *O Globo,* Rio de Janeiro, 1º de abril de 1992, Primeiro Caderno, O país, p. 8. Disponível em: https://acervo.oglobo.globo.com/ consulta-ao-acervo/?navegacaoPorData=199019920401. Acesso em: 31 maio 2020.

CUNHA negocia acordo com o governo para salvar mandato. *Folha de São Paulo,* São Paulo, 15 de outubro de 2015, Primeiro Caderno, Poder, p. A4. Disponível em: https://acervo.folha.com.br/leitor.do?numero=20378&anchor=6004652&orige m=busca&pd=faf9ad466dc4b9706840463ef72ada59. Acesso em: 1º jun. 2020.

CUNHA rejeita tese de impeachment de Dilma por 'pedaladas fiscais'. *Istoé Online,* A Semana, 20 de abril de 2015, às 11h51. Disponível em: https://istoe.com. br/414723_CUNHA+REJEITA+TESE+DE+IMPEACHMENT+DE+DILMA+P OR+PEDALADAS+FISCAIS/. Acesso em: 1º jun. 2020.

ESTA Constituição terá o cheiro do amanhã, não de mofo. *Folha de São Paulo,* São Paulo, 28 de jul. de 1988, Primeiro Caderno, Política, p. A-8. Disponível em: http://www2. senado.leg.br/bdsf/bitstream/handle/id/120203/1988_26%20a%2031%20de%20 Julho_085a.pdf?sequence=3&isAllowed=y. Acesso em: 1º jun. 2020.

IBSEN dá prazo para Collor se defender. *Folha de São Paulo,* São Paulo, 9 de setembro de 1992, Primeiro Caderno, Brasil, p. 1-6. Disponível em: https://acervo.folha.com. br/leitor.do?numero=11811&anchor=4762418&origem=busca&pd=d694a39a7 201ccc7c3fba037bbcfac6f. Acesso em: 9 jul. 2020.

NOVA equipe é bem diferente da que subiu a rampa em 1990. *O Globo,* Rio de Janeiro, 10 de abril de 1992, Primeiro Caderno, O país, p. 4. Disponível em: https://acervo. oglobo.globo.com/consulta-ao-acervo/?navegacaoPorData=199019920410. Acesso em: 31 maio 2020.

OPOSIÇÃO e PMDB buscam acordos para salvar mandato de Eduardo Cunha. *Época Online,* 15 de outubro de 2015, às 9h47, atualizado em 25 de outubro de 2016, às 17h12. Disponível em: https://epoca.globo.com/tempo/filtro/noticia/2015/10/ oposicao-e-pmdb-buscam-acordos-para-salvar-mandato-de-eduardo-cunha.html. Acesso em: 1º jun. 2020.

PARA ministro do STF, mecanismos de controle devem sofrer mudanças. *Folha de São Paulo,* São Paulo, 10 de julho de 1987, Primeiro Caderno, Política, p. A-7. Disponível em: https://acervo.folha.com.br//leitor.do?anchor=4876984&pd=a56def17e711 60ef4f023b63ac73cf0e. Acesso em: 31 maio 2020.

PSDB pede ao TSE auditoria para verificar "lisura" da eleição. *G1 Online,* 30 de outubro de 2014, às 21h21, atualizado às 21h58. Disponível em: http://g1.globo.com/poli- tica/noticia/2014/10/psdb-pede-ao-tse-auditoria-para-verificar-lisura-da-eleicao. html. Acesso em: 31 maio 2020.

DOIS *IMPEACHMENTS*, DOIS ROTEIROS

PSOL e Rede entram com pedido de cassação de Cunha no Conselho de Ética. *Rádio Agência Online*, 13 de outubro de 2015, às 19h11. Disponível em:https://www2.camara.leg.br/camaranoticias/radio/materias/RADIOAGENCIA/498073-PSOL-E-REDE-INGRESSAM-COM-ACAO-CONTRA-CUNHA-NO-CONSELHO-DE-ETICA-DA-CAMARA.html. Acesso em: 1º jun. 2020.

PRESIDENTE, indica Rezek para cargo vitalício no Supremo. *O Globo*, Rio de Janeiro, 16 de abril de 1992, Primeiro Caderno, O país, p. 5. Disponível em: https://acervo.oglobo.globo.com/consulta-ao-acervo/?navegacaoPorData=199019920416. Acesso em: 31 maio 2020.

PT se opõe a Cunha, que revida e aceita pedido de impeachment de Dilma. *Folha de São Paulo*, São Paulo, 03 de dezembro de 2015, Primeiro Caderno, Poder, p. A4. Disponível em: https://acervo.folha.com.br/leitor.do?numero=20427&anchor=6010009&origem=busca&pd=7e473b19785625bc0d3ab7883b675a96. Acesso em: 1º jun. 2020.

SUGESTÕES do Supremo Tribunal Federal à Comissão Provisória de Estudos Constitucionais. *O Estado de São Paulo*, São Paulo, 3 ago. 1986. Disponível em: https://www2.senado.leg.br/bdsf/bitstream/handle/id/115152/1986_JUL%20a%20AGO_079.pdf?sequence=1. Acesso em: 19 maio 2020.

UNITED STATES OF AMERICA. U.S. Reports: Marbury v. Madison, 5 U.S. (1 Cranch) 137 (1803), p. 154 e 168. Disponível em: https://www.loc.gov/item/usrep005137/. Acesso em: 1º jun. 2020.

UNIVERSIDADE DE SÃO PAULO. Ensino de física *on-line*. Disponível em: https://efisica.atp.usp.br/home/. Acesso em: 14 maio 2020.